Berliner Gemeinderecht

Herausgegeben

vom

Magistrat

Zweite, ergänzte Auflage

Vierter Band

Springer-Verlag Berlin Heidelberg GmbH 1914

Schulverwaltung, Abteilung 2 (Höhere Schulen, Fachschulen, Fortbildungsschulen, Beuthschule), **Turnwesen, Archiv, Magistratsbibliothek, Stadtbibliothek, Nachrichtenamt, Gemeindeblatt, Gemeinderecht** (Herausgabe), **Statistik, Märkisches Museum, Kunstdeputation, Innere Ausschmückung des Rathauses, Rathauskommission**

Herausgegeben

vom

Magistrat

Zweite, ergänzte Auflage

Springer-Verlag Berlin Heidelberg GmbH 1914

ISBN 978-3-662-01743-2 ISBN 978-3-662-02038-8 (eBook)
DOI 10.1007/978-3-662-02038-8
Softcover reprint of the hardcover 2nd edition 1914

Inhaltsverzeichnis.

Schulverwaltung.

1. Höhere Lehranstalten.

2. Fach- und Fortbildungsschulwesen.

Turnwesen.

Stadt-Archiv.

Magistratsbibliothek.

Schulverwaltung.

Abteilung 2.

1. Höhere Lehranstalten.

Vorbemerkungen.

Schulen sind Veranstaltungen des Staates, welche den Unterricht der Jugend in nützlichen Kenntnissen und Wissenschaften zur Absicht haben. Unterricht zu erteilen und Unterrichtsanstalten zu gründen und zu leiten steht jedem frei, wenn er seine sittliche, wissenschaftliche und technische Befähigung den betreffenden Staatsbehörden nachgewiesen hat. Alle öffentlichen und Privatunterrichts- und Erziehungsanstalten stehen unter der Aufsicht vom Staate ernannter Behörden.

Die höheren Lehranstalten haben Korporationsrechte. Die an ihnen angestellten Lehrer sind Staatsbeamte. Der Magistrat ist Patron der hiesigen städtischen höheren Lehranstalten. Zu seinem Patronatsbereiche gehören zurzeit 11 Gymnasien, 7 Realgymnasien, 3 Oberrealschulen, 14 Realschulen, 7 Lyzeen. In der Entwickelung begriffen ist eine — die vierte — Oberrealschule mit angegliedertem Realgymnasium F. S. (Reformrealgymnasium nach Frankfurter System).

Staatliche Aufsichtsbehörde für Berlin ist das Königliche Provinzialschulkollegium der Provinz Brandenburg in Berlin. Ihr gegenüber ist in Angelegenheiten der höheren Lehranstalten der Magistrat allein zuständig. Letzterer wählt die Direktoren und übrigen Lehrpersonen; die Wahlen unterliegen der Bestätigung durch die Königliche Aufsichtsbehörde.

Durch die hierunter abgedruckte Verfügung vom 30. März 1908 ist zur Bearbeitung der in ihr bezeichneten Angelegenheiten am 1. April 1908 eine gemischte Deputation, nämlich die „Deputation für die äußeren Angelegenheiten der städtischen höheren Lehranstalten" eingesetzt worden.

Zu beachten sind die „Dienstanweisung für die Direktoren und Lehrer an den höheren Lehranstalten für die männliche Jugend in Preußen vom 12. Dezember 1910" und die „Dienstanweisung für die Direktoren (Direktorinnen) und Lehrer (Lehrerinnen) an den höheren Lehranstalten für die weibliche Jugend vom 10. März 1912", beide erschienen im Verlage von J. G. Cotta Nachfolger.

Die Pensionierung der Direktoren und der übrigen Lehrpersonen erfolgt nach den Bestimmungen des Gesetzes vom 27. März 1872 in der Fassung der Novelle vom 27. Mai 1907. Die Hinterbliebenenversorgung regelt das Ortsstatut vom 10. März/14. Mai 23. Juli 1908. Die Schulgelder unterliegen hinsichtlich der laufenden und 2 Jahre rückständigen Beträge der Beitreibung im Verwaltungszwangsverfahren.

Das Schulgeld beträgt bei den neunstufigen höheren Lehranstalten seit dem 1. April 1903 in den Klassen der Hauptanstalten jährlich 140 M., in den Klassen der Vorschulen jährlich 120 M. (Stadtv.-Beschl. vom 12. März 1903 — Protokoll 11 — Gem.-Bl. S. 134), für Schüler, deren Eltern nicht Einwohner Berlins sind, in den Klassen der Hauptanstalten seit 1. April 1908 jährlich 180 M.

Bei der städtischen Studienanstalt werden erhoben für Schülerinnen hiesiger Einwohner 140 M. und für Schülerinnen, deren Eltern nicht Einwohner Berlins sind, 200 M. jährlich.

Bei den Realschulen beträgt das Schulgeld seit ihrem Bestehen jährlich 80 M., für diejenigen Schüler jedoch, deren Eltern nicht Einwohner Berlins sind, seit dem 1. April 1903 jährlich 140 M. (Stadtv.-Beschl. vom 12. März 1903 — Protokoll 11 — Gem.-Bl. S. 134).

Das Schulgeld beträgt bei den Lyzeen seit 1. April 1903 jährlich 140 M. (Stadtv.-Beschl. vom 12. März 1903 — Protokoll 11 — Gem.-Bl. S. 134), für Schülerinnen, deren Eltern nicht Einwohner Berlins sind, vom 1. April 1908 ab 180 M. (Stadtv.-Beschl. vom 12. März 1908 — Protokoll 12 — Gem.-Bl. S. 117).

Für die Bewilligung schulgeldfreien Unterrichts auf den städtischen höheren Lehranstalten gilt das Regulativ vom 20. März 1903 nebst den ergangenen Abänderungen.

I.

Magistrat
hiesiger Königl. Haupt-
und Residenzstadt.
J.-Nr. 291 Krch. 08.

Berlin, den 30. März 1908.

1. Am 1. April 1908 wird die durch übereinstimmenden Beschluß der beiden Gemeindebehörden vom 5./27. Februar 1908 eingesetzte

Deputation für die äußeren Angelegenheiten der städtischen höheren Lehranstalten

ihre Tätigkeit beginnen.

2. a) Sie hat zu verwalten die Grundstücke, Gebäude, das Vermögen, die Stiftungen der höheren Lehranstalten und höheren Mädchenschulen, die Erhebung, Stundung, die Ermäßigung bzw. den Erlaß von Schulgeld, die Verleihung von Freischule, die für Unterrichtsmittel, Bibliotheken, Schulutensilien und Hausgeräte, Heizung, Erleuchtung und Wasserverbrauch, Abgaben und Lasten und verschiedene Ausgaben in den Etats ausgesetzten Fonds, die bauliche Unterhaltung der Gebäude sowie die Turnhallen bei der dritten Oberrealschule, bei den Realgymnasialklassen für Mädchen — diese beiden solange die Schulen in provisorischen Räumen untergebracht sind — und bei den Realschulen und höheren Mädchenschulen.

Die Deputation verfügt zu diesem Zweck selbständig über die in den Etats ausgeworfenen Fonds.

Etatsüberschreitungen und außeretatsmäßige Ausgaben bedürfen der Genehmigung des Magistrats. Anderweitige Belegungen der den höheren Lehranstalten oder den Stiftungen, welche ihnen gewidmet sind, gehörigen Kapitalien bedürfen der Mitzeichnung des Kämmerers.

b) Sie erläßt die Kassenanweisungen zur Zahlung der Vergütungen für außerordentliche Lehrstunden, Vertretungsstunden und Religionsstunden für nichtevangelische Schulkinder sowie für die Turnstunden bei den Realschulen, höheren Mädchenschulen und bei der dritten Oberrealschule und den Realgymnasialkassen für Mädchen, solange die letzteren beiden Anstalten in provisorischen Räumen untergebracht sind.

c) Sie bestellt die Schulgeldrezeptoren.

d) Sie hat die Wahlen der Direktoren, Lehrpersonen und Schuldiener vorzubereiten. An der bisherigen Bestimmung, daß Versetzungen von Lehrpersonen und Schuldienern an andere Lehranstalten nicht der Beschlußfassung im Magistratskollegium bedürfen, sondern nach den Beschlüssen der Deputation im Wege des Dezernats erfolgen können, wird nichts geändert.

3. usw.

Kirschner.

II.

Königliches Provinzialschulkollegium Nr. IV 797.

Berlin W 9, den 19. Februar 1912.

Der Minister der geistlichen und Unterrichtsangelegenheiten. U II Nr. 18 522, U III D.

Berlin W 8, den 1. Februar 1912.

Dem Königlichen Provinzialschulkollegium übersende ich anbei beglaubigte Abschrift eines Allerhöchsten Erlasses vom 18. Dezember v. Js., durch welchen genehmigt wird, daß den nach den Bestimmungen über die Neuordnung des höheren Mädchenschulwesens vom 18. August 1908 eingerichteten, als höhere Lehranstalten anerkannten höheren Mädchenschulen die Bezeichnung „Lyzeum" und den in diesen Bestimmungen als Lyzeen bezeichneten weiterführenden Bildungsanstalten für die weibliche Jugend die Bezeichnung „Oberlyzeum" beigelegt werde.

Demzufolge sind in allen Fällen, in denen in den vorerwähnten Bestimmungen sowie in den Ausführungsbestimmungen vom 12. Dezember 1908 und in den Bestimmungen über die Prüfungen an den Lyzeen vom 11. Januar 1911 sich die Bezeichnungen „Höhere Mädchenschule" und „Lyzeum" befinden, von jetzt an die neuen Bezeichnungen „Lyzeum" und „Oberlyzeum" anzuwenden.

Die nach B I, 3 der Bestimmungen vom 18. August 1908 als „gehobene Mädchenschulen", „Privatmädchenschulen" u. a. benannten Schulen führen, soweit sie ihrem Unterricht die Lehrpläne vom 31. Mai 1894 oder vom 12. Dezember 1908 zugrunde legen, künftig die Bezeichnung „Höhere Mädchenschule".

Das Königliche Provinzialschulkollegium wolle den Leitern und Leiterinnen derjenigen privaten Lyzeen sowie den Unterhaltungspflichtigen derjenigen öffentlichen Lyzeen seines Aufsichtsbezirks, denen aus irgend einem Grunde die Durchführung der Bestimmungen vom 18. August 1908 in vollem Umfange Schwierigkeiten bereitet, namentlich wenn es sich um die Anstellung der erforderlichen Anzahl akademisch gebildeter Lehrer und Lehrerinnen sowie um die äußeren Einrichtungen handelt, in geeigneter Weise nahe legen, auf die Anerkennung der Schulen als höhere Lehranstalten zu verzichten bzw. auf die Wiederumwandlung der öffentlichen Lyzeen in höhere Mädchenschulen im Sinne dieses Erlasses — naturgemäß unter Wahrung wohlerworbener Rechte der angestellten Lehrer und Lehrerinnen — Bedacht zu nehmen. Derartige Schulen können alsdann auf ihren Antrag bis auf weiteres unter der Aufsicht des Königlichen Provinzialschulkollegiums belassen werden.

Das Oberlyzeum umfaßt die unter C 2a und b der Bestimmungen vom 18. August 1908 aufgeführten Anstalten. Da die Bezeichnung „Höheres Lehrerinnenseminar" (C 2b) häufig zu Verwechselungen und Mißverständnissen Anlaß gegeben hat, ordne ich hiermit an, daß diese Bezeichnung nicht mehr angewendet wird. Das praktische Jahr ist künftig als Seminarklasse des Oberlyzeums (abgekürzt S. Kl.) zu bezeichnen. Die drei wissenschaftlichen Fortbildungsklassen des Oberlyzeums führen künftig die Bezeichnung wissenschaftliche Klassen des Oberlyzeumes (abgekürzt O. L. I, O. L. II, O. L. III). Die Frauenschulklassen des Oberlyzeums sind abgekürzt F. S. I und F. S. II zu benennen.

Das gemäß B II 16 der Bestimmungen vom 18. August 1908 den Schülerinnen dieser Klassen nach wenigstens zweijährigem regelmäßigem Besuch zu erteilende Abgangszeugnis ist als „Schlußzeugnis der Frauenschulklassen des Oberlyzeums" zu bezeichnen.

Nach B II, 11 Absatz 2 der Bestimmungen vom 18. August 1908 erwerben Schülerinnen der drei wissenschaftlichen Fortbildungsklassen (jetzt „wissenschaftlichen Klassen des Oberlyzeums"), die an den vorgeschriebenen Unterrichtsfächern verbindlich und regelmäßig teilgenommen haben, in einer Schlußprüfung die Reife für den Eintritt in das praktische Jahr (jetzt S. Kl.). Diese Prüfung erhält künftig die Bezeichnung „Reifeprüfung des Oberlyzeums" und das über ihr Bestehen auszustellende Zeugnis die Bezeichnung „Reifezeugnis des Oberlyzeums".

Das den Schülerinnen eines Lyzeums über den erfolgreichen Besuch der obersten Klasse auszustellende Abgangszeugnis (vgl. auch F. 10 der Ausführungsbestimmungen vom 12. Dezember 1908) ist für die Folge als „Schlußzeugnis des Lyzeums" zu bezeichnen. In jedem derartigen Zeugnisse ist ausdrücklich zu bemerken, daß die betreffende Schülerin das Ziel des Lyzeums erreicht hat; auch ist dabei ersichtlich zu machen, ob die Klassen der Oberstufe des betreffenden Lyzeums in getrennten Jahreskursen unterrichtet werden.

In allen übrigen Fällen sind den Schülerinnen bei dem Verlassen einer Anstalt „Abgangszeugnisse" auszustellen.

Dementsprechend erhält der Schlußsatz in F. 10 der vorerwähnten Ausführungsbestimmungen nunmehr folgenden gekürzten Wortlaut: „In diesem Falle darf abgehenden Schülerinnen nur ein Abgangszeugnis gegeben werden."

(Unterschrift.)

An das Königliche Provinzialschulkollegium Berlin.

Abschrift übersenden wir zur gefälligen Kenntnisnahme und Nachachtung.

Nach den bisherigen Erfahrungen, die wir in unserem Amtsbereich gemacht haben, ist anzunehmen, daß die volle Durchführung der Bestimmungen vom 18. August 1908 an den meisten anerkannten Privatschulen und auch an einigen anerkannten öffentlichen Schulen sehr große Schwierigkeiten machen wird. Wir empfehlen deshalb den Leitern und Leiterinnen sowie den Unterhaltungspflichtigen solcher Anstalten auf die Anerkennung der Schulen als höhere Lehranstalten und somit auf deren Bezeichnung als Lyzeen zu verzichten. Die Gewinnung der erforderlichen Anzahl akademisch gebildeter Lehrer und Lehrerinnen wird in Zukunft wahrscheinlich noch größere Schwierigkeiten machen als bisher, da bei der vollen Durchführung der genannten Bestimmungen in Zukunft in der Regel nur solche Kandidaten und Kandidatinnen des höheren Lehramts als akademische Lehrkräfte gerechnet werden können, die bereits das Zeugnis der Anstellungsfähigkeit für höhere Lehranstalten erworben haben.

Von der Ausgabe und Einsendung eines Jahresberichtes sehen wir bei denjenigen Schulen ab, für die uns bis zum 25. März d. Js. der Verzicht auf die Bezeichnung „Lyzeum" mitgeteilt ist.

Zacher.

An die Leiter und Leiterinnen der höheren und gehobenen Mädchenschulen des Amtsbereiches, sowie an die Patronate dieser Anstalten.

Durch Königlichen Erlaß vom 18. Dezember d. Js. ist genehmigt worden, daß den nach den Bestimmungen über die Neuordnung des höheren Mädchenschulwesens vom 18. August 1908 eingerichteten, als höhere Lehranstalten anerkannten höheren Mädchenschulen die Bezeichnung „Lyzeum" beigelegt werde.

Demzufolge ist laut Ministerialerlaß vom 1. Februar d. Js. in allen Fällen, in denen in den vorerwähnten Bestimmungen sowie in den Ausführungsbestimmungen vom 12. Dezember 1908 sich die Bezeichnung „höhere Mädchenschule" befindet, fortan die Bezeichnung „Lyzeum" anzuwenden.

Indem wir den Herren Direktoren hiervon Kenntnis geben, ersuchen wir Sie zugleich, bei dem Neudruck von Zeugnisformularen usw. hierauf Rücksicht zu nehmen. Für die Ihrer Leitung anvertrauten Anstalten wird demgemäß in Zukunft dem bisherigen Namen die Bezeichnung „Städtisches Lyzeum" hinzuzufügen sein, z. B.

„Luisenschule — Städtisches Lyzeum" usw.
„Viktoriaschule — Städtisches Lyzeum" usw.

Dr. Reicke.

An die Herren Direktoren der städtischen Lyzeen.

III. Diensteinkommen der mit Ruhegehaltsberechtigung angestellten Lehrpersonen und der Schuldiener. Stand 1. 4. 1913.

1. a) Direktoren der neunstufigen (Voll-) Lehranstalten.

Anfangsgehalt 7300 M., Höchstgehalt 9100 M., zu erreichen vom Tage der Anstellung als Direktor an einer Vollanstalt oder Nichtvollanstalt nach 9 Dienstjahren, steigend alle drei Dienstjahre um 600 M. Die auswärtige Dienstzeit als Direktor wird angerechnet.

Außerdem freie Dienstwohnung oder 1800 M., wofür bei der Ruhegehaltsberechnung 1200 M. angerechnet werden.

9100	9700	10 300	10 900 M.
nach	3	6	9 Dienstjahren.

Den Direktoren, denen eine Dienstwohnung gewährt werden kann, werden hierfür 1800 M. angerechnet (Stadtv.-Beschl. vom 29. 6. 1909 — Protokoll 25 II — Gem.-Bl. S. 295).

b) Direktoren der Realschulen und Lyzeen.

Anfangsgehalt 6700 M., Höchstgehalt 8500 M., zu erreichen vom Tage der Anstellung als Direktor in 9 Jahren, steigend alle 3 Jahre um 600 M. Die auswärtige Dienstzeit als Direktor wird angerechnet.

Außerdem freie Dienstwohnung oder 1800 M., wofür bei der Pensionierung 1200 M. in Anrechnung kommen.

8500	9100	9700	10 300 M.
nach	3	6	9 Dienstjahren.

Den Direktoren, denen eine Dienstwohnung gewährt werden kann, werden hierfür 1800 M. angerechnet (Stadtv.-Beschl. vom 29. 6. 1909 — Protokoll 25 — Gem.-Bl. S. 295).

2. Oberlehrer.

1. Anfangsgehalt 2700 M., Höchstgehalt 7200 M., zu erreichen nach 21 Dienstjahren, steigend um 700 M. nach 3, 6 und 9 Dienstjahren und um je 600 M. nach 12, 15, 18, 21 Dienstjahren.

Die auswärtige Dienstzeit als festangestellter wissenschaftlicher Lehrer im öffentlichen Schuldienste des Deutschen Reiches wird voll angerechnet.

2. Wohnungsgeldzuschuß 1300 M. jährlich, der bei Ruhegehaltsberechnung mit 1200 M. anzurechnen ist.

3. Vom 1. 4. 1908 ab wird den vom 1. 4. 1892 ab angestellten Oberlehrern die über 4 Jahre hinausgehende Hilfslehrerzeit im öffentlichen höheren Schuldienst oder im hiesigen Gemeindeschuldienst auf das Besoldungsdienstalter angerechnet, unabhängig davon, ob eine Beschäftigung von mindestens 12 Stunden in der Woche stattgefunden hat. Den ursprünglich an Gemeindeschulen angestellten Lehrern akademischer Vorbildung, die seit 1. 4. 1892 als Oberlehrer angestellt sind, wird die gleiche Anrechnung zuteil.

4. Für die vom 1. 4. 1910 ab als Oberlehrer angestellten wissenschaftlichen Kandidaten des höheren Lehramts gilt an Stelle der Bestimmung unter 3 vom 1. 4. 1910 ab die nachfolgende.

Diesen Oberlehrern wird bei ihrer etatsmäßigen Anstellung von dem Zeitraum, der zwischen dem Tage des Dienstalters im höheren Schuldienst und dem Tage der Anstellung liegt, der 4 Jahre übersteigende Teil bis zur Höchstdauer von 2 Jahren auf das Besoldungsdienstalter angerechnet. Dem öffentlichen Schuldienste im vorstehenden Sinne wird der aktive Militärdienst bis zur Dauer eines Jahres gleichgestellt.

4000	4700	5400	6100	6700	7300	7900	8500 M.
nach	3	6	9	12	15	18	21 Dienstjahren.

(Stadtv.-Beschl. vom 29. 6. 1909 — Protokoll 25 II — Gem.-Bl. S. 295 und 27. 10. 1910 — Protokoll 15/16 — Gem.-Bl. S. 452.)

3. Oberlehrerinnen.

1. Anfangsgehalt 2000 M., Höchstgehalt 4200 M., zu erreichen nach 18 Dienstjahren, steigend um je 400 M. nach 3, 6, 9 und 12 Dienstjahren und um je 300 M. nach 15 und 18 Dienstjahren.

Die auswärtige Dienstzeit als festangestellte Oberlehrerin im öffentlichen Schuldienst des Deutschen Reiches wird voll angerechnet.

2. Wohnungsgeldzuschuß 1300 M. jährlich, der bei der Ruhegehaltsberechnung mit 1200 M. anzurechnen ist.

3. Die Vorschrift unter Nr. 3 in der Besoldungsordnung der Oberlehrer findet Anwendung auf die vom 1. 4. 1909 ab angestellten Oberlehrerinnen, die im Besitze des Zeugnisses über die bestandene Oberlehrerinnenprüfung sind, mit der Maßgabe, daß anzurechnen sind die Dienstjahre vom 1. 4. 1892 ab, sofern eine Anstellung von mindestens 6 Jahren vorausgegangen ist.

Den Oberlehrerinnen ohne besondere Oberlehrerinqualifikation wird vom 1. April 1909 eine Dienstzeit von 9 Jahren zugebilligt.

3300	3700	4100	4500	4900	5200	5500 M.	
nach	3	6	9	12	15	18 Dienstjahren.	

(Stadtv.-Beschl. vom 16. 9. 1909 — Protokoll 11 — Gem.-Bl. S. 366 und vom 27. 10 1910 — Protokoll 16 — Gem.-Bl. S. 472.)

4. Vorschullehrer.

Sie werden wie die Gemeindeschullehrer besoldet und erhalten außerdem, solange sie das Amt eines Vorschullehrers bekleiden, eine ruhegehaltsberechtigte Stellenzulage von jährlich 300 M.

	3250	3400	3450	3700	4000	4250 M.
nach	9	10	11	13	16	19
	4500	4750	5100	5300 M.		
nach	22	25	28	31 Dienstjahren.		

(Stadtv.-Beschl. vom 29. 6. 1909 — Protokoll 25 II — Gem.-Bl. S. 295.)

5. Turnwarte und Turnlehrer.

Diejenigen Turnlehrer, welche bis zu ihrer Anstellung als Turnlehrer Gemeindeschullehrer gewesen sind, erhalten dieselbe

Besoldung, die sie erhalten würden, wenn sie als Vorschullehrer an einer höheren Lehranstalt angestellt würden, und rücken ebenso in die höheren Gehaltsstufen auf. Diejenigen Turnlehrer, welche nicht bei ihrer Anstellung als solche Gemeindelehrer waren, fangen mit einer Besoldung von 3250 M. an und rücken von da ebenso im Gehalte auf wie die Vorschullehrer. (Stadtv.-Beschl. vom 29. 6. 1909 — Protokoll 25 — Gem.-Bl. S. 296.)

	3250	3400	3450	3700	4000	4250	4500 M.
nach	9	10	11	13	16	19	22
	0	1	2	4	7	10	13

	4750	5100	5300 M.
nach	25	28	31 Dienstjahren
	16	19	22 Dienstjahren als Turnlehrer.

Für die Verwaltung der Turnhallen der Gymnasien, Realgymnasien und Oberrealschulen wird eine widerrufliche, nicht ruhegehaltsfähige Entschädigung von je 600 M. gewährt. Der Verwalter der Turnhalle in der Prinzenstraße erhält eine solche von 900 M. Eine Halle verwaltet ein Oberlehrer. Für die Verwaltung einer Turnhalle einer Realschule wird eine widerrufliche, nicht ruhegehaltsfähige Entschädigung in Höhe von 400 M. gewährt.

6. Zeichenlehrer.

Anfangsgehalt 2400 M., Höchstgehalt 4800 M., zu erreichen vom Tage der endgültigen Anstellung im städtischen Schuldienste ab nach 24 Dienstjahren, steigend nach 3, 6, 9, 12, 15, 18, 21 und 24 Dienstjahren um je 300 M. Außerdem 800 M. Wohnungsgeldzuschuß, der bei der Ruhegehaltsberechnung mit 720 M. anzurechnen ist.

3200	3500	3800	4100	4400	4700	5000	5300	5600	M.
nach	3	6	9	12	15	18	21	24	Dienstjahren.

Die gesamte etatsmäßige Dienstzeit im hiesigen städtischen Gemeindeschuldienst wird angerechnet. Es werden nur solche Zeichenlehrer angestellt, welche neben der Befähigung, das Zeichnen bis in die obersten Klassen zu lehren, noch eine andere Lehrbefähigung nachgewiesen haben.

Vom 1. April 1910 ab gilt außerdem folgender Zusatz:

Ist der Lehrer vor der etatsmäßigen Anstellung als solcher mindestens 4 Jahre im öffentlichen Schuldienst beschäftigt gewesen, so wird sein Dienstalter vom Ablauf des vierten Jahres dieser Beschäftigung ab gerechnet. Die Dienstzeit, welche vor den Beginn des 21. Lebensjahres fällt, bleibt außer Berechnung. Dem öffentlichen Schuldienst im vorstehenden Sinne wird der aktive Militärdienst bis zur Dauer eines Jahres gleichgestellt. (Stadtv.-Beschl. vom 29. 6. 1909 — Protokoll 25 II — Gem.-Bl. S. 296, vom 27. 10. 1910 — Protokoll 15/16 — Gem.-Bl. S. 472.)

7. Gesanglehrer.

Anfangsgehalt 1800 M., Höchstgehalt 3900 M., zu erreichen vom Tage der endgültigen Anstellung im städtischen Schuldienste ab nach 24 Jahren, steigend nach 3, 6, 9, 12, 15 Dienstjahren um je 300 M. und nach 18, 21 und 24 Dienstjahren um je 200 M. Außerdem 800 M. Wohnungsgeldzuschuß, der bei der Ruhegehaltsberechnung mit 720 M. anzurechnen ist.

2600	2900	3200	3500	3800	4100	4300	4500	4700	M.
nach	3	6	9	12	15	18	21	24	Dienstjahren.

Die gesamte etatsmäßige Dienstzeit im hiesigen städtischen Schuldienste wird angerechnet.

Vom 1. April 1910 ab gilt außerdem folgender Zusatz:

Ist der Lehrer vor der etatsmäßigen Anstellung als solcher mindestens 4 Jahre im öffentlichen Schuldienst beschäftigt gewesen, so wird sein Dienstalter vom Ablauf des vierten Jahres dieser Beschäftigung ab gerechnet. Die Dienstzeit, welche vor den Beginn des 21. Lebensjahres fällt, bleibt außer Berechnung. Dem öffentlichen Schuldienste im vorstehenden Sinne wird der aktive Militärdienst bis zur Dauer eines Jahres gleichgestellt. (Stadtv.-Beschl. vom 29. 6. 1909 — Protokoll 25 II — Gem.-Bl. S. 296, vom 27. 10. 1910 — Protokoll 15/16 — Gem.-Bl. S. 472.)

8a. Ordentliche Lehrer an den Realschulen und Lyzeen.

Anfangsgehalt 2550 M., Höchstgehalt 4900 M., zu erreichen vom Tage der festen Anstellung ab nach 21 Dienstjahren, steigend nach

3 Jahren um 250 M., nach 6, 9 und 12 Jahren um je 400 M., nach 15, 18 und 21 Jahren um je 300 M.

Außerdem 800 M. Wohnungsgeldzuschuß, der bei der Ruhegehaltsberechnung mit 720 M. angerechnet wird.

3350	3600	4000	4400	4800	5100	5400	5700	M.
nach	3	6	9	12	15	18	21	Dienstjahren.

Die zurzeit im Amte befindlichen ordentlichen Lehrer mit dem Titel Oberlehrer erhalten vom 1. April 1909 ab jährlich je 500 M. Funktionszulage.

Die früher an den hiesigen Gemeindeschulen zugebrachte Dienstzeit im Anstellungsverhältnisse wird voll angerechnet.

(Stadtv.-Beschl. vom 29. 6. 1909 — Protokoll Nr. 25 — Gem.-Bl. S. 296.)

8b. Religionslehrer

für den jüdischen Religionsunterricht an den höheren Lehranstalten.
Besoldung, Pflichtstunden usw. wie bei den ordentlichen Lehrern.

(Stadtv.-Beschl. vom 30. 6. 1910 — Protokoll Nr. 33c — Gem.-Bl. S. 316 —.)

9a) Ordentliche Lehrerinnen.

Anfangsgehalt 1680 M., Höchstgehalt 3080 M., zu erreichen vom Tage der Anstellung ab nach 18 Dienstjahren, steigend nach 3 und 6 Jahren um je 300 M., nach 9, 12, 15, 18 Jahren um je 200 M.

Außerdem 800 M. Wohnungsgeldzuschuß, welcher bei der Ruhegehaltsberechnnng mit 720 M. angecechnet wird.

2480	2780	3080	3280	3480	3680	3880	M.
nach	3	6	9	12	15	18	Dienstjahren.

Die früher an den hiesigen Gemeindeschulen zugebrachte Dienstzeit im Anstellungsverhältnisse wird voll angerechnet.

(Stadtv.-Beschl. vom 29. 6. 1909 — Protokoll 25 — Gem.-Bl. S. 296 — und vom 27. 10. 1910 — Protokoll 16 — Gem.-Bl. S. 472.)

9b) Fachlehrerinnen für Turn- und Nadelunterricht.

Sie werden wie Fachlehrerinnen an Gemeindeschulen besoldet und erhalten außerdem, solange sie das Amt einer Fachlehrerin bekleiden, eine ruhegehaltsberechtigte Stellenzulage von jährlich 300 M.

2050	2150	2250	2400	2550	2700 M.
nach	7	10	13	16	19 Dienstjahren
2850	2950	3100	3250 M.		
22	25	28	31 Dienstjahren.		

10. Zeichenlehrerinnen.

Gehalt, Wohnungsgeldzuschuß, Alterszulagen, Ruhegehalt und Anrechnungsgrundsätze wie bei den ordentlichen Lehrerinnen. Über die Berechnung des Dienstalters der am 1. April 1901 vorhanden gewesenen Zeichenlehrerinnen sind besondere Bestimmungen getroffen. (Stadtv.-Beschl. vom 29. 6. 1909 — Protokoll 25 — Gem.-Bl. S. 296 — und vom 27. 10. 1910 — Protokoll 16 — Gem.-Bl. S. 472 —.)

11. Schuldiener.

Anfangsgehalt 1400 M., Höchstgehalt 2100 M., steigend nach 2, 4, 6, 8, 10, 12 und 14 Dienstjahren um je 100 M.

1400	1500	1600	1700	1800	1900	2000	2100 M.
nach 2	4	6	8	10	12	14 Jahren.	

Außerdem freie Dienstwohnung und freie Brennstoffe zum ruhegehaltfähigen Werte von jährlich 450 M. Vom 1. Juli 1909 ab soll bei Neuernennungen nach dem Gemeindebeschluß vom $\frac{\text{5. Februar}}{\text{12. März}}$ 1903 zu I verfahren werden. (Stadtv.-Beschl. vom 29. 6. 1909 — Protokoll 25 — Gem.-Bl. S. 280 —.) Bis zum 1. Juli 1909 wurde die Dienstzeit an hiesigen Gemeindeschulen vom Ablauf des Probehalbjahrs ab angerechnet.

IV. Ortsstatut betreffend die Hinterbliebenenversorgung der Direktoren und Rektoren sowie der angestellten Lehrer und Lehrerinnen der städtischen Schulen (mit Ausnahme der Kommunalbeamten).

Auf Grund des § 11 der Städteordnung vom 30. Mai 1853 wird mit Zustimmung der Stadtverordnetenversammlung für die Stadt Berlin folgendes Ortsstatut erlassen:

§ 1.

Die Bestimmungen dieses Ortsstatuts finden auf die Witwen und die ehelichen oder legitimierten Kinder sämtlicher mit Pensionsberechtigung angestellten Direktoren, Rektoren, Lehrer und Lehrerinnen der städtischen Schulen Berlins Anwendung, soweit nicht etwa auf solche das „Ortsstatut betreffend die Hinterbliebenenversorgung der Kommunalbeamten" anwendbar ist.

§ 2.

Die im § 1 bezeichneten Hinterbliebenen erhalten Witwen- und Waisengeld nach den für die Hinterbliebenen der unmittelbaren Staatsbeamten geltenden Grundsätzen mit folgenden Maßgaben:

1. Das Witwengeld beträgt höchstens 5000 M. und mindestens 300 M., letzteres unbeschadet der einschränkenden Bestimmung unter Nr. 4 dieses Paragraphen.

2. Das Waisengeld beträgt, wenn die Mutter nicht mehr lebt oder zum Bezuge von Witwengeld nicht berechtigt ist, mindestens 300 M., gleichviel ob eine oder mehrere Waisen vorhanden sind, ebenfalls unbeschadet der Bestimmung unter Nr. 4 dieses Paragraphen.

3. Eine Kürzung der Witwen- und Waisengelder unter das gesetzliche bzw. ortsstatutarische Mindestmaß findet — unbeschadet der Bestimmung unter Nr. 4 dieses Paragraphen — in keinem Falle statt.

4. Auch die Hinterbliebenen derjenigen unter § 1 fallenden Personen, welche einen Pensionsanspruch zur Zeit ihres Todes noch nicht erdient hatten, erhalten, sofern im übrigen die gesetzlichen Voraussetzungen des Anspruchs auf Hinterbliebenenversorgung gegeben sind, Witwen- und Waisengeld.

Die Berechnung erfolgt in diesen Fällen in der Weise, daß nach neunjähriger Dienstzeit $^{19}/_{60}$, nach achtjähriger $^{18}/_{60}$, nach siebenjähriger $^{17}/_{60}$, nach sechsjähriger Dienstzeit $^{16}/_{60}$, nach fünfjähriger Dienstzeit $^{15}/_{60}$ des Gehalts als Pension gelten; der Mindestbetrag der hiernach berechneten Witwen- und Waisengelder beträgt für sämtliche Hinterbliebenen eines Angestellten zusammengerechnet 300 M. Dieser Mindestbetrag wird auch dann gezahlt, wenn der Angestellte vor Vollendung des fünften Dienstjahres gestorben ist.

§ 3.

Auf die nach Maßgabe dieses Statuts den Hinterbliebenen der im § 1 genannten Personen zustehenden Ansprüche werden in Anrechnung gebracht:

1. den Witwen derjenigen Personen, welche der „Witwenverpflegungsanstalt für hiesige besoldete Kommunalbeamte und Lehrer“ angehören, die ihnen an diese Anstalt zustehenden Ansprüche, denjenigen jedoch, deren Ehemänner freiwillige Mitglieder dieser Anstalt waren (§§ 2, 5 und 7 des Statuts vom $\frac{\text{20. Dezember 1853}}{\text{10. März 1854}}$), wird die von dieser Anstalt zu zahlende Witwenpension insoweit nicht angerechnet, als der Angestellte durch seine freiwilligen Beiträge zum Entstehen des Anspruchs beigetragen hat. Behufs Berechnung dieses Betrages wird in jedem Falle festgestellt, in welchem Verhältnis die Summe der von dem Angestellten vor dem 1. April 1889 geleisteten freiwilligen Beiträge zu der Gesamtsumme der von ihm unfreiwillig geleisteten und der nach dem 1. April 1889 erlassenen und von der Stadtgemeinde übernommenenen Beiträge steht; die von der Witwenverpflegungsanstalt geschuldete Witwenpension wird alsdann im entsprechenden Verhältnis geteilt und nur der auf die unfreiwillig geleisteten und die nach dem 1. April 1889 erlassenen und von der Stadtgemeinde übernommenen Beiträge entfallende Teilbetrag von der nach dem gegenwärtigen Statut geschuldeten Witwenpension in Abzug gebracht;

2. den Witwen und Waisen aller Personen diejenigen Ansprüche auf Gewährung von Witwen- und Waisengeld, welche sie aus einem früheren Dienstverhältnisse ihres Ehemannes oder Vaters oder aus einem sonstigen damit in Zusammenhang stehenden Rechtsgrunde erworben haben, und zwar insoweit, als infolge Anrechnung der in dem früheren Dienstverhältnisse zugebrachten Dienstjahre bei der Berechnung des pensionsfähigen Dienstalters sich die Ansprüche auf Witwen- und Waisengeld an die Stadt Berlin erhöht haben.

Ausgenommen von der Anrechnung sind die Ansprüche auf Zahlungen aus solchen Kassen und Anstalten, denen entweder die im § 1 bezeichneten Personen freiwillig beigetreten sind oder welche als Wohltätigkeitsanstalten bestimmungsgemäß Witwen- und Waisengelder zahlen oder Zuschüsse zu solchen leisten;

3. den Witwen und Waisen aller Rektoren und Lehrer an den Gemeindeschulen diejenigen Ansprüche auf Witwen- und Waisengeld,

welche sie auf Grund des Gesetzes vom 4. Dezember 1899 bzw. auf Grund des Ortsstatuts vom $\frac{\text{5. Mai}}{\text{5. Juni}}$ 1890 oder auf Grund des Statuts der Witwenverpflegungsanstalt vom $\frac{\text{20. Dezember 1853}}{\text{10. März 1854}}$ sowie auf Grund des Gesetzes vom 27. Juni 1890 gegen die Stadt oder die Staatskasse haben, unbeschadet der Bestimmung unter Nr. 1 dieses Paragraphen.

§ 4.

Die Bestimmungen dieses Statuts finden auch auf die Hinterbliebenen derjenigen beim Inkrafttreten dieses Statuts am Leben befindlichen Personen Anwendung, welche schon vor Inkrafttreten dieses Statuts in den Ruhestand versetzt worden sind.

§ 5.

Sofern die Witwen oder die Waisen einer vor dem Inkrafttreten dieses Ortsstatuts angestellten oder angestellt gewesenen Person auf Grund der bisher für sie geltenden Grundsätze über die Hinterbliebenenversorgung Ansprüche auf höhere Bezüge haben sollten als nach diesem Statut, bleiben ihnen die Ansprüche auf diese höheren Bezüge auch in Zukunft erhalten.

§ 6.

Dieses Statut tritt mit dem Tage seiner Bestätigung in Kraft. Mit diesem Zeitpunkt treten für die im § 1 bezeichneten Personen alle widersprechenden früheren Ortsstatute, Reglements und Gemeindebeschlüsse außer Kraft.

In Geltung bleiben nur:

a) § 1 des Ortsstatuts, betreffend die Fürsorge für die Witwen und Waisen der besoldeten Gemeindebeamten und Lehrer vom $\frac{\text{5. Mai}}{\text{5. Juni}}$ 1890[1]).

---

[1]) § 1 lautet:

Die nach dem Statute vom $\frac{\text{20. Dezember 1853}}{\text{10. März 1854}}$ bestehende Witwenverpflegungsanstalt für hiesige besoldete Kommunalbeamte und Lehrer nimmt vom 1. April 1890 ab neue Mitglieder nicht mehr auf.

b) § 6 Absatz 2 des Ortsstatuts, betreffend die Hinterbliebenenversorgung der Direktoren, Rektoren, der angestellten Lehrer usw. vom 14./23. Juni 1902[1]).

Berlin, den $\frac{\text{10. März}}{\text{14. Mai}}$ 1908.

Magistrat hiesiger Königl. Haupt- und Residenzstadt.

Kirschner.

(J.-Nr. 1403 G. B. I. 1907.)

Das vorstehende Ortsstatut wird hierdurch bestätigt.

Potsdam, den 23. Juli 1908.

(L. S.)

Der Oberpräsident.

J. V.:

von Winterfeldt.

(O. P. 13 032.)

V. Vorlage (J.-Nr. 343 Krch. 11/13) — zur Kenntnisnahme und Beschlußfassung —, betreffend die Grundsätze für die Gewährung von Ruhegeld an die Leiter bzw. Leiterinnen und die Lehrpersonen der hiesigen Privatlyzeen und der hiesigen höheren (nicht anerkannten) Privatmädchenschulen.

Bei Gelegenheit der Beratung über unsere Vorlage vom 2. Dezember 1912, betreffend die Bewilligung von Ruhegeld an die Lehrerinnen der nicht anerkannten hiesigen Privatmädchen-

---

[1]) § 6 Absatz 2 lautet:

Die Witwenverpflegungsanstalt für Angestellte beim städtischen Erleuchtungswesen vom 14. Januar 1874 nimmt vom Inkrafttreten dieses Statuts an neue Mitglieder nicht mehr auf. Geben die zur Zeit des Inkrafttretens dieses Statuts bei dieser Anstalt bereits beteiligten Angestellten in Gemeinschaft mit ihren Ehefrauen binnen 6 Monaten nach dem Inkrafttreten dieses Statuts die Erklärung ab, auf ihre bisherigen Rechte aus dem Reglement vom 14. Januar 1874 zu verzichten, so werden weitere Beiträge von ihnen nicht erhoben und die seit dem 1. April 1900 gezahlten ihnen zurückgezahlt. Dagegen haben sie bzw. ihre Hinterbliebenen Anspruch auf Hinterbliebenenversorgung nach diesem Ortsstatut. Diejenigen, welche obigen Verzicht nicht rechtzeitig erklären, behalten bei Fortzahlung der Beiträge ihre Rechte aus dem Reglement vom 14. Januar 1874. Auf das nach diesem Statut ihnen zustehende Witwengeld kommen jedoch die Bezüge aus dem Reglement vom 14. Januar 1874 zu einem Teilbetrage zur Berechnung. Behufs Berechnung dieses Betrages wird in schulen, hat die Stadtverordnetenversammlung uns durch Resolution vom 13. Februar d. J. — Protokoll 12 — ersucht, das Ruhegeld auch für diese Lehrerinnen auf 700 M. (statt auf 500 M.) jährlich zu bemessen, und ihnen die nach dem 1. April 1909 an hiesigen Privatmädchenschulen zugebrachte Dienstzeit voll anzurechnen, wenn der Übertritt in den städtischen Dienst vor Überschreitung der Altersgrenze stattfindet. Gleichzeitig sind wir ersucht worden, den Gemeindebeschluß vom 12./24. Juni 1909 auch auf die Vorsteherinnen der nicht anerkannten hiesigen Privatmädchenschulen mit der Maßgabe auszudehnen, daß als Voraussetzung für die Gewährung eines Ruhegeldes von jährlich 1200 M. hier die 12 jährige Leitung der Schule (statt der 5 jährigen bei den Lyzeen) festgesetzt wird.

Endlich hat die Stadtverordnetenversammlung noch zur Erwägung anheimgestellt, ob nicht auch den männlichen Lehrkräften an den Privatschulen, desgleichen auch den technischen Lehrkräften — letztere unter Herabsetzung der Mindeststundenzahl auf 12 Wochenstunden — die gleiche Vergünstigung eines Ruhegeldes von 700 M. zugewandt werden könnte.

Wir sind den Wünschen der geehrten Versammlung in den erstgenannten beiden Punkten gern beigetreten, erachten es indessen für notwendig, daß die in dem Gemeindebeschluß vom 12./24. Juni 1909 gestellte Bedingung bezüglich der Mitgliedschaft bei der Allgemeinen Deutschen Pensionsanstalt für Lehrerinnen und Erzieherinnen nunmehr auch für die Lehrerinnen an den Lyzeen fallen gelassen wird. Wir haben ferner nach eingehender Prüfung und Beratung beschlossen, auch den technischen Lehrerinnen der Privatlyzeen und der höheren Privatmädchenschulen bei eintretender Dienstunfähigkeit oder nach Vollendung des 65. Lebensjahres ein Ruhegeld von 700 M. jährlich zu bewilligen, sofern sie mindestens 15 Jahre hindurch an hiesigen Privatschulen voll beschäftigt waren; wir wünschen indessen die als volle Beschäftigung geltende Mindeststundenzahl nicht auf 12, sondern auf 14 Wochenstunden festzusetzen, da nach den für die technischen Lehrerinnen an den Gemeindeschulen bestehenden Be-

jedem Falle festgestellt, in welchem Verhältnis die vor dem 1. April 1900 von dem Betreffenden geleisteten Beiträge zu den nach dem 1. April 1900 geleisteten Beiträgen stehen und demnächst die von der Witwenverpflegungsanstalt für Angestellte beim städtischen Erleuchtungswesen geschuldete Witwenpension in demselben Verhältnis geteilt. Der den von vor dem 1. April 1900 geleisteten Beiträgen entsprechende Teil wird von der nach diesem Statut geschuldeten Witwenpension in Abzug gebracht.

stimmungen 14 Wochenstunden die Voraussetzung für die Anrechnung der Beschäftigungszeit bilden.

Bezüglich der seitens der geehrten Versammlung fernerweit angeregten Ausdehnung des Gemeindebeschlusses vom 12./24. Juni 1909 auf die männlichen Lehrkräfte an den Privatlyzeen und höheren Privatmädchenschulen haben wir uns zu einer generellen Regelung dieser Frage nicht entschließen können, wollen uns vielmehr vorbehalten, im Einzelfalle in eine Prüfung einzutreten, ob die Gewährung eines Ruhegeldes aus städtischen Mitteln erfolgen soll.

Die Grundsätze über die Anrechnung früherer Dienstzeit und für die Gewährung von Ruhegeld an die Leiter, Leiterinnen und Lehrpersonen der Privatlyzeen und höheren Privatmädchenschulen lassen sich somit in folgenden Bestimmungen zusammenfassen:

1. Den Lehrerinnen an Privatlyzeen in Berlin wird, wenn sie vor Überschreitung der Altersgrenze für den städtischen Dienst gewählt werden, die Zeit ihrer mit voller Stundenzahl zugebrachten Tätigkeit an hiesigen Privatlyzeen und an hiesigen höheren Privatmädchenschulen voll angerechnet; den Lehrerinnen an den nicht anerkannten hiesigen höheren Privatmädchenschulen wird im gleichen Falle dieselbe Vergünstigung, jedoch mit der Maßgabe zuteil, daß nur die nach dem 1. April 1909 an hiesigen Privatlyzeen und Privatmädchenschulen mit voller Stundenzahl zugebrachte Dienstzeit voll zur Anrechnung gelangt.

2. Den Leitern und Leiterinnen der hiesigen Privatlyzeeen und höheren Privatmädchenschulen soll bei eintretender Dienstunfähigkeit oder bei Vollendung des 65. Lebensjahres ein Ruhegeld von jährlich 1200 M. aus der Stadtkasse gewährt werden, sofern nicht ihre wirtschaftlichen Verhältnisse ein solches Ruhegeld unnötig erscheinen lassen. Als Voraussetzung für die Gewährung des Ruhegeldes gilt bei den Direktoren und Direktorinnen, daß sie ihr Privatlyzeum wenigstens 5 Jahre nach den neuen Bestimmungen über die Regelung des höheren Mädchenschulwesens geleitet haben, bei den Vorstehern und Vorsteherinnen der nicht anerkannten höheren Privatmädchenschulen hingegen, daß sie ihre Schule wenigstens 12 Jahre geführt haben.

3. Alle vollbeschäftigten wissenschaftlichen und technischen Lehrerinnen an hiesigen Privatlyzeen und höheren Privatmädchenschulen, die wenigstens 15 Jahre hindurch ohne größere Unterbrechungen an solchen Schulen in Berlin vollbeschäftigt tätig waren,

erhalten bei eintretender Dienstunfähigkeit oder bei Vollendung des 65. Lebensjahres ein Ruhegeld von jährlich 700 M. aus der Stadtkasse.

4. Als volle Beschäftigung — sowohl bei Anrechnung von Dienstjahren (Nr. 1) wie auch bei Feststellung der zurückgelegten ruhegeldfähigen Lehrtätigkeit (Nr. 3) — gilt bei den wissenschaftlichen Lehrerinnen eine Lehrtätigkeit in mindestens **20** Wochenstunden, bei den technischen Lehrerinnen eine ebensolche in mindestens **14** Wochenstunden.

Das bewilligte Ruhegeld kommt ohne weiteres in Wegfall, sobald die betreffende Direktorin, Vorsteherin oder Lehrerin sich verheiratet.

Ein klagbares Recht auf Bewilligung eines Ruhegeldes aus der Stadtkasse wird den Beteiligten in keinem Falle zuerkannt.

5. Wegen etwaiger Gewährung eines Ruhegeldes an männliche Lehrkräfte der hiesigen Privatlyzeen und höheren Privatmädchenschulen behalten sich die Gemeindebehörden die genaue Prüfung der Verhältnisse im Einzelfalle und eine jedesmalige besondere Beschlußfassung darüber vor.

Die Stadtverordnetenversammlung ersuchen wir hiernach, folgenden Beschluß zu fassen:

> Die Versammlung hat davon Kenntnis genommen, daß der Magistrat ihrem Ersuchen um Erhöhung des Ruhegeldes für die Lehrerinnen der hiesigen höheren Privatmädchenschulen auf jährlich 700 M. usw. beigetreten ist, und genehmigt die in der Vorlage vom 7. Mai 1913 wiedergegebenen Grundsätze für die Gewährung von Ruhegeld an die Leiter bzw. Leiterinnen und an die Lehrpersonen der hiesigen Privatlyzeen und der hiesigen höheren (nicht anerkannten) Privatmädchenschulen.

Berlin, den 7. Mai 1913.

Magistrat der Königl. Haupt- und Residenzstadt.

Wermuth.

J.-Nr. 658 St. V. I/13.

Die Stadtverordnetenversammlung hat am 29. Mai 1913 zugestimmt.

VI. Zusammenstellung der für das Schulgeld-Einziehungsgeschäft bei den höheren Lehranstalten gegebenen Bestimmungen.

§ 1.

Die Abrechnung des Schulgelderhebers dem Magistrat gegenüber geschieht mittels des Vordrucks 13 (bzw. 13a, 13b), der vom Schulgelderheber aufzustellen ist.

§ 2.

Als Anlagen gehören zu der Abrechnung:

a) die Schülerliste,

b) die Nachweisung der Freischüler, Halbfreischüler usw.,

c) das Verzeichnis der Restanten.

Weitere Belege sind der Abrechnung nicht beizufügen, da die in dem betreffenden Bureau des Magistrats geführten Kontrollen das weitere Material zur Revision der Liste liefern.

§ 3.

Das Schulgeld ist — unabhängig vom Schluß des Schulsemesters bzw. Schulquartals — am ersten ordentlichen Schultage eines jeden Kalenderquartals fällig.

Für die allmähliche Abwickelung des Einziehungsgeschäfts wird jedoch ein Zeitraum von 14 Tagen offen gehalten. Fällt der Anfang dieser Frist in die Ferien, so kann das Schulgeld erst beim Wiederbeginn des Unterrichts erhoben werden.

Wird diese Frist durch die Ferien unterbrochen, so ist mit der Einziehung des Schulgeldes in den ersten Schultagen des Kalenderquartals zu beginnen und nach Wiederbeginn des Unterrichts nach den Ferien in der entsprechenden Weise damit fortzufahren.

§ 4.

In die Schulgeldabrechnung bzw. in die Restantenliste sind vom Schulgelderheber nur die Reste des Abrechnungsvierteljahres einzutragen.

Die Schulgeldabrechnung nebst Schülerliste und Freischülernachweisung ist mit der doppelt auszufertigenden Restantenliste jedesmal am 15. Mai, 31. August, 15. November und 15. Februar pünktlich an das Bureau der Deputation für die äußeren Angelegenheiten der städtischen höheren Schulen, welches die zweite

Ausfertigung der Restantenliste der Stadthauptkasse zustellt, abzuliefern. Der Stadthauptkasse darf die Abrechnung nicht übergeben werden.

Wenn Restanten nicht vorhanden sind, ist eine Vakatliste n i c h t erforderlich, und die Ablieferung der Abrechnung ist dann auch vor den angegebenen Terminen zu bewirken.

Nach erfolgter Einreichung der Abrechnung an das Bureau haben die Schulgelderheber von R e st a n t e n in k e i n e m Falle mehr Schulgeld anzunehmen, sondern das beteiligte Publikum an die S t a d t h a u p t k a s s e, Rathaus Jüdenstraße Zimmer Nr. 3, zu verweisen; Schulgeld für neuaufgenommene Schüler ist jedoch anzunehmen (vgl. § 7).

Wird dem Schulgelderheber nach Aufstellung des Verzeichnisses der Restanten, jedoch v o r tatsächlicher Einreichung desselben an das Bureau, noch Schulgeld angeboten, so hat er solches anzunehmen, einen entsprechenden Vermerk im Restantenverzeichnis zu machen und den Geldbetrag auf das Postscheckkonto der Stadthauptkasse unter genauer Bezeichnung auf dem Zahlkartenabschnitt einzuzahlen.

§ 5.

Vor dem Beginn des neuen Kalenderquartals darf Schulgeld nicht verlangt werden, jedoch ist eine von den Zahlungspflichtigen gewünschte Vorausbezahlung des Schulgeldes für das nächstfolgende Quartal zulässig und daher nicht zurückzuweisen.

§ 6.

Den Eltern bzw. Zahlungspflichtigen ist zur Verhütung von Verlusten zu gestatten, das Schulgeld persönlich oder durch zuverlässige Boten abzuliefern. Die Termine für solche Zahlungen sind nach Vereinbarung mit dem Direktor den Schülern zur Mitteilung an das Elternhaus zu machen.

§ 7.

Das Schulgeld für neuaufgenommene Schüler ist bei Erteilung des Aufnahmescheins Zug um Zug zu zahlen. Eine Rückzahlung desselben kann für den Fall, daß der betreffende Schüler später in die Schule nicht eintritt, nur vom Magistrat verfügt werden.

§ 8.

Die im Laufe eines Quartals eintretenden Schüler haben an Schulgeld den vollen Quartalsbetrag zu zahlen. Ob und inwiefern ein teilweiser Erlaß dieser Zahlung stattfindet, unterliegt der Entscheidung des Magistrats. Bei dem Übergange eines Schülers von einer höheren auswärtigen Lehranstalt an eine hiesige städtische höhere Lehranstalt bzw. von einer hiesigen Königlichen Lehranstalt an eine hiesige städtische innerhalb eines Unterrichtsvierteljahres unterbleibt die Erhebung des Schulgeldes, sofern es an der ersteren Anstalt bereits entrichtet ist.

Erfolgt der Schulwechsel aus Anlaß von Schulstrafen, oder um solchen aus dem Wege zu gehen, so tritt diese Vergünstigung nicht ein.

§ 9.

Für Schüler, welche ein volles Quartal wegen gehörig bescheinigter Krankheit am Schulbesuch behindert worden sind, soll Schulgeld nicht erhoben werden. Dieselben sind in der Schülerliste zwar aufzuführen, in der Abrechnung aber in der Spalte „Gefehlt haben" zu berechnen.

Länger als ein Vierteljahr darf ein Platz ohne Schulgeldzahlung nicht offen gehalten werden. In welchen sonstigen Fällen ein Erlaß des Schulgeldes eintreten soll, entscheidet der Magistrat auf Grund der bei ihm zu stellenden besonderen Anträge.

§ 10.

Von den Schülern, welche rechtzeitig abgemeldet sind und den Unterricht noch bis zum Schlusse des Schulquartals besuchen, wird Schulgeld nicht erhoben, auch wenn der Schluß des Schulquartals in das neue Kalendervierteljahr hineinreicht.

§ 11.

Die Rückzahlung von Schulgeld für einen auf Beschluß des Lehrerkollegiums aus der Anstalt verwiesenen Schüler kann nur vom Magistrat verfügt werden.

§ 12.

Für diejenigen abgehenden Schüler, welche nicht rechtzeitig, d. h. vier Wochen vor dem Schulschlusse, abgemeldet worden sind, ist das Schulgeld für das neue Quartal in Ansatz zu bringen. Bei Freischülern ist von einer Kündigungsfrist abzusehen[1]).

§ 13.

Haben die Eltern wegen Umschulung eines Schülers eine rechtzeitige Meldung gemacht, so unterbleibt die Veranlagung zum Schulgelde, also auch die Eintragung in die Schülerliste, selbst wenn eine definitive Kündigung nicht ausgesprochen worden ist.

§ 14.

Für bedürftige Schüler wird durch Gewährung des freien Unterrichts in ausreichender Weise gesorgt, und die desfallsigen berechtigten Meldungen gelangen ohne Ausnahme zur Berücksichtigung.

Bei vorübergehender Behinderung zur Zahlung wird stets in entgegenkommender Weise Stundung gewährt.

Diejenigen Schüler, für welche dennoch das Schulgeld — ohne genügende Entschuldigung — wiederholt nicht pünktlich gezahlt worden ist, sind dem Direktor zur Anzeige zu bringen, um sie solange vom Unterricht auszuschließen, bis Zahlung erfolgt ist.

Eine kurze Mitteilung an die Eltern wird sicherlich den gewünschten Erfolg haben.

§ 15.

Die eingenommenen Schulgelder sind nicht anzusammeln, sondern täglich vom ersten ordentlichen Schultage des Kalenderquartals an mittels Zahlkarte auf das Postscheckkonto der Stadthauptkasse einzuzahlen. Beträgt das abzuliefernde Schulgeld weniger als 100 M., so kann mit der Einzahlung längstens 3 Tage, jedoch nicht über den Tag der Einreichung der Schulgeldabrechnung und, wenn das Einziehungsgeschäft durch Ferien unterbrochen wird, über den letzten Unterrichtstag hinaus gewartet werden.

Abgesehen davon, daß den Schulgelderhebern durchaus sichere Aufbewahrungsorte nicht zur Verfügung stehen, sie sich also gegen Verluste nicht zu schützen vermögen, ist eine pünktliche Ablieferung der für fremde Rechnung eingezogenen Gelder Pflichtsache.

---

[1]) Bei den Lyzeen muß nach der Schulordnung die Abmeldung vor dem 1. März, 1. Juni, 1. September oder 1. Dezember erfolgt sein.

Die Übersendung der Schulgelder an die Stadthauptkasse wird von uns kontrolliert und die dabei etwa konstatierte Säumigkeit der Schulgelderheber gerügt bzw. das Erforderliche veranlaßt werden.

§ 16.

Die Schulgeldquittungen müssen, um als rechtskräftige Empfangsbescheinigungen zu gelten, mit der eigenhändigen Unterschrift des Schulgelderhebers versehen sein, auch ist es zur Vermeidung von Irrtümern nötig, daß diese Quittungen stets dasjenige Datum tragen, unter welchem die Zahlung des Schulgeldes tatsächlich stattgefunden hat.

§ 17.

Über den Geldverkehr bei den städtischen Kassen bestehen besondere Vorschriften, die von den Schulgelderhebern zu beachten sind.

§ 18.

Im Falle der Schulgelderheber etwa durch den Betrieb des Schulunterrichts usw. mehr als gewöhnlich in Anspruch genommen ist, oder bei eintretender Behinderung, hat derselbe im Einvernehmen mit dem Direktor für seine Stellvertretung Sorge zu tragen.

Beliebige Abänderung der Fristdauer ist unstatthaft und führt zu Belästigungen der Zahlungspflichtigen. Die Zahlungen dürfen innerhalb der ein für allemal bekannt gemachten Termine unter keinen Umständen zurückgewiesen werden.

§ 19.

Die Vergütung für die Einziehung des Schulgeldes beträgt

1. bei einer wirklich vorhandenen Schülerzahl bis zu 300 jährlich 180 M.,
2. bei einer solchen von mehr als 300 bis 500 jährlich 220 M.,
3. für jede weiteren 100 Schüler, wobei bis 50 Schüler nicht, über 50 als volles Hundert zu rechnen sind, 40 M.

§ 20.

Die vorstehenden Bestimmungen treten am 1. April 1913 in Kraft.

Berlin, den 4. April 1913.

Magistrat der Königl. Haupt- und Residenzstadt.

Dr. Reicke.

VII. Regulativ betreffend die Bewilligung schulgeldfreien Unterrichts auf den städtischen höheren Lehranstalten (Gymnasien, Realgymnasien, Oberrealschulen, Realschulen und höheren Mädchenschulen) zu Berlin.

Abschnitt I.

Voraussetzungen für die Bewilligung schulgeldfreien Unterrichts. Dauer der Bewilligung

§ 1.

Allgemeine Voraussetzungen.

Allgemeine Voraussetzungen für die Bewilligung schulgeldfreien Unterrichts (ganzen und halben Schulgelderlasses) sind:

a) daß die Eltern der in Betracht kommenden Schüler und Schülerinnen bzw. deren Pflegeeltern oder sonst zur Alimentation verpflichteten Angehörigen in Berlin wohnhaft sind;

b) daß dieselben der Vergünstigung bedürftig sind;

c) daß ihre Kinder, die Schüler (Schülerinnen), der Vergünstigung würdig sind.

Den Schülern der Vorschulklassen der Gymnasien, Realgymnasien und Oberrealschulen, den Schülern der 6. und 5. Klasse der Realschulen und den Schülerinnen der 10., 9. und 8. Klasse der höheren Mädchenschulen wird — unbeschadet der Bestimmungen des § 13 — schulgeldfreier Unterricht überhaupt nicht, den neu in eine Anstalt eingetretenen Schülern (Schülerinnen), mit Ausnahme der im § 4b aufgeführten Magistratsfreischüler, nicht vor dem zweiten Besuchssemester gewährt.

§ 2.

Ortsanwesenheit.

Von der Erfüllung der Voraussetzung zu § 1a wird abgesehen zugunsten von Kindern städtischer angestellter Beamten und Lehrer (Lehrerinnen), die aus dienstlichen Gründen außerhalb Berlins wohnen müssen, nicht abgesehen wird zugunsten der Forensen.

§ 3.

Bedürftigkeit der Eltern.

Bedürftigkeit der Eltern (§ 1b) wird in der Regel durch den zuständigen Bezirksvorsteher bzw. Gemeindevorstand (§ 2) festgestellt; außerdem kann ein Ausweis über das für das laufende Steuerjahr veranlagte steuerpflichtige Einkommen zugrunde gelegt, in außerordentlichen Zweifelsfällen auch anderweitige Auskunft eingeholt werden.

Bezüglich der Zöglinge der in Berlin befindlichen Waisenhäuser ist von einem besonderen Nachweise der Bedürftigkeit abzusehen.

Bei Gesuchen um eine Freistelle als 3. (4., 5.) Bruder (Schwester) wird die Bedürftigkeit als festgestellt erachtet, wenn die nachsuchenden Eltern eine Jahreseinnahme von nur 6000 M. oder weniger nachweisen, indessen kann hier die Bedürftigkeitsfrage auch bei einer höheren Einnahme unter besonders ungünstigen Verhältnissen bejaht werden.

§ 4.

Würdigkeit der Schüler (Schülerinnen).

Schüler (Schülerinnen) sind als würdig (§ 1 c) dann anzusehen, wenn sie entweder:

a) in einer höheren Lehranstalt bzw. höheren Mädchenschule bei gutem Betragen und regelmäßigem Fleiße ohne Einschränkung genügende oder gute Fortschritte machen und daraufhin als besonders befähigt von ihrem Direktor zur Gewährung von Freischule empfohlen werden;

b) als Gemeindeschüler bzw. Gemeindeschülerinnen mindestens die vier unteren Klassen bzw., wenn die Aufnahme in eine Realschule gewünscht wird, die sechs unteren Klassen bei gutem Betragen und regelmäßigem Fleiße mit ausgezeichnetem Erfolge durchgemacht und daraufhin von ihrem Rektor als besonders befähigt für den Besuch einer höheren Lehranstalt, wozu in diesem Sinne auch die höheren Mädchenschulen gehören, empfohlen werden (Magistratsfreischüler).

§ 5.

Bewilligung schulgeldfreien Unterrichts beim Vorhandensein mehrerer Kinder.

Unter den in den §§ 1—4 aufgeführten Voraussetzungen wird auf Antrag der Eltern bzw. Pflegeeltern bzw. Vormünder schulgeldfreier Unterricht bewilligt,

wenn von mehreren Brüdern (Schwestern), für welche ein und derselbe Vater oder ein und dieselbe Mutter alimentationspflichtig ist oder noch sein würde (wenn nämlich Vater oder

Mutter noch am Leben wären), drei oder mehr die städtischen höheren Lehranstalten — aber ausschließlich der im § 1 alinea 5, angegebenen Klassen — besuchen, und zwar:

a) dem (der) ältesten dieser Brüder (Schwestern) ganz freier Unterricht,
b) dem (der) vierten, fünften usw. dieser Brüder (Schwestern) halbfreier Unterricht.

§ 6.

Etatsmäßige Freistellen.

Unter den in den §§ 1—4 aufgeführten Voraussetzungen kann schulgeldfreier Unterricht bewilligt werden einer Gesamtzahl von Schülern (Schülerinnen), welche höchstens betragen darf:

a) an den Gymnasien, Realgymnasien, Oberrealschulen und Realschulen:

den zehnten Teil sämtlicher an der betreffenden Gattung von Schulen aufgenommenen Schüler, abzüglich derjenigen, welche den im § 1, alinea 5, angegebenen Klassen angehören[1]);

b) an den höheren Mädchenschulen:

den zwanzigsten[1]) Teil der sämtlichen an diesen in Klasse 7—1 aufgenommenen Schülerinnen.

§ 7.

Dauer der Bewilligung.

In den Fällen des § 5 wird die Schulgeldfreiheit den betreffenden Schülern (Schülerinnen) solange gewährt, als die Voraussetzungen für die Bewilligung schulgeldfreien Unterrichts gemäß den §§ 1—5 vorhanden sind.

In den Fällen des § 6 gilt die Befreiung vom Schulgelde stets als auf ein Schuljahr gewährt.

Wird auf den Gesuchen um Weiterbewilligung der Schulgeldfreiheit von den Direktoren bezeugt, daß ein Schüler (eine Schülerin) in Führung, Fleiß oder Leistungen nachgelassen habe, so kann die Weiterbewilligung ein- oder zweimal unter Ermahnung des Schülers (der Schülerin) auf ein halbes Jahr ausgesprochen werden.

Ist die Anzahl der vorliegenden gemäß den §§ 1—4 wohlbegründeten Gesuche um Bewilligung schulgeldfreien Unterrichts

---

[1]) Vgl. die Nachträge am Schluß.

eine besonders große, so kann auch Erlaß des halben Schulgeldes bewilligt werden, damit, ohne Überschreitung der im § 6 festgestellten Höchstziffern eine möglichst große Zahl von Bewerbern der Vergünstigung teilhaftig werde.

Abschnitt II.

Verfahren wegen Bewilligung schulgeldfreien Unterrichts.

§ 8.

Zuständigkeit.

Zuständig für die Bewilligung schulgeldfreien Unterrichts ist:

a) bezüglich der Gymnasien, Realgymnasien und Oberrealschulen der Magistrat[2]),

b) bezüglich der Realschulen und höheren Mädchenschulen die Städtische Schuldeputation[1]).

§ 9.

Einreichung der Anträge.

Anträge auf Bewilligung schulgeldfreien Unterrichts sind in jedem Schulhalbjahr bis spätestens zum 1. März (1. September) an den Leiter derjenigen Schule zu richten, an welcher die Gewährung einer Freischulstelle nachgesucht wird.

§ 10.

Behandlung durch die Direktoren.

Spätestens am 15. März (15. September) haben die Leiter die eingegangenen Gesuche mit ihrer nach § 4 erforderlichen Begutachtung dem Magistrat[1]) (der Schuldeputation)[2]) einzureichen.

Dem Begleitbericht hinzuzufügen haben die Direktoren noch das Verzeichnis der während des letzten Halbjahres abgegangenen und für den Schluß desselben abgemeldeten Freischüler.

§ 11.

Zulässige Ausnahmen.

Ausnahmsweise kann in außerordentlichen Fällen, zum Beispiel bei dem Tode oder der plötzlichen Verarmung des Vaters,

---

[1]) Die Bewilligung schulgeldfreien Unterrichts ist der Deputation für die äußeren Angelegenheiten der städtischen höheren Lehranstalten übertragen worden (Verfg. v. 30. 3. 08 Nr. 291 Kreh. 08).

[2]) Vgl. Anmerkung zu § 8.

durch Verfügung des Magistrats[1]) (der Schuldeputation)[1]) auch innerhalb eines Schulhalbjahres Befreiung vom Schulgelde bewilligt werden.

Abschnitt III.

Aufhebung bisheriger Bestimmungen. Übergangsbestimmungen.

§ 12.

Zeitpunkt des Inkrafttretens. Älteres Recht.

Dieses Regulativ tritt mit dem 1. April 1903 in Kraft.

Von diesem Tage an treten alle bisher erlassenen Verfügungen und Beschlüsse der Gemeindebehörden, soweit sie die Gewährung schulgeldfreien Unterrichts betreffen, außer Kraft.

Nicht aufgehoben werden die am Köllnischen Gymnasium hierselbst vorhandenen fünf Freistellen, welche zur Verfügung des Königlich Preußischen Finanzministers stehen. Dieselben bleiben nach wie vor unverändert bestehen.

§ 13.

Übergangsbestimmungen.

a) Lehrersöhne,

b) Predigersöhne,

c) sonstige Fälle.

Sämtliche zur Zeit des Inkrafttretens dieses Regulativs an den städtischen höheren Lehranstalten und höheren Mädchenschulen festangestellten wissenschaftlichen und technischen Lehrer verlieren mit dem 1. April 1903 die Vergünstigung, daß ihre Söhne (Töchter) auf denjenigen Schulen, an denen sie selbst angestellt sind, durch alle Klassen einschließlich der Vorschulklassen freien Unterricht genießen. Denjenigen Lehrerkindern jedoch, welche vor dem Inkrafttreten dieses Regulativs bereits diese Vergünstigung genossen haben, soll dieselbe bis zu ihrem Abgange von der Schule belassen werden.

Auch verbleibt den zur Zeit des Inkrafttretens dieses Regulativs fest angestellten Geistlichen:

a) der St.-Petrikirche hinsichtlich des Kollnischen Gymnasiums,

b) der St.-Nikolaikirche hinsichtlich des Berlinischen Gymnasiumus

die Vergünstigung, daß ihre Söhne auf allen Klassen dieser Gymnasien freien Unterricht genießen.

Zur Vermeidung besonderer bei Anwendung dieses Regulativs hervortretender Härten kann der Magistrat[1]) (die Schuldeputation)[1]) zugunsten solcher Schüler (Schülerinnen), welche bei dessen Inkrafttreten bereits Schulgeldfreiheit genießen, indes auf diese nach den nunmehrigen Bestimmungen keinen Anspruch haben, ausnahmsweise die Weiterbelassung der Schuldgeldfreiheit beschließen.

Berlin, den 20. März 1903.

Magistrat hiesiger Königl. Haupt- und Residenzstadt.
Kirschner.

Die bei den neunklassigen höheren Lehranstalten und der Städtischen Studienanstalt etwa nicht verbrauchten Freistellen können auf die Realschulen übertragen werden. (Stadtv.-Beschl. vom 22. 12. 1909.)

Vom 1. April 1910 sind die Freistellen bei den höheren Mädchenschulen von 5 auf 10 v. H. der Schülerinnen in den Klassen I—VII erhöht. (Stadtv.-Beschl. vom 22. 12. 1909.)

Die Zahl der Freistellen an den Realschulen ist vom 1. April 1912 ab von höchstens 10 v. H. auf höchstens 12½ v. H. der sämtlichen in die Klassen I—VI aufgenommenen Schüler erhöht. (Stadtv.-Beschl. vom 14. 3. 1912.)

Vom 1. April 1913 ab sind die Freistellen bei den Realschulen von höchstens 12½ auf 15 v. H. der Schüler in den Klassen I—IV erhöht. (Stadtv.-Beschl. vom 19. März 1913.)

VIII. Vorschriften für die Verwaltung der Schulgrundstücke der städtischen höheren Lehranstalten und der höheren Mädchenschulen.

1. Für jede städtische höhere Lehranstalt und höhere Mädchenschule wird von dem Vorsitzenden der Deputation für die äußeren Angelegenheiten der städtischen höheren Lehranstalten ein Hauskurator bestellt, welcher als Vertreter der Deputation die an Ort und Stelle erforderlichen Anordnungen, soweit sie nicht in den *inneren* Schulbetrieb eingreifen, zu treffen hat.

2. Die Hausverwaltung für das Schulgebäude und für das zu ihm gehörige Wohnhaus wird von dem Direktor der Anstalt

---

[1]) Vgl. Anmerkung zu § 8.

wahrgenommen. Gehört ein Wohngebäude zu mehreren Anstalten, so wird die Verwaltung dieses Wohnhauses von dem dienstältesten Direktor ausgeübt. Abweichungen hiervon bedürfen der Genehmigung der Deputation.

Die Verpflichtungen der einzelnen Wohnungsinhaber bezüglich der Treppenreinigung usw. werden durch eine besondere Hausordnung geregelt, welche gleichfalls der Genehmigung der Deputation unterliegt.

3. Der Hausverwalter bzw. Anstaltsleiter ist dafür verantwortlich, daß die über die Beaufsichtigung und Verwaltung der Grundstücke und über die Reinigung der Schulräume usw. erlassenen Verfügungen sowie die bestehenden polizeilichen Verordnungen gehörig befolgt werden.

Für den Fall seiner Abwesenheit hat der Hausverwalter bzw. Anstaltsleiter der Deputation einen Stellvertreter vorzuschlagen und dafür zu sorgen, daß letzterer zu sämtlichen Räumen des Grundstücks gelangen, auch den mit Reparaturen beauftragten Arbeitern den Zugang gewähren kann.

4. Anschaffungen und Reparaturen, welche im Interesse des Grundstücks erforderlich sind, hat der Hausverwalter dem Hauskurator in Vorschlag zu bringen und mit dessen Zustimmung, soweit nicht die Genehmigung der Deputation hierzu erforderlich ist, zu bewirken. Maßnahmen, welche zur Abwendung von Gefahren dringend notwendig sind, wie auch Reparaturen an den Gas- und Wasserleitungen, die ohne Nachteil für Haus und Anstalt keinen Aufschub erleiden dürfen, sind von dem Hausverwalter sofort in Auftrag zu geben; gleichzeitig ist dem Hauskurator davon Mitteilung zu machen.

5. Die Rechnungen über bauliche Reparaturen, bei deren Ausführung die Mitwirkung der Bauverwaltung nicht in Anspruch genommen worden ist, sowie alle Rechnungen über Neuanschaffung und Ergänzung von Subsellien und Utensilien sind außer von dem Hausverwalter auch von dem Hauskurator zu bescheinigen.

6. Die Genehmigung der Deputation ist erforderlich:

a) zur Ausführung von baulichen Reparaturarbeiten in der Anstalt und im Wohngebäude, sofern ihre Kosten den Betrag von 150 M. übersteigen;

b) zur Neuanschaffung und Ergänzung von Subsellien und Utensilien im Kostenbetrage von mehr als 100 M.;

c) zu Änderungen an der Beleuchtungseinrichtung, wenn sie mehr als 50 M. Kosten verursachen;

d) zu sämtlichen Arbeiten in Dienstwohnungen und zu solchen, welche spezielle Kenntnis erfordern.

Reparaturen und Neuanschaffungen, deren Kosten über 300 M. hinausgehen, sind im allgemeinen bei der Baubereisung zu beantragen.

7. Der Termin für die Baubereisung wird von der Bauverwaltung angesetzt und von den Leitern der Stadtbauinspektionen dem Hauskurator und dem Hausverwalter rechtzeitig angezeigt.

Der Hauskurator und der Hausverwalter sind verpflichtet, den Baubereisungen beizuwohnen, und haben im Behinderungsfalle der Deputation unverzüglich Mitteilung zu machen.

Vor dem Termin der Baubereisung hat der Hausverwalter ein Verzeichnis der Anträge aufzustellen und dem Hauskurator mitzuteilen.

Die Entscheidung über die Ausführung der von der Baubereisungskommission in Vorschlag gebrachten Arbeiten bleibt der Deputation vorbehalten.

8. Das Inventarium der Anstalt ist von dem Anstaltsleiter, das Inventarium des Wohngebäudes von dem Hausverwalter (bzw. von den von ihnen damit beauftragten Lehrern) vorschriftsmäßig zu führen.

Die Revision des Inventariums wird alljährlich einmal von dem Anstaltsleiter bzw. dem Hausverwalter vorgenommen. Diese sind aber verpflichtet, dem Hauskurator, welcher der Revision beizuwohnen berechtigt ist, den Revisionstermin rechtzeitig vorher anzuzeigen.

9. Der Hauskurator hat bei der Vermietung der in den Wohngebäuden vorhandenen Mietswohnungen, soweit sie nicht für bestimmte Personen, wie z. B. Turndiener, vorgesehen sind, in geeigneter Weise durch Auswahl passender Mieter usw. mitzuwirken und im übrigen den Hausverwalter bei Überwachung der Hausordnung zu unterstützen.

Berlin, den 13. Januar 1909.

Deputation
für die äußeren Angelegenheiten der städtischen
höheren Lehranstalten.
Dr. Michaelis.

---

2. Fach- und Fortbildungsschulwesen.

Historische Einleitung.

Als im Band Nr. 6, S. 169—189 und 7, S. 10—38 des Berliner Gemeinderechts zuerst im Jahre 1903, später im Jahre 1905, über das Fach- und Fortbildungsschulwesen berichtet wurde, gehörten die städtischen Fortbildungs-Anstalten und -schulen noch zum Verwaltungsbereich der städtischen Schuldeputation, die gewerblichen höheren Unterrichtsanstalten und Fachschulen dagegen zum Geschäftskreise der Gewerbedeputation des Magistrats.

Bezüglich der Fortbildungsanstalten und -schulen hatte man sich darauf beschränkt, die für diese Schulen bestimmten Leitsätze und Vorschriften in den Grundsätzen für die Verwaltung des Fortbildungsschulwesens der Stadt Berlin festzulegen.

Diese in der Stadtverordnetenversammlung vom 12. Januar 1882 festgestellten und im Kommunalblatt von 1882, S. 23 veröffentlichten Grundsätze (vgl. J.-Nr. 2091 I S. D./81.) sind auch heute noch in Kraft (vgl. S. 169 bis 190 des oben bezeichneten Bandes Nr. 6 des Berliner Gemeinderechts). Die Absicht der leitenden Stellen geht indes dahin, diese Grundsätze, die in den Rahmen der heutigen veränderten Verhältnisse nicht mehr hineinpassen, gänzlich umzuarbeiten oder auch durch ganz neue Grundsätze zu ersetzen. Der Zeitpunkt zur Umarbeitung ist noch nicht gekommen, da vorerst noch die Verhältnisse der Wahlfortbildungsschule zur Pflichtfortbildungsschule geregelt werden müssen.

Hinsichtlich der höheren gewerblichen Unterrichtsanstalten und der Fachschulen, die im Band 7 der ersten Auflage des Gemeinderechts auf Seite 10 bis 38 behandelt worden, wird bemerkt, daß sie in der Reihenfolge ihrer Entstehung aufgeführt sind: nämlich:

1. die Erste Handwerkerschule,
2. die Baugewerkschule,
3. die Webeschule,

4. die Zweite Handwerkerschule,
5. die Tischlerschule und
6. der Gewerbesaal.

Diese Anstalten bestehen auch heute noch und unterrichten nach den seinerzeit für sie aufgestellten Lehrplänen. Nach gänzlicher Reorganisation des Fach- und Fortbildungsschulwesens werden in einem späteren Bande nicht nur die Organisations- und Lehrpläne der voraufgeführten gewerblichen Unterrichtsanstalten, sondern auch die Lehrpläne der Pflicht- und Wahlfortbildungsschulen abgedruckt werden.

Über die äußere Einrichtung der Fachschulen wird in demselben Band berichtet und weiter ausgeführt, daß die Regulative der gewerblichen Unterrichtsanstalten nebst den Unterrichtsplänen, auch der Fachschulen, alljährlich in besonderen Heften gedruckt, dem Verwaltungsbericht der Gewerbedeputation beigegeben werden. Das hat seit dem 1. April 1905 aufgehört, da die gewerblichen Unterrichtsanstalten, wie weiter unten ausgeführt werden wird, mit diesem Zeitpunkte in die Verwaltung der Deputation für die städtischen Fach- und Fortbildungsschulen übergegangen sind. (Siehe die Regulative aus dem Jahre 1900.)

Um die geschichtliche Entwickelung, welche die Gesamtheit der die Fortbildung der Jugend bezweckenden städtischen Veranstaltungen angenommen hat, auch an dieser Stelle nur ganz leicht zu streifen, wird verwiesen auf die Berichte über die Wirksamkeit der städtischen Fortbildungsanstalten und Fortbildungsschulen für das Jahr 1877 zum Verwaltungsbericht des Magistrats zu Berlin pro 1877 Nr. IV, mit Nr. 52 des Kommunalblattes 1878 ausgegeben; ferner auf einen Vortrag des Stadtschulrats Dr. Carl Michaelis, gehalten in der gemischten Deputation für die Beratung über die Neugestaltung der Leitung des Fortbildungsschulwesens am 1. Dezember 1906, über: „Der jetzige Stand des städtischen Fach- und Fortbildungsschulwesens in Berlin.“ 1907 gedruckt bei W. u. S. Loewenthal, Berlin C 19.

Mit dem Etatsjahre 1905 ist eine in das bisherige Fortbildungsschulwesen der Stadt Berlin tief einschneidende Veränderung eingetreten. Die seit langen Jahren geplante Einrichtung der Pflichtfortbildungsschule ist zunächst für das männliche Geschlecht unter Beibehaltung der Wahlfortbildungsschule verwirklicht worden. Nachdem die Stadtverordnetenversammlung das von dem Magistrat vorgelegte Ortsstatut nebst einer „Ordnung des Fach- und Fortbildungsschulwesens" und einer „Einrichtung der Pflichtfortbildungsschule zu Berlin" unterm 24. November 1904 angenommen hatte, und der Magistrat diesem Beschlusse unterm 2. Dezember 1904 beigetreten war, wurde die Pflichtfortbildungsschule nach erfolgter Genehmigung des Ortsstatuts durch den Herrn Oberpräsidenten vom 20. Januar 1905 und nach vorgeschriebener Veröffentlichung dieses Ortsstatuts unterm 1. Mai 1905 eröffnet.

Durch Gemeindebeschluß vom $\frac{\text{12. Januar 1905}}{\text{7. April 1905}}$ (J.-Nr. 2887 Sch. V/04 und 502 G. B. I/05) wurde die Deputation für die städtischen Fach- und Fortbildungsschulen gebildet und ihr die Verwaltung bzw. Aufsicht über die bisher bei der städt. Schuldeputation bzw. bei der Gewerbedeputation des Magistrats geführten Fortbildungs- und Fachschulen übertragen.

Diese Deputation besteht nach § 2 der „Ordnung des Fach- und Fortbildungsschulwesens in Berlin" aus 5 Magistratsmitgliedern, 5 Stadtverordneten und 5 Bürgerdeputierten. Außerdem sind durch Magistratsbeschluß vom 25. April 1905 J.-Nr. 589 G. B. I/05 ein juristischer Dezernent (Magistratsrat) und späterhin durch Ortsstatut vom $\frac{\text{8. Oktober 1909}}{\text{3. Dezember 1909}}$ (J.-Nr. 1679 F. Sch. II/09) der inzwischen vom 1. April 1909 ab gewählte Direktor des Fach- und Fortbildungsschulwesens der Deputation als stimmberechtigte Mitglieder in den von ihnen bearbeiteten Sachen zugeordnet worden.

Die staatliche Aufsicht über die Pflichtfortbildungsschule wird auf Grund der Allerhöchsten Kabinettsorder vom 3. September 1884, des Ministerialerlasses vom 20. Mai 1885 und der Ausführungsbestimmungen zu Titel VII der Gewerbeordnung in erster Instanz von dem Herrn Oberpräsidenten, in höherer Instanz von dem Herrn Minister für Handel und Gewerbe ausgeübt.

Mit der Einrichtung der oben erwähnten Deputation ist gleichzeitig durch Verfügung des Magistrats vom 6. April 1905 — J.-Nr. 428 G. B. I/05 — ein besonderes Bureau für die städtischen Fach- und Fortbildungsschulen gebildet und dasselbe unter dem 17. April 1905 in dem von der Landesversicherungsanstalt gemieteten Gebäude, Klosterstraße 41, im Erdgeschoß, eröffnet worden.

Seit dem 1. Juli 1909 befindet sich das Bureau in dem der Firma Fischer & Wolff, Spandauer Straße Nr. 10 III gehörigen

Geschäftshause. Der Mietvertrag geht mit dem 30. September 1914 ohne Kündigung zu Ende.

Auf die Schulen zurückkommend, wird bemerkt, daß der neu begründeten Deputation die Aufsicht über folgende Schulen übertragen wurde:

1. die Pflichtfortbildungsschulen,
2. die Wahlfortbildungsanstalten,
3. die Wahlfortbildungsschulen für Jünglinge,
4. die Fortbildungsschule für männliche und weibliche Taubstumme,

   ferner

5. die städtischen Fortbildungsschulen für die weibliche Jugend,

   weiter

6. die niederen gewerblichen Fachschulen

   und endlich

7. die höheren gewerblichen Unterrichtsanstalten, die wie die Baugewerkschule, die städtische höhere Fachschule für Textil- und Bekleidungsindustrie, die beiden Handwerkerschulen, der städtische Gewerbesaal und die Berliner Tischlerschule weitergehende Ziele verfolgen.

Eine weitere vielfach erörterte Frage hat ihre Erledigung dadurch gefunden, daß die Gemeindebehörden vom 1. April 1909 ab die Stelle eines Direktors des gesamten Fach- und Fortbildungsschulwesens geschaffen haben.

Instruktion für den Direktor des städtischen Fach- und Fortbildungsschulwesens vom 10. Juni 1909.

J.-Nr. 1822 F. Sch. II/09.

Bestätigt durch Magistratsbeschluß vom 17. Juli 1909.

J.-Nr. 1674 F. Sch. II/09.

1. Der Direktor des städtischen Fach- und Fortbildungsschulwesens untersteht unmittelbar dem Magistrat, insbesondere dem mit der Verwaltung des genannten Schulwesens beauftragten Stadtschulrat.

2. Er ist Mitglied der Deputation für das städtische Fach- und Fortbildungsschulwesen und nimmt an deren Beratungen und nach Maßgabe des noch zu genehmigenden Ortsstatuts in den von

ihm bearbeiteten Sachen an der Beschlußfassung mit Stimmenrecht teil, mit Ausnahme derjenigen Angelegenheiten, bei denen er persönlich beteiligt ist.

3. Er hält nach näherer Bestimmung des Oberbürgermeisters in den von ihm bearbeiteten Angelegenheiten Vortrag im Magistrat und kann von dem Oberbürgermeister mit Vertretung des Magistrats in der Stadtverordnetenversammlung und deren Ausschüssen beauftragt werden.

4. Ihm liegt die Pflicht ob, die Fach- und Fortbildungsschulen (Pflichtschulen, Wahlschulen, Fachschulen I. und II. Gruppe) regelmäßig zu inspizieren und, wo es nötig erscheint, an denselben längere Revisionen ev. auch mit sich daran anschließenden Konferenzen mit den Lehrerkollegien abzuhalten. Über die Inspektionen und Revisionen hat er Berichte abzufassen und ev. auch unter Beifügung der Konferenzprotokolle der Deputation für das Fach- und Fortbildungsschulwesen einzureichen.

5. Er hat die Lehrer- und Stundentabellen der Fach- und Fortbildungsschulen bei ihrem Eingange am Anfange jedes Halbjahrs zu prüfen, mit seinen Bemerkungen und Vorschlägen bezüglich der Genehmigung zu versehen und der Deputation zur definitiven Genehmigung einzureichen.

6. Er hat die Annahme der im Dienstauftrag zu beschäftigenden Lehrer zu prüfen und darüber zu befinden.

7. Er bearbeitet die Angelegenheiten der der Deputation zur definitiven Anstellung vorzuschlagenden Lehrer.

8. Er nimmt an den Direktorenkonferenzen für die Fach- und Fortbildungsschulen teil. Ihm fällt in Behinderungsfällen des Vorsitzenden die Vertretung im Vorsitz zu.

9. Er hat unter Mitwirkung des juristischen Dezernenten und der dabei beteiligten Direktoren, Dirigenten und Leiter der Pflichtfortbildungsschulen und Fachschulen die Verhandlungen mit den Innungsvertretern und den zugelassenen Beiräten über die Gestaltung des Pflicht-, Wahl- und Fachschulwesens zu führen und über die Resultate der Deputation zu berichten.

10. Er ist verpflichtet, bei der Feststellung und Nachprüfung aller von der Deputation ausgehenden Veröffentlichungen dem Vorsitzenden helfend zur Seite zu stehen.

11. Er hat der Literatur des Fortbildungsschulwesens sein Interesse zuzuwenden, von allen wichtigen Neuerscheinungen

Kenntnis zu nehmen und über die Fortschritte auf diesem Gebiete der Deputation zu berichten.

12. Ihm liegt überhaupt die Pflicht ob, auf die Förderung der gewerblichen Unterrichtsangelegenheiten nach bestem Wissen und Kräften stetig hinzuwirken.

gez. Michaelis. Dr. Meyer.
11. 5. 09. 21. 5. 09.

Glatzel.
25. 5. 09.

Ortsstatut betreffend den Direktor des Fach- und Fortbildungsschulwesens vom 8. Oktober 1909.

J.-Nr. 1674 F. Sch. II/09.

Bestätigt.

Potsdam, den 3. Dezember 1909.

Der Oberpräsident.
J. V.:
gez. v. Winterfeld.

(O. P. 22 849.)

Auf Grund der §§ 11 und 59 Absatz 3 der Städteordnung vom 30. Mai 1853 wird unter Zustimmung der Stadtverordnetenversammlung für den Gemeindebezirk Berlin folgendes Ortsstatut erlassen

Einziger Paragraph.

Der Direktor des städtischen Fach- und Fortbildungsschulwesens ist Mitglied der Deputation für die städtischen Fach- und Fortbildungsschulen und nimmt an deren Beratungen teil. In den von ihm bearbeiteten Angelegenheiten steht ihm ein Stimmrecht zu. Vom Vorsitz (vgl. § 26 des Regulativs über das Geschäftsverfahren für den Magistrat in Berlin vom 14. Juni 1834) ist er jedoch ausgeschlossen.

Berlin, den 8. Oktober 1909.

Magistrat
der Königlichen Haupt- und Residenzstadt.
(gez.) Kirschner.

Grundsätze für die Anstellung, Annahme und Besoldung des Lehrpersonals an den Fach- und Fortbildungsschulen von Berlin vom 20. September 1910.

J.-Nr. 2838 F. Sch. II/10.

Nach den Beschlüssen beider städtischer Behörden vom 30. April, 15. Mai 1908, abgeändert durch die Stadtverordnetenbeschlüsse vom 16. Dezember 1909, Prot. Nr. 16 Gem.-Bl. 554 zur Vorlage vom 3. Dezember 1909 (Drucksache 1109) und vom 30. Juni 1910, Prot. Nr. 29 Gem.-Bl. 316 zur Vorlage vom 24. Juni 1910 (Drucksache Nr. 671).

Die Minister des Handels und der Finanzen haben sich, soweit sie an den Grundsätzen beteiligt sind, mit denselben einverstanden erklärt.

Vorbemerkung.

In Betracht kommen:

A. Die vom Staate und der Stadt gemeinsam zu unterhaltende Baugewerkschule und höhere Webeschule sowie die von der Stadt zu unterhaltende I. Handwerkerschule zu deren Kosten der Staat einen Zuschuß gewährt.

B. Fach- und Fortbildungsschulen, welche von der Stadt allein unterhalten werden, und zwar:

I. Die höheren Fachschulen für die wahlfreie Ausbildung der Gehilfen und Meister in ihrem Berufe, nämlich die II. Handwerkerschule, Tischlerschule, Gewerbesaal.

II. Die Pflichtfortbildungsschulen für Lehrlinge und ungelernte Arbeiter nebst den Lehrlingsabteilungen der gewerblichen Fachschulen und etwaiger anderer Schulen, welche den Pflichtfortbildungsschulen angegliedert sind.

III. Die Wahlfortbildungsschulen und -Anstalten für alle diejenigen welche in ihrer beruflichen Ausbildung eine Erweiterung ihrer allgemeinen Kenntnisse erstreben.

A.

Die vom Staate und der Stadt gemeinsam zu unterhaltende Baugewerkschule und höhere Webeschule sowie die von der Stadt zu unterhaltende I. Handwerkerschule, zu deren Kosten der Staat einen Zuschuß gewährt.

I. Baugewerkschule.

§ 1. Anstellung.

1. Auf Lebenszeit werden angestellt:

a) der Direktor,

b) die in einer etatsmäßigen Stelle hauptamtlich voll zu beschäftigenden Lehrer.

Als solche werden angestellt Lehrer, welche die Abgangsprüfung an einer neunklassigen höheren Lehranstalt bestanden, die Diplom- oder Bauführerprüfung abgelegt haben sowie eine dreijährige nach Schluß der Hochschulzeit absolvierte Baupraxis nachweisen können. Ausnahmsweise können auch Architekten, Bauingenieure und Künstler angestellt werden, welche ein mindestens dreijähriges Studium an einer Hochschule nachweisen können und selbständig bei der Ausführung von Bauten mit Erfolg tätig gewesen sind.

Vor ihrer Anstellung haben die Lehrer eine zweijährige Probezeit durchzumachen. Die Anstellung kann nicht vor dem vollendeten 27. und nicht nach dem vollendeten 40. Lebensjahr erfolgen.

Hinsichtlich des Pensionsdienstalters, der Pensionierung und der Hinterbliebenenversorgung gelten die für die Gemeindebeamten der Stadt Berlin erlassenen Bestimmungen.

2. Durch kündbaren Vertrag zu dauernder Beschäftigung werden durch den Magistrat auf Vorschlag des Kuratoriums und der Deputation für das Fach- und Fortbildungsschulwesen angenommen:

a) Lehrer, welche die gleichen Vorbedingungen erfüllen wie die fest angestellten Lehrer,

b) Lehrer, welche neben einer technischen, künstlerischen oder kunstgewerblichen Ausbildung auf einer Hochschule oder einer Berliner oder gleichwertigen auswärtigen höheren Fachschule hervorragende praktische Fähigkeiten bewiesen und eine zweijährige Probezeit als Lehrer durchgemacht haben.

Eine kontraktliche Annahme findet nur statt, wenn die Lehrer mit wöchentlich mindestens 12 Stunden dauernd beschäftigt werden können und kein öffentliches Amt bekleiden.

Eine Kündigung findet beiderseits nur zum Schluß eines Halbjahres mit einer Frist von drei Monaten statt, von seiten der Behörde durch den Magistrat.

Die kontraktliche Annahme kann nicht nach dem vollendeten 40. Lebensjahr stattfinden.

Für die durch kündbaren Vertrag dauernd angenommenen Lehrer gelten, falls sie nicht aus einer anderen Stellung Anspruch auf Ruhegehalt und Hinterbliebenenversorgung haben, die Bestimmungen über das Ruhegeld und die Hinterbliebenenversorgung für die ohne Pensionsberechtigung im Dienste der Stadt Berlin dauernd beschäftigten Personen.

3. Von Halbjahr zu Halbjahr werden auf Vorschlag des Direktors der Baugewerkschule durch den Direktor des städtischen Fach- und Fortbildungsschulwesens angenommen alle sonstigen Lehrer.

Von der Annahme solcher Lehrer ist dem Kuratorium und der Deputation Kenntnis zu geben.

4. Die Zahl der Unterrichtsstunden, welche die durch kündbaren Vertrag zu dauernder Beschäftigung angenommenen Lehrer sowie die von Halbjahr zu Halbjahr zu beschäftigenden Lehrer erteilen, dürfen zusammen ein Viertel der Gesamtstundenzahl nicht überschreiten. Hierbei bleibt der Abend- und Sonntagsunterricht unberücksichtigt.

5. Die angestellten und durch kündbaren Vertrag zu dauernder Beschäftigung angenommenen Lehrer müssen sich eine Versetzung an eine andere höhere Berliner Fachschule gefallen lassen.

6. In bezug auf die Rechte und Pflichten des Lehrpersonals ist die zu erlassende „Dienstanweisung" maßgebend.

Als Pflichtstundenzahl wird festgesetzt:

a) für den Direktor: 6;

b) für die Lehrer:

1. sofern sie nur wissenschaftlichen Unterricht erteilen, 22,
2. sofern sie auch Übungen in den Laboratorien, in den Werkstätten oder im Zeichnen abhalten und die Zahl dieser Übungsstunden über 2 hinausgeht, 24.

Die Lehrer sind verpflichtet, wenn nach dem Ermessen des Direktors das Bedürfnis der Anstalt es erfordert, mehr Stunden, als der Pflichtstundenzahl entspricht, zu erteilen.

§ 2. Besoldung.

1. Der Direktor bezieht ein Gehalt von 7300 M., steigend in 3 Stufen von 3 zu 3 Jahren um je 600 M. bis zum Höchstgehalt von 9100 M., wovon 426 M. nicht pensionsberechtigt sind.

2. Die Lehrer beziehen ein Gehalt von 4300 M., steigend in 7 Stufen von 3 zu 3 Jahren um je 600 M. bis zum Höchstbetrage von 8500 M., wovon 426 M. nicht pensionsberechtigt sind.

3. Die durch kündbaren Vertrag dauernd angenommenen Lehrer erhalten den ihrer Stundenzahl und ihrem Besoldungsdienstalter entsprechenden Betrag des Gehaltes der Lehrer abzüglich 1300 M.

Werden diese Lehrer infolge von Krankheit oder aus anderen Gründen verhindert, ihren Unterricht zu erteilen, so kommen die §§ 13 und 14 der Urlaubsordnung zur Anwendung. Bei Behinderung über die dort angegebene Frist hinaus wird ihr Gehalt um den Betrag der aufgewendeten Vertretungskosten gekürzt. Das Honorar für diese Vertretungen ist, sofern dieselben nicht von den hauptamtlichen Lehrern unentgeltlich zu übernehmen sind, das Anfangshonorar der kontraktlich angenommenen Lehrer.

4. Bei der Feststellung des Besoldungsdienstalters für die lebenslänglich angestellten und kontraktlich angenommenen Lehrer ist die den Zeitraum von 6 Jahren (einschließlich der Probezeit) übersteigende Beschäftigungszeit an einer Berliner höheren Fachschule in mindestens 12 wöchentlichen Unterrichtsstunden, jedoch nur in ganzen Jahresabschnitten, bis zur Höhe von 6 Jahren in Anrechnung zu bringen.

Werden Lehrer, welche durch kündbaren Vertrag dauernd angenommen sind, in einer etatsmäßigen Stelle auf Lebenszeit angestellt, so ist das für ihre Besoldung als kontraktlich angenommene Lehrer festgesetzte Besoldungsdienstalter auch für die weitere Besoldung maßgebend.

5. Die Bezüge der von Halbjahr zu Halbjahr angenommenen Lehrer werden durch den jedesmaligen Etat festgesetzt. Als Grundlage für die Besoldung dieser Lehrer wird folgendes bestimmt:

Das Stundenhonorar beträgt

a) für Unterrichtsstunden, welche Demonstrationsvorbereitungen notwendig machen oder für welche besondere in hervorragender beruflicher Stellung erworbene Kenntnisse erforderlich sind*), für die Wochenstunde 4 M. Anfangshonorar,

*) Es handelt sich hierbei um Professoren der technischen Reichsanstalten, Regierungsräte aus dem Patentamt usw. und um Unterricht in der Instrumentenkunde und Materialienkunde.

steigend in vier Stufen von 3 zu 3 Jahren um 0,50 M. bis zum Höchstbetrage von 6 M.;

b) für Unterrichtsstunden, zu welchen Lehrer mit abgeschlossener Hochschulbildung oder Fachlehrer mit höherer Fachausbildung (vgl. § 1, 2 b) und wertvollen Berufskenntnissen herangezogen werden, für die Wochenstunde 4 bzw. 3 M., steigend in 2 Stufen von 3 Jahren um 0,50 M. bis zum Höchstbetrage von 5 bzw. 4 M.;

c) für Elementarunterricht für die Wochenstunde: Anfangshonorar 2,50 M., steigend in 4 Stufen von 3 zu 3 Jahren um 0,25 M. bis zum Höchstbetrage von 3,50 M.

Hierbei wird das Vierteljahr zu 10 Wochen berechnet. Die in dieser Zeit auf freie Schultage fallenden Stunden werden mitbezahlt, andere nicht gegebene Stunden nicht. Das Honorar für die Vertretung ist das Anfangshonorar der betreffenden Lehrkräfte.

6. Besondere Bestimmungen für das Aufsteigen der von Halbjahr zu Halbjahr angenommenen Lehrer:

a) Ein Aufsteigen in eine höhere Stufe kann nur durch Einsetzung in den Etat erfolgen. Der Antrag auf Einsetzung in den Etat ist durch den Direktor unter Begründung der Würdigkeit des Lehrers rechtzeitig bei dem Kuratorium zu stellen und durch dieses sowie die Deputation für das Fach- und Fortbildungsschulwesen dem Magistrat befürwortend zu unterbreiten.

b) Bei einer Stundenvermehrung ist für die neu übernommenen Stunden, gleichviel ob der betreffende Lehrer schon längere Zeit an der Anstalt tätig ist oder nicht, stets das Anfangshonorar zu zahlen.

c) Bei der Neuregelung kann eine Erhöhung des Stundenhonorars nur dann beantragt werden, wenn das Anfangshonorar für den betreffenden Unterrichtsgegenstand noch nicht erreicht ist oder das letzt erreichte Stundenhonorar schon drei Jahre lang bezogen worden ist.

7. Übergangsbestimmungen. Die vorstehend unter A I § 1 Nr. 1 b festgelegten Grundsätze finden auf diejenigen Lehrer, die zur Zeit des Inkrafttretens der Grundsätze an der Anstalt tätig sind und weiter beschäftigt werden sollen, insoweit keine Anwendung,

als sich durch die Neuregelung Nachteile oder Unbilligkeiten für sie ergeben.

Insbesondere gilt dies hinsichtlich der Anforderungen an ihre Vorbildung und der Festsetzung des Besoldungsdienstalters. Unter allen Umständen ist eine Verminderung ihrer Bezüge ausgeschlossen.

Werden demnach Lehrer, die die unter A I § 1 Nr. 1 b aufgestellten Bedingungen nicht erfüllen, fest angestellt, so bedarf es besonderer Festsetzungen bezüglich ihres Gehaltes.

II. Webeschule.

§ 1. Anstellung.

1. Auf Lebenszeit werden angestellt:

a) der Direktor,

b) die nachstehenden in einer etatsmäßigen Stelle hauptamtlich vollbeschäftigten Lehrerkategorien:

α) Lehrer, welche nach dem Besuche einer Textilfachschule oder Kunstfachschule sich in der Praxis bewährt und eine zweijährige Probezeit als Lehrer durchgemacht haben,

β) Lehrerinnen.

In erster Linie sollen solche Kräfte berücksichtigt werden, die die Lehrbefähigung als Gewerbeschullehrerinnen nach den Vorschriften vom 23. Januar 1907 besitzen.

Die Anstellung der Lehrer kann nicht vor dem vollendeten 27. Lebensjahr und nicht nach dem vollendeten 40. Lebensjahr erfolgen.

Hinsichtlich des Pensionsdienstalters, der Pensionierung und der Hinterbliebenenversorgung gelten die für die Gemeindebeamten der Stadt Berlin erlassenen Bestimmungen.

2. Durch kündbaren Vertrag zu dauernder Beschäftigung werden durch den Magistrat auf Vorschlag des Kuratoriums und der Deputation für das Fach- und Fortbildungsschulwesen angenommen:

a) Meister und Meisterinnen, welche in einer etatsmäßigen Stelle hauptamtlich voll beschäftigt werden können und eine zweijährige Probezeit durchgemacht haben,

b) Lehrer bzw. Lehrerinnen, welche die gleichen Vorbedingungen erfüllen wie die fest angestellten Lehrer und Lehrerinnen.

Eine kontraktliche Annahme im Nebenamt findet nur statt, wenn die Lehrer (Lehrerinnen) mit wöchentlich mindestens 12 Stunden dauernd beschäftigt werden können und kein anderes öffentliches Amt bekleiden.

Eine Kündigung findet beiderseits nur zum Schluß eines Halbjahres mit einer Frist von 3 Monaten statt, von seiten der Behörde durch den Magistrat.

Für die durch kündbaren Vertrag dauernd angenommenen Lehrkräfte gelten, falls sie nicht aus einer anderen Stellung Anspruch auf Ruhegehalt und Hinterbliebenenversorgung haben, die Bestimmungen über das Ruhegeld und die Hinterbliebenenversorgung für die ohne Pensionsberechtigung im Dienste der Stadt Berlin dauernd beschäftigten Personen.

3. Von Halbjahr zu Halbjahr werden auf Vorschlag des Direktors der Webeschule durch den Direktor des städtischen Fach- und Fortbildungsschulwesens angenommen alle sonstigen Lehrkräfte an der höheren Webeschule.

Von der Annahme solcher Lehrkräfte ist dem Kuratorium und der Deputation Kenntnis zu geben.

4. Die Zahl der Unterrichtsstunden, welche die durch kündbaren Vertrag zu dauernder Beschäftigung angenommenen Lehrer sowie die von Halbjahr zu Halbjahr zu beschäftigenden Lehrer erteilen, dürfen zusammen ein Viertel der Gesamtstundenzahl nicht überschreiten. Hierbei bleibt der Abend- und Sonntagsunterricht unberücksichtigt.

5. Die angestellten und durch kündbaren Vertrag zu dauernder Beschäftigung angenommenen Lehrer müssen sich eine Versetzung an eine andere höhere Berliner Fachschule gefallen lassen.

6. In bezug auf die Rechte und Pflichten des Lehrpersonals ist die zu erlassende „Dienstanweisung" maßgebend.

Als Pflichtstundenzahl wird festgesetzt:

a) für den Direktor: 6;
b) für Lehrer 24. Diese Zahl erhöht sich auf 26, wenn 5 bis 8, auf 28, wenn 9 bis 12 Stunden auf Übungen in den Laboratorien oder im Musteraufnehmen entfallen, sie ermäßigt sich um 4, wenn mit dem gesamten Unterricht, um 2, wenn mit dem überwiegenden Teil der Unterrichtsstunden Demonstrationsvorbereitungen verbunden sind;

c) für Lehrerinnen 30 (Unterrichtsstunden bzw. praktische Unterweisung);
d) für Meister im Hauptamt 40 (praktische Unterweisung bzw. Instandhaltung der Maschinen);
e) für Meisterinnen im Hauptamt 40 (praktische Unterweisung).

§ 2. Besoldung.

1. Das Gehalt beträgt:
a) bei dem Direktor 7300 M., steigend in 3 Stufen von 3 zu 3 Jahren um je 600 M. bis zum Höchstgehalt von 9100 M., wovon 426 M. nicht pensionsberechtigt sind;
b) bei den Lehrern 4300 M., steigend in 6 Stufen von 3 zu 3 Jahren um je 500 M. bis zum Höchstgehalt von 7300 M., wovon 426 M. nicht pensionsberechtigt sind;
c) bei den Lehrerinnen 2450 M., steigend in 5 Stufen von 3 zu 3 Jahren, und zwar in der ersten Stufe um 250 M., in den folgenden um je 200 M. bis zum Höchstgehalt von 3500 M., wovon 254 M. nicht pensionsberechtigt sind;
d) bei den Meistern erster Klasse 2900 M., steigend in 5 Stufen von 3 zu 3 Jahren, und zwar in den ersten 4 Stufen um je 250 M., in der letzten Stufe um 200 M. bis zum Höchstgehalt von 4100 M., wovon 254 M. nicht ruhegeldberechtigt sind;
e) bei den Meistern zweiter Klasse und den Meisterinnen 1880 M., steigend in 4 Stufen von 3 zu 3 Jahren, und zwar in den ersten beiden Stufen um je 250 M., in den letzten beiden Stufen um je 200 M. bis zum Höchstgehalt von 2780 M., wovon 180 M. nicht ruhegeldberechtigt sind.

2. Die nebenamtlich durch kündbaren Vertrag dauernd angenommenen Lehrer und Lehrerinnen und Meister erhalten den ihrer Stundenzahl und ihrem Besoldungsdienstalter entsprechenden Betrag des Gehaltes der betreffenden Lehrerkategorie

bei b) abzüglich 1300 M.,
bei c und d) abzüglich 800 M.,
bei e) abzüglich 480 M.

Werden diese Lehrer und Lehrerinnen infolge von Krankheit oder aus anderen Gründen verhindert, ihren Unterricht zu erteilen, so kommen die §§ 13 und 14 der Urlaubsordnung zur Anwendung.

Bei Behinderung über die dort angegebene Frist hinaus, wird ihr Gehalt um den Betrag der aufgewendeten Vertretungskosten gekürzt. Das Honorar für diese Vertretung ist das Anfangshonorar der kontraktlich angenommenen Lehrer bzw. Lehrerinnen.

3. Bei der Feststellung des Besoldungsdienstalters für die lebenslänglich angestellten und kontraktlich angenommenen Lehrer (Lehrerinnen) ist die den Zeitraum von 6 Jahren (einschließlich der Probezeit) übersteigende Beschäftigungszeit an einer Berliner höheren Fachschule in mindestens 12 wöchentlichen Stunden, jedoch nur in ganzen Jahresabschnitten, bis zur Höhe von 6 Jahren in Anrechnung zu bringen.

Werden Lehrer bzw. Lehrerinnen, welche durch kündbaren Vertrag dauernd angenommen sind, in einer etatsmäßigen Stelle auf Lebenszeit angestellt, so ist das für ihre Besoldung als kontraktlich angenommene Lehrer (Lehrerinnen) festgesetzte Besoldungsdienstalter auch für die weitere Besoldung maßgebend.

4. Die Bezüge der von Halbjahr zu Halbjahr angenommenen Lehrer (Lehrerinnen) werden durch den jedesmaligen Etat festgesetzt.

Als Grundlage für die Besoldung der Lehrer und Meister bzw. Lehrerinnen und Meisterinnen wird folgendes bestimmt:

Das Stundenhonorar beträgt

a) für Unterrichtsstunden, welche Demonstrationsvorbereitungen notwendig machen, für die Wochenstunde 4 M. Anfangshonorar, steigend in 2 Stufen von 3 zu 3 Jahren um 0,50 M. bis zum Höchstbetrage von 5 M.,

b) für die übrigen Lehrer 3 M. Anfangshonorar, steigend in 2 Stufen von 3 zu 3 Jahren um 0,50 M. bis zum Höchstbetrage von 4 M.,

c) für die Meister 2,50 M. Anfangshonorar, steigend in 2 Stufen von 3 zu 3 Jahren um 0,25 M. bis zum Höchstbetrage von 3 M.,

d) für die Lehrerinnen 2 M. Anfangshonorar, steigend in 2 Stufen von 3 zu 3 Jahren um 0,50 M. bis zum Höchstbetrage von 3 M.;

e) für die Meisterinnen 1,50 M. Anfangshonorar, steigend in 2 Stufen von 3 zu 3 Jahren um 0,25 M. bis zum Höchstbetrage von 2 M.

Die Stundenzahl der von Halbjahr zu Halbjahr angenommenen Lehrer usw. darf in der Regel die Höchstzahl 8 nicht übersteigen.

Hierbei wird das Vierteljahr zu 10 Wochen berechnet. Die in dieser Zeit auf freie Schultage fallenden Schulstunden werden mitbezahlt, andere nicht gegebene Stunden nicht.

Das Honorar für die Vertretung ist das Anfangshonorar der betreffenden Lehrkräfte.

5. Besondere Bestimmungen für das Aufsteigen der von Halbjahr zu Halbjahr angenommenen Lehrer und Lehrerinnen:

a) Ein Aufsteigen in eine höhere Stufe kann nur durch Einsetzung in den Etat erfolgen. Der Antrag auf Einsetzung in den Etat ist durch den Direktor unter Begründung der Würdigkeit des Lehrers bzw. der Lehrerin bei dem Kuratorium zu stellen und durch dieses sowie die Deputation für das Fach- und Fortbildungsschulwesen dem Magistrat befürwortend zu unterbreiten.

b) Für neu übernommene Stunden ist, gleichviel, ob der (die) betreffende Lehrer (Lehrerin) schon längere Zeit an der Anstalt tätig ist oder nicht, stets das Anfangshonorar zu zahlen.

c) Bei der Neuregelung kann eine Erhöhung des Stundenhonorars nur dann beantragt werden, wenn das Anfangshonorar für den betreffenden Unterrichtsgegenstand noch nicht erreicht ist, oder das letzt erreichte Stundenhonorar schon drei Jahre lang bezogen worden ist.

§ 6. Übergangsbestimmungen. Die vorstehend unter A II § 1 Nr. 1b festgelegten Grundsätze finden auf diejenigen Lehrer und Lehrerinnen, die zur Zeit des Inkrafttretens der Grundsätze an der Anstalt tätig sind und weiter beschäftigt werden sollen, insoweit keine Anwendung, als sich durch die Neuregelung Nachteile oder Unbilligkeiten für sie ergeben.

Insbesondere gilt dies hinsichtlich der Anforderungen an ihre Vorbildung und der Festsetzung des Besoldungsdienstalters. Unter allen Umständen ist eine Verminderung ihrer Bezüge ausgeschlossen.

Werden demnach Lehrer oder Lehrerinnen, die die unter A II § 1 Nr. 1 b aufgestellten Bedingungen nicht erfüllen, fest angestellt, so bedarf es besonderer Festsetzungen bezüglich ihres Gehalts.

III. I. Handwerkerschule.

§ 1. Anstellung.

1. Auf Lebenszeit werden angestellt:

a) der Direktor,

b) die Lehrer: Das sind Lehrer, welche eine abgeschlossene Hochschulbildung besitzen und sich in der Praxis bewährt haben oder neben einer technischen, künstlerischen oder kunstgewerblichen Ausbildung auf einer Hochschule oder Berliner oder einer gleichwertigen auswärtigen höheren Fachschule (Baugewerkschule, Handwerkerschule, Tischlerschule, Webeschule, technische Mittelschule) hervorragende praktische Fähigkeiten bewiesen haben. Der Anstellung hat eine zweijährige Probezeit als Lehrer voranzugehen.

Die Anstellung kann nicht vor dem vollendeten 27. und nicht nach dem vollendeten 40. Lebensjahr erfolgen.

Hinsichtlich des Pensionsdienstalters, der Pensionierung und der Hinterbliebenenversorgung gelten die für die Gemeindebeamten der Stadt Berlin erlassenen Bestimmungen.

2. Durch kündbaren Vertrag zu dauernder Beschäftigung werden durch den Magistrat auf Vorschlag des Kuratoriums und der Deputation für das Fach- und Fortbildungsschulwesen angenommen:

a) Lehrer, welche die gleichen Vorbedingungen erfüllen wie die auf Lebenszeit angestellten Lehrer, wenn sie mit mindestens 12 Stunden wöchentlich dauernd beschäftigt werden können und kein anderes öffentliches Amt bekleiden.

b) Fachlehrer, als Gehilfen der Lehrer (Assistenten), wie bei a.

c) Meister, für die praktische Unterweisung im Handwerk bzw. in der Handhabung von Maschinen, wenn sie in einer etatsmäßigen Stelle hauptamtlich voll oder nebenamtlich mit wöchentlich mindestens 12 Stunden dauernd beschäftigt werden können.

Eine Kündigung findet beiderseits nur zum Schluß eines Halbjahres mit einer Frist von 3 Monaten statt, von seiten der Behörde durch den Magistrat.

Für die durch kündbaren Vertrag dauernd angenommenen Lehrer gelten, falls sie nicht aus einer anderen Stellung Anspruch auf Ruhegehalt und Hinterbliebenenversorgung haben, die Bestimmungen über das Ruhegeld und die Hinterbliebenenversorgung für die ohne Pensionsberechtigung im Dienste der Stadt Berlin dauernd beschäftigten Personen.

3. Von Halbjahr zu Halbjahr werden auf Vorschlag des Direktors der Anstalt durch den Direktor des städtischen Fach- und Fortbildungsschulwesens angenommen alle sonstigen Lehrkräfte an der Handwerkerschule. Von ihrer Annahme ist dem Kuratorium und der Deputation Kenntnis zu geben.

Die angestellten und durch kündbaren Vertrag zu dauernder Beschäftigung angenommenen Lehrer müssen sich eine Versetzung an einer andere höhere Berliner Fachschule gefallen lassen.

4. In bezug auf die Rechte und Pflichten des Lehrpersonals an der Handwerkerschule ist die zu erlassende „Dienstanweisung" maßgebend.

Als Pflichtstundenzahl wird festgesetzt:

a) für den Direktor: zurzeit keine,
b) für die ordentlichen Lehrer 24. Sie erhöht sich auf 26, wenn 5 bis 8, auf 28, wenn 9 bis 12 Stunden auf Übungen in den Laboratorien oder in den Werkstätten entfallen, sie ermäßigt sich um 4, wenn mit dem gesamten Unterricht, um 2, wenn mit dem überwiegenden Teil der Unterrichtsstunden Demonstrationsvorbereitungen verbunden sind,
c) für Meister im Hauptamt 48.

§ 2. Besoldung.

1. Das Gehalt beträgt:

a) bei dem Direktor 7300 M., steigend in 3 Stufen von 3 zu 3 Jahren um je 600 M. bis zum Höchstgehalt von 9100 M., wovon 426 M. nicht pensionsberechtigt sind;
b) bei den Lehrern 4300 M., steigend in 6 Stufen von 3 zu 3 Jahren um je 500 M. bis zum Höchstgehalt von 7300 M., wovon 426 M. nicht pensionsberechtigt sind;
c) bei den Meistern im Hauptamt 2580 M., steigend in 5 Stufen von 3 zu 3 Jahren, und zwar für die ersten 4 Stufen um je 250 M., für die letzte um 200 M. bis zu einem Höchstgehalt von 3780 M., wovon 180 M. nicht ruhegeldberechtigt sind.

Die nebenamtlich durch kündbaren Vertrag zu dauernder Beschäftigung angenommenen Lehrkräfte erhalten den ihrer Stundenzahl und ihrem Besoldungsdienstalter entsprechenden Betrag des Gehaltes der Lehrer oder Meister:

bei b abzüglich 1300 M.,
bei c abzüglich 480 M.

Werden diese Lehrkräfte infolge von Krankheit oder aus anderen Gründen verhindert, ihren Unterricht zu erteilen, so kommen die §§ 13 und 14 der Urlaubsordnung zur Anwendung. Bei Behinderung über die Urlaubszeit hinaus wird ihr Gehalt um den Betrag der aufgewendeten Vertretungskosten gekürzt. Das Honorar für diese Vertretungen ist, sofern dieselben nicht von den hauptamtlichen Lehrern unentgeltlich zu übernehmen sind, das Anfangshonorar der kontraktlich angenommenen Lehrkräfte.

3. Bei der Feststellung des Besoldungsdienstalters für die lebenslänglich angestellten und durch kündbaren Vertrag dauernd angenommenen Lehrkräfte ist die den Zeitraum von 6 Jahren (einschließlich der Probezeit) übersteigende Beschäftigungszeit an einer Berliner höheren Fachschule in mindestens 12 Wochenstunden, jedoch nur in ganzen Jahresabschnitten, bis zur Höhe von 6 Jahren in Anrechnung zu bringen.

Werden Lehrer oder Meister, welche durch kündbaren Vertrag dauernd angenommen sind, in einer etatsmäßigen Stelle auf Lebenszeit angestellt, so ist das für ihre Besoldung als kontraktlich angenommene Lehrer oder Meister festgesetzte Besoldungsdienstalter auch für die weitere Besoldung maßgebend.

4. Die Bezüge der von Halbjahr zu Halbjahr angenommenen Lehrer werden durch den jedesmaligen Etat festgesetzt.

Als Grundlage für die Besoldung dieser Lehrer wird folgendes bestimmt:

Das Stundenhonorar beträgt:

a) für Unterrichtsstunden, welche Demonstrationsvorbereitungen notwendig machen oder für welche besondere, in hervorragender beruflicher Stellung erworbene Kenntnisse erforderlich sind, für die Wochenstunde: Anfangshonorar 4 M., steigend in 4 Stufen von 3 zu 3 Jahren um je 0,50 M. bis zum Höchstbetrage von 6 M.;

b) für Unterrichtsstunden, zu welchen Lehrer mit abgeschlossener Hochschulbildung oder Fachlehrer mit höherer Fachausbildung (Baugewerkschule, Handwerkerschule, Tischlerschule, Webeschule, technische Mittelschule) und wertvollen Berufskenntnissen herangezogen werden, für die Wochenstunde: Anfangshonorar 4 M. bzw. 3 M., steigend in zwei Stufen von 3 Jahren um je 0,50 M. bis zum Höchstbetrage von 5 bzw. 4 M.;

c) für Elementarunterricht für die Wochenstunde: Anfangshonorar 2,50 M., steigend in 4 Stufen von 3 zu 3 Jahren um je 0,25 M. bis zum Höchstbetrage von 3,50 M.

Hierbei wird das Vierteljahr zu 10 Wochen berechnet. Die in dieser Zeit auf freie Schultage fallenden Stunden werden mitbezahlt, andere nicht gegebene Stunden nicht.

Das Honorar für die Vertretung ist das Anfangshonorar der betreffenden Lehrkräfte.

5. Besondere Bestimmungen für das Aufsteigen der von Halbjahr zu Halbjahr angenommenen Lehrer:

a) Ein Aufsteigen in eine höhere Stufe kann nur durch Einsetzung in den Etat erfolgen. Der Antrag auf Einsetzung in den Etat ist durch den Direktor unter Begründung der Würdigkeit des Lehrers rechtzeitig bei dem Kuratorium zu stellen und durch dieses sowie die Deputation für das Fach- und Fortbildungsschulwesen dem Magistrat befürwortend zu unterbreiten.

b) Bei einer Stundenvermehrung ist für die neu übernommenen Stunden, gleichviel ob der betreffende Lehrer schon längere Zeit an der Anstalt tätig ist oder nicht, stets das Anfangsstundenhonorar zu zahlen.

c) Bei der Neuregelung kann eine Erhöhung des Stundenhonorars nur dann beantragt werden, wenn das Anfangshonorar für den betreffenden Unterrichtsgegenstand noch nicht erreicht ist, oder das letzt erreichte Stundenhonorar schon 3 Jahre lang bezogen worden ist.

6. Übergangsbestimmungen. Die vorstehend unter A III § 1 Nr. 1 b festgelegten Grundsätze finden auf diejenigen Lehrer, die zur Zeit des Inkrafttretens der Grundsätze an der Anstalt tätig sind und weiter beschäftigt werden sollen, insoweit keine Anwendung, als sich durch die Neuregelung Nachteile oder Unbilligkeiten für sie ergeben.

Insbesondere gilt dies hinsichtlich der Anforderungen an ihre Vorbildung und der Festsetzung des Besoldungsdienstalters. Unter allen Umständen ist eine Verminderung ihrer Bezüge ausgeschlossen.

Werden demnach Lehrer, die die unter A III § 1 Nr. 1 b aufgestellten Bedingungen nicht erfüllen, fest angestellt, so bedarf es besonderer Festsetzungen bezüglich ihres Gehaltes.

B.

Die von der Stadt allein unterhaltenen Fach- und Fortbildungsschulen.

I. Die höheren Fachschulen.

(II. Handwerkerschule, Tischlerschule, Gewerbesaal.)

Anstellung und Besoldung wie bei der I. Handwerkerschule, jedoch mit der Abweichung, daß das Gehalt des Direktors der Tischlerschule 6700 M., steigend in 3 Stufen von 3 zu 3 Jahren um je 600 M. bis zum Höchstgehalt von 8500 M., beträgt, wovon 426 M. nicht pensionsberechtigt sind.

II. Die Pflichtfortbildungsschulen.

§ 1. Anstellung.

1. Auf Lebenszeit werden angestellt:

a) die Direktoren,

b) die Fortbildungsschullehrer.

Zur festen Anstellung können solche Personen gelangen, die die für den Unterricht in den Fortbildungsschulen notwendigen Kenntnisse und Fertigkeiten erworben haben, insbesondere müssen sie über Aufgaben, Einrichtung und Methoden der Fortbildungsschule, über Geschäfts- und Bürgerkunde Bescheid wissen. Weiter müssen sie durch Fachunterricht und praktische Arbeit in einem gewerblichen oder kaufmännischen Betriebe sich nachweislich Kenntnisse in einem Handwerk, einem industriellen oder kaufmännischen Geschäftszweige angeeignet haben.

In Betracht kommen:

1. Volksschullehrer, insbesondere solche, welche die vom Magistrat anerkannten Fortbildungskurse besucht und sich praktisch ausgebildet haben.
2. Zeichenlehrer, Techniker, Architekten und sonstige Fachleute, welche eine höhere Fachschule mit Erfolg besucht und sich zwei Jahre als Lehrer im Unterrichten bewährt haben. Auch für sie ist der Besuch der vom Magistrat anerkannten Fortbildungskurse erwünscht.

3. Personen, welche die Abschlußprüfung der Handelshochschule bestanden haben.

Es ist zulässig, besonders tüchtige, im Fortbildungsschuldienste bewährte Kräfte von auswärts ohne besondere Prüfung anzustellen.

Von den auf Lebenszeit angestellten Lehrern soll mindestens der vierte Teil der unter 2 genannten Kategorie von Lehrern angehören.

Die Anstellung kann nicht vor dem vollendeten 27. und nicht nach dem vollendeten 40. Lebensjahre erfolgen.

Hinsichtlich des Pensionsdienstalters, der Pensionierung und der Hinterbliebenenversorgung gelten die für die Gemeindebeamten der Stadt Berlin erlassenen Bestimmungen.

2. Durch kündbaren Vertrag zu dauernder Beschäftigung werden durch den Magistrat auf Vorschlag der Deputation für die städtischen Fach- und Fortbildungsschulen angenommen: Lehrer, Techniker, Architekten und Fachleute, welche die gleichen Vorbedingungen erfüllen wie die auf Lebenszeit angestellten Fortbildungsschullehrer, wenn sie mit wöchentlich mindestens 12 Stunden dauernd beschäftigt werden können und kein anderes öffentliches Amt bekleiden.

Eine Kündigung findet beiderseits nur zum Schluß eines Halbjahres mit einer Frist von drei Monaten statt, von seiten der Behörde durch den Magistrat.

Für die durch kündbaren Vertrag dauernd angenommenen Lehrer gelten, falls sie nicht aus einer anderen Stellung Anspruch auf Ruhegehalt und Hinterbliebenenversorgung haben, die Bestimmungen über das Ruhegeld und die Hinterbliebenenversorgung für die ohne Pensionsberechtigung im Dienste der Stadt Berlin dauernd beschäftigten Personen.

3. Von Halbjahr zu Halbjahr werden auf Vorschlag des Direktors der Anstalt durch den Direktor des städtischen Fach- und Fortbildungsschulwesens angenommen alle sonstigen Lehrkräfte an diesen Schulen.

Über die Annahme ist der Deputation Kenntnis zu geben.

4. In bezug auf die Rechte und Pflichten des Lehrpersonals ist die zu erlassende „Dienstanweisung" maßgebend.

Als Pflichtstundenzahl wird festgesetzt:

a) für die Direktoren: zurzeit keine,

b) für die Fortbildungsschullehrer: 24.

§ 2. Besoldung.

1. Das Gehalt beträgt:

a) bei den Direktoren: Anfangsgehalt 6200 M., steigend in 3 Stufen von 3 zu 3 Jahren um je 600 M. bis zum Höchstgehalt von 8000 M.;

b) bei den Fortbildungsschullehrern: Gehalt wie bei den endgültig angestellten Gemeindeschullehrern zuzüglich einer pensionsfähigen Zulage von 600 M.

2. Die durch kündbaren Vertrag zu dauernder Beschäftigung angenommenen Lehrer erhalten den ihrer Stundenzahl und ihrem Besoldungsdienstalter entsprechenden Betrag des Gehaltes der festangestellten Lehrer abzüglich des für die Gemeindelehrer festgesetzten Wohnungsgeldes.

Werden diese Lehrer infolge von Krankheit oder aus anderen Gründen verhindert, ihren Unterricht zu erteilen, so kommen die §§ 13 und 14 der Urlaubsordnung zur Anwendung. Bei Behinderung über die Urlaubszeit hinaus wird ihr Gehalt um den Betrag der aufgewendeten Vertretungskosten gekürzt. Das Honorar für diese Vertretungen, sofern dieselben nicht von den hauptamtlichen Lehrern unentgeltlich zu übernehmen sind, ist das Anfangshonorar der kontraktlich angenommenen Lehrkräfte.

3. Bei der Feststellung des Besoldungsdienstalters für die lebenslänglich angestellten und kontraktlich angenommenen Lehrer ist bei den aus dem Dienste der Stadt Berlin in den Pflichtfortbildungsschuldienst übertretenden Lehrern der Gemeindebeschluß vom $\frac{5.\,2.}{2.\,3.}$ 1913, betreffend die Anrechnung von Dienst- und Beschäftigungszeit, maßgebend, für diejenigen Lehrer, welche aus dem Dienste des Reiches, des Staates oder einer anderen Gemeinde in den Pflichtfortbildungsschuldienst von Berlin übertreten, behält sich der Magistrat die Anrechnung von Dienst- und Beschäftigungszeit von Fall zu Fall vor, bei den aus der Praxis hervorgehenden Lehrern kann die über 6 Jahre hinausgehende Tätigkeit in der Praxis (ausschließlich der Lehrzeit) bis zu 4 Jahren auf das Besoldungsdienstalter angerechnet werden.

Werden Lehrer, welche durch kündbaren Vertrag angenommen sind, als ordentliche Lehrer angestellt, so ist das für ihre Besoldung als kontraktlich angenommene Lehrer festgesetzte Besoldungsdienstalter auch für die weitere Besoldung maßgebend.

4. Die Bezüge der von Halbjahr zu Halbjahr angenommenen Lehrer werden durch den jedesmaligen Etat festgesetzt.

Sie erhalten zurzeit 3 M. für die Wochenstunde. Hierbei wird das Vierteljahr zu 10 Wochen berechnet.

Die in dieser Zeit auf freie Schultage fallenden Stunden werden mitbezahlt, andere nicht gegebene Stunden nicht.

III. Die Wahlfortbildungsschulen und -Anstalten.

Eine Regelung der Anstellung und Besoldung der Leiter und Lehrer dieser Schulen bleibt bis zu ihrer endgültigen Ausgestaltung vorbehalten. Bis dahin werden die Leiter und Lehrer von Halbjahr zu Halbjahr angenommen. Für die Besoldung der Leiter bleibt es bei den bisherigen Bestimmungen. Die Besoldung der Lehrer findet nach den Grundsätzen der von Halbjahr zu Halbjahr angenommenen Lehrer an den höheren Fachschulen statt.

Berlin, den 20. September 1910.

Magistrat
hiesiger Königlichen Haupt- und Residenzstadt.

Dienstanweisung für die Direktoren und das Lehrpersonal an den städtischen höheren Fachschulen von Berlin vom 6. November 1911.

J.-Nr. 578 F. Sch. II/11.

I. Dienstanweisung für den Direktor.

A. Dienstliche Verhältnisse.

§ 1.

Amtliche Stellung des Direktors im allgemeinen und zu den vorgesetzten Dienstbehörden.

Der Direktor ist der verantwortliche Leiter der ihm unterstellten Anstalt und ihr Vertreter nach außen. Er muß stets bestrebt sein, seine theoretischen und praktischen Kenntnisse zu erweitern und zu vertiefen. Den Lehrern und Schülern soll er durch unausgesetzte Pflichttreue ein Vorbild sein. Er hat dahin zu wirken, daß in den Schülern Freude an der Arbeit und Trieb zu selbständigem Schaffen geweckt werden.

Der Direktor untersteht der Deputation für die Fach- und Fortbildungsschulen*), als deren Vertreter der Direktor des Fach-

*) Im folgenden kurz Deputation genannt.

und Forbildungsschulwesens sein nächster Vorgesetzter ist. Er hat deren Anordnungen auszuführen, Einsprüche dagegen darf er bei der jedesmal höheren Instanz anbringen, ohne daß jedoch dadurch die Ausführung der Anweisung aufgehalten wird.

Seine Berichte hat er der Deputation pünktlich und erschöpfend zu erstatten, von wichtigeren Vorgängen muß er unaufgefordert sofort Anzeige machen. Unmittelbar an den Minister, den Oberpräsidenten oder andere Behörden darf er nur auf besondere Anordnung berichten. In diesem Falle ist eine Abschrift des Berichtes gleichzeitig der Deputation einzureichen.

§ 2.

Verhältnis zu den Lehrern der Anstalt.

Der Direktor ist der nächste Vorgesetzte des an der Anstalt beschäftigten Lehrpersonals. Er hat neu angestellte Lehrer bei ihrem Dienstantritte in einer Lehrerkonferenz (vgl. A § 6) vorzustellen, in Amt und Pflicht einzuweisen und nicht Vereidigten auf Erfordern den Diensteid abzunehmen. Nach eigenem Ermessen, jedoch unter Beachtung der etwa höheren Orts ergangenen Anordnungen, bestimmt er die Fächer, in denen die Lehrpersonen zu unterrichten, und welche Nebengeschäfte (z. B. Verwaltungen von Sammlungen und dergl.) sie zu übernehmen haben. Er muß hierbei vor allem die Kenntnisse und Fähigkeiten der einzelnen berücksichtigen, zugleich aber auf eine möglichst gleichmäßige Verteilung der Lehrstunden und Nebengeschäfte bedacht sein.

Er hat auf ein einträchtiges Zusammenarbeiten der Lehrer hinzuwirken, etwaige Zwistigkeiten unter ihnen nach Möglichkeit auszugleichen, Mißgriffe und Ungehörigkeiten, auch solche im außeramtlichen Auftreten, schonend, aber mit Ernst zu rügen. Bleibt dies ohne Erfolg oder kommen schwerere Pflichtverletzungen vor, so hat er diese zur Kenntnis der Deputation zu bringen.

Wenn Gefahr im Verzuge ist, muß er dem Lehrer die Ausübung des Amtes vorläufig untersagen und sofort Bericht erstatten.

§ 3.

Beurlaubung und Vertretung der Lehrer.

Über die Vertretung beurlaubter, erkrankter oder sonst an der Wahrnehmung ihres Dienstes behinderter Lehrkräfte bestimmt der

Direktor, soweit durch die Vertretung besondere Kosten nicht entstehen.

Urlaub kann er den Lehrern unter der Voraussetzung einer begründeten Veranlassung bis zu dreimal 24 Stunden außer bei Beginn und am Schluß jedes zusammenhängenden Unterrichtsabschnittes und außer im Anschluß an sonstigen Urlaub selbständig erteilen; bei Gesuchen um längeren Urlaub hat er durch Vermittelung der Deputation die Genehmigung des Magistrats einzuholen und dabei stets anzugeben, ob Hinderungsgründe vorhanden sind oder nicht, und wie im Falle der Beurlaubung die Vertretung geordnet werden soll. Lehrer, die zu militärischen Übungen herangezogen werden, bedürfen keines Urlaubs. Der Direktor hat in diesem Falle der Deputation Anzeige von der durch die Militärbehörde angeordneten Einziehung und der Art der Vertretung des Lehrers während seiner Übung zu erstatten. Bei Erkrankungen, welche sich über drei Tage hinaus hinziehen, hat der Direktor der Deputation unter Einsendung eines ärztlichen Attestes Anzeige zu erstatten und die Art der Vertretung anzugeben bzw. Vorschläge für die Vertretung zu machen.

§ 4.

Aufsicht über das Bureau- und Hilfspersonal.

Der Direktor führt als Vorgesetzter die Aufsicht über das Bureau- und Hilfspersonal der Anstalt. Er hat darauf zu halten daß die in Betracht kommenden Personen nach der ihnen erteilten Dienstanweisung ihren Pflichten genügen, und daß sie und ihre im Schulgebäude wohnenden Angehörigen und Hausgenossen sich angemessen betragen.

§ 5.

Festsetzung des allgemeinen Lehrplanes, der Fachlehrpläne und des Stundenplanes.

Die für jede Anstalt festgesetzten allgemeinen und Fachlehrpläne hat der Direktor einer dauernden Beachtung zu unterziehen. Wünschenswerte Änderungen hat er in allgemeinen bzw. in Fachlehrerkonferenzen zur Besprechung zu bringen und das Resultat der Besprechung in Form von Anträgen mit Begründung der Deputation zu unterbreiten.

Den Stundenplan setzt der Direktor für jedes halbe Jahr fest und läßt ihn im Lehrerzimmer und in sämtlichen Unterrichtsräumen aushängen. Der Deputation ist der Stundenplan in zwei Abschriften zur Genehmigung einzusenden.

Der Direktor hat darüber zu wachen, daß der festgesetzte Lehrplan und der Stundenplan in allen Klassen durchgeführt werden, und daß kein Lehrer eigenmächtig davon abweicht. Er hat zu dem Zweck die Klassen häufig zu besuchen und von Zeit zu Zeit die schriftlichen Arbeiten und Zeichnungen der Schüler sich vorlegen zu lassen.

Der Unterricht in den einzelnen Klassen oder in der ganzen Anstalt kann vom Direktor aus besonderem Anlaß, z. B. bei Schulfesten, Ausflügen und dergl., ausgesetzt werden, jedoch ist vorher der Deputation Anzeige davon zu machen, sobald die Aussetzung des Unterrichts feststeht. Zu Ausflügen von mehr als zwei Tagen sowie zu solchen nach Orten, die außerhalb des Deutschen Reiches liegen, ist rechtzeitig vorher die Genehmigung der Deputation einzuholen.

§ 6.

Lehrerkonferenzen.

Der Direktor hat nach Bedarf, und zwar außerhalb der gewöhnlichen Schulzeit, mindestens aber zweimal während jedes zusammenhängenden Unterrichtsabschnittes Konferenzen abzuhalten und dazu alle an der Anstalt hauptamtlich beschäftigten Lehrpersonen zuzuziehen. Nebenamtlich beschäftigte Lehrpersonen und Meister kann er zu den Konferenzen auffordern oder an ihnen teilnehmen lassen, soweit er es für zweckmäßig hält.

In den Konferenzen werden wichtige die Anstalt betreffende Fragen erörtert, eingegangene Erlasse, Mitteilungen, Anfragen und dergl., soweit sie dazu bestimmt oder geeignet sind, bekannt gemacht. Der Erwägung und Entscheidung der Lehrerkonferenz unterliegen die zu ergreifenden Maßregeln bei gröberen Verstößen gegen die Schulordnung und, soweit es die Schulverhältnisse erfordern, die Versetzungen der Schüler und die Erteilung von Zeugnissen an sie.

Anträge hauptamtlich beschäftigter Lehrpersonen, die den Unterricht und die Schulzucht betreffen, hat der Direktor auf die Tagesordnung zu setzen, wenn er sie mindestens drei Tage vor der Sitzung schriftlich erhält. Anträge, für welche die Konferenz nicht zuständig ist, sind zurückzuweisen. Persönliche Angelegenheiten der Lehrer, die mit den Aufgaben der Schule nicht zusammenhängen, dürfen in der Konferenz nicht verhandelt werden.

Wenn mindestens die Hälfte der hauptamtlich beschäftigten Lehrpersonen schriftlich mit genauer Angabe der Gegenstände eine Konferenz beantragt, so beruft sie der Direktor entweder binnen acht Tagen oder berichtet sofort über die Ablehnung und deren Gründe an die Deputation, deren Entscheidung dem Lehrerkollegium bekannt zu geben ist.

Der Direktor führt den Vorsitz in den Konferenzen, bestimmt die Verhandlungsgegenstände und deren Reihenfolge, ernennt die Berichterstatter und leitet die Verhandlungen. Er hat dahin zu wirken, daß alle Fragen rein sachlich besprochen werden.

Stimmberechtigt sind alle festangestellten und kontraktlich im Hauptamte angenommenen Lehrpersonen, ebenso die nebenamtlich beschäftigten, wenn sie zur Teilnahme an der Konferenz von dem Direktor aufgefordert worden sind, und der Gegenstand der Beratung den von ihnen erteilten Unterricht betrifft.

Bei der Abstimmung hat er die Fragen zu stellen und die Stimmen zu sammeln. Die Abstimmung erfolgt nach dem Dienstalter derart, daß zunächst die nebenamtlich beschäftigten Lehrpersonen, von den übrigen der dem Dienstalter nach jüngste zuerst, der Direktor aber zuletzt stimmt und bei Stimmengleichheit seine Stimme entscheidet. Die nicht zur Bekanntgebung bestimmten Verhandlungen und Beschlüsse der Konferenzen sind als Amtsgeheimnisse zu behandeln.

Außerhalb der Tagesordnung können Gegenstände zur Sprache gebracht werden, die zum Geschäftskreis der Konferenz gehören, aber nicht auf der Tagesordnung gestanden haben, falls kein Stimmberechtigter widerspricht.

Der Direktor hat für die Ausführung der Konferenzbeschlüsse zu sorgen; doch kann er in besonderen Fällen die Ausführung beanstanden und die Entscheidung der Deputation unter Einreichung des Protokolls einholen, in eiligen Fällen auch, vorbehaltlich dieser Entscheidung, ohne weiteres das nach seinem Ermessen Erforderliche anordnen.

Über jede Konferenz ist ein Protokoll aufzunehmen, das nach erfolgter Genehmigung von dem Direktor und dem Protokollführer unterzeichnet und bei den Akten aufbewahrt wird. Über Einsprüche gegen die Fassung entscheidet Stimmenmehrheit, doch bleibt es jedem stimmberechtigten Mitglied der Konferenz unbenommen, eine schriftliche Begründung seiner Abstimmung zu Protokoll zu geben.

§ 7.

Aufnahme und Beaufsichtigung der Schüler.

Der Direktor hat die neueintretenden Schüler, nötigenfalls nach vorheriger Prüfung, den Klassen bzw. Kursen zuzuweisen, in die sie nach ihrer Vorbildung und ihren Kenntnissen gehören.

Bei denjenigen Anstalten, welche aufsteigende Klassen besitzen, sind die Abgangszeugnisse der Schüler, die bereits eine gleichartige Anstalt besucht haben, dem zum Klassenvorstand bestellten Lehrer (Ordinarius) zur Einsicht mitzuteilen. Schüler von gleichartigen Anstalten werden, wenn seit ihrem Abgange von der früheren Anstalt nicht über ein Jahr vergangen ist, ohne Prüfung derjenigen Klasse, für die sie nach ihrem Abgangszeugnisse reif sind, überwiesen. Alle übrigen Schüler, die in eine höhere als die unterste Klasse aufgenommen werden wollen, werden regelmäßig einer Aufnahmeprüfung unterzogen. Für die Aufnahme in die unterste Klasse sind die in den Programmen der einzelnen Anstalten enthaltenen Bestimmungen maßgebend.

Der Direktor führt ein Schülerverzeichnis, in das er jeden neuen Schüler einträgt und dabei außer dessen Vor- und Zunamen auch Tag und Ort der Geburt, Stand und Wohnort des Vaters oder Vormundes, die Militärverhältnisse, die früher besuchten allgemeinen und Fachschulen, die Zeit der bisherigen praktischen Tätigkeit, die Klasse bzw. die Abteilung, in die er aufgenommen ist, und die Wohnung vermerkt.

Er hat den Schülern die Kenntnisnahme und die genaue Beobachtung der Schulordnung, pünktlichen Besuch des Unterrichts, Aufmerksamkeit, Fleiß und gutes Betragen zur Pflicht zu machen.

Über Betragen, Fleiß und Fortschritte der Schüler hat er sich fortgesetzt zu unterrichten, um über sie ein selbständiges Urteil zu gewinnen.

Schüler, die von ansteckenden Krankheiten befallen sind, oder in deren Behausung solche Krankheiten herrschen, muß er sogleich und solange vom Schulbesuch ausschließen, bis nach ärztlicher Bescheinigung keine Gefahr der Ansteckung mehr besteht.

§ 8.

Bekanntmachungen des Direktors an die Schüler.

Der Direktor hat an dem in jeder Schule an augenfälliger Stelle angebrachten schwarzen Brett die Schulordnung, die Ferienzeiten und andere die Schüler angehenden amtlichen Bekanntmachungen anheften zu lassen.

Mit seiner Erlaubnis dürfen auch Anzeigen und Mitteilungen dritter am schwarzen Brett ausgehängt werden, jedoch stets von den amtlichen Bekanntmachungen getrennt.

§ 9.

Zurückbehaltung und Ausstellung von Schülerarbeiten.

Der Direktor ist befugt, Schülerarbeiten zurückzubehalten; sie sind dann nach Unterrichtsfächern geordnet zur Einsicht der Lehrer aufzubewahren.

Den betreffenden Schülern wird auf ihren Wunsch bescheinigt, daß und welche ihrer Arbeiten bei der Schule zurückbehalten worden sind.

Am Schlusse jedes Schulhalbjahres oder zu anderen von der Deputation genehmigten Terminen kann der Direktor eine öffentliche Ausstellung der Schülerarbeiten veranstalten, die ein Bild von dem Lehrgange der Anstalt in den einzelnen Fächern zu geben hat. Das Anfertigen sogenannter Ausstellungsarbeiten hat er nicht zu dulden.

Zu den Vorarbeiten für die Ausstellung und zur Führung der Aufsicht während derselben kann der Direktor die Lehrer heranziehen.

§ 10.

Schulakten.

Dem Direktor liegt die Anlegung, Erhaltung, Fortführung und gute Ordnung der Schulakten ob.

Behördliche Verfügungen, Mitteilungen und Anfragen sowie alle anderen die Anstalt betreffenden Schriftstücke, Drucksachen usw. hat er gehörig aufzubewahren und nach einem bestimmten Plane in besondere Aktenstücke zu verteilen und nach der Zeitfolge so zu ordnen, daß er selbst sowie seine Stellvertreter und Nachfolger sich daraus leicht unterrichten können. Zu diesem Zwecke hat er auch wortgetreue Konzepte aller von ihm erstatteten Berichte und seiner amtlichen Schreiben nebst Anlagen zu den Akten zurückzubehalten und gehörigen Ortes einzuordnen, sowie ein besonderes Verzeichnis aller eingegangenen und aller abgegangenen Schriftstücke und ihrer Anlagen (sog. Diensttagebuch) zu führen.

In derselben Weise hat er auch die Verzeichnisse der Schüler, die Konzepte der Zensuren und der Zeugnisse, die Prüfungsverhandlungen, die Lehr- und Stundenpläne, die Konferenzprotokolle und alle sonstigen wichtigen Papiere übersichtlich geordnet aufzubewahren.

§ 11.

Aufstellung und Ausführung des Schuletats.

Der Direktor hat den Anstaltsetat zum vorgeschriebenen Termine zu entwerfen und der Deputation zur weiteren Veranlassung einzureichen. Den genehmigten Etat muß er unter Berücksichtigung der ergangenen Bestimmungen genau beachten; er ist dafür verantwortlich, daß Ausgaben über die durch den Etat festgesetzten Grenzen hinaus vermieden und ohne besondere Ermächtigung des Magistrats nicht veranlaßt werden.

§ 12.

Schulprogramme.

Der Direktor hat für die vorschriftsmäßige und rechtzeitige Abfassung der Schulprogramme sowie für deren Druck und Verteilung und für die Einsendung der vorgeschriebenen Abdrücke an die vorgesetzten Behörden zu sorgen.

Die Programme müssen die erforderlichen Angaben über die Organisation der Anstalt, über die Aufnahmebedingungen für die Schüler, über die Kosten des Schulbesuches, die Berechtigungen der Absolventen, über die Zusammensetzung des Kuratoriums und des Lehrkörpers sowie über sonstige die Anstalt betreffende Einrichtungen und Vorkommnisse, soweit sie für die Schüler von Interesse sind, enthalten.

§ 13.

Unterhaltung der Gebäude und ihre Benutzung zu anderen Zwecken.

Der Direktor hat das Schulgrundstück nebst den darauf befindlichen Baulichkeiten und Anlagen zu beaufsichtigen und darauf zu halten, daß alles in gutem und brauchbarem Zustande bleibt. Zu dem Ende muß er von Zeit zu Zeit alle Räume der Anstalt eingehend besichtigen.

Wünschenswerte bauliche Veränderungen, Verbesserungen oder Reparaturen hat er bei der alljährlich stattfindenden Baubereisung zur Besprechung zu bringen bzw. rechtzeitig vorher bei der Deputation zu beantragen.

Über die Benutzung des Grundstückes und der Räume der Anstalt zu anderen als den Zwecken der Anstalt bestimmt die Deputation nach Anhörung des Direktors.

§ 14.

Lehrmittel, Bibliotheken, Sammlungen und sonstige Ausstattungsgegenstände.

Der Direktor führt die Oberaufsicht über die Lehrmittel, die Lehrer- und Schülerbibliothek, die Sammlungen und sonstigen Ausstattungsgegenstände der Anstalt. Die besondere Aufsicht über die einzelnen Sammlungen hat er in der Regel Lehrern zu übertragen. Bei Überweisung der Bibliotheken und Sammlungen an die Lehrer wird ein Protokoll aufgenommen, in dem etwaige Beanstandungen und der festgestellte Tatbestand zu vermerken sind.

Alljährlich beim Schluß des Etatsjahres hat der Direktor eine Revision der Bestände an der Hand der Verzeichnisse und Inventarien vorzunehmen oder vornehmen zu lassen und, daß dies geschehen, mit dem festgesetzten Befunde in den Verzeichnissen mit Angabe des Datums zu vermerken und der Deputation mitzuteilen.

Die Beschaffung aller Inventarstücke (Utensilien und Mobiliar) im Betrage bis zu 50 M. für den Einzelgegenstand sowie die Anordnung von Reparaturen bis zu dieser Höhe erfolgt ohne Mitwirkung des Hauskurators allein durch den Direktor der Anstalt. Die entstehenden Rechnungen sind allein durch diesen zu bescheinigen.

Die Beschaffung aller Gegenstände im Betrage von über 50 M. sowie die Anordnung aller Reparaturen in derselben Höhe erfolgt nach vorheriger Anhörung der Hauskuratoren durch die Deputation. Die Rechnungen darüber sind nach vorgängiger Bescheinigung durch die Direktoren auch von den Hauskuratoren zu attestieren.

Alle baulichen Einrichtungen, Veränderungen und Reparaturen bis zur Höhe von 150 M. sind nach Maßgabe des § 16 g der Instruktion betreffend die Verwaltung des städtischen Bauwesens allein auf Anordnung der Hauskuratoren auszuführen, die auch die entstehenden Rechnungen, nach vorheriger Bescheinigung durch die Direktoren, zu attestieren haben.

§ 15.

Übergabe und Übernahme des Inventars, der Lehrmittel und sonstigen Sammlungen beim Direktorwechsel.

Der Direktor hat sich bei der Übernahme seines Amtes von der Geschäftslage und von dem Zustande des Inventars zu überzeugen. Bei seiner Versetzung oder seinem Ausscheiden aus dem Dienst hat er das Gebäude, das Inventar der Anstalt, die Akten, die Lehrmittelsammlungen und die Bibliothek seinem Nachfolger zu übergeben und darüber ein schriftliches Protokoll aufzunehmen. Alle hierbei vorgefundenen Fehler und Mängel sind in diesem Protokoll zu vermerken; das letztere ist von dem neuen Direktor in Abschrift der Deputation einzureichen.

B. Persönliche Verhältnisse.

§ 1.

Wohnsitz, Urlaub, Ferien, Behinderung durch Krankheit und sonstige unvorhergesehene Umstände.

Der Direktor ist verpflichtet, in Berlin zu wohnen, und darf seinen Wohnsitz nach außerhalb nur mit Genehmigung des Magistrats verlegen.

Er darf seinen dienstlichen Wohnsitz außerhalb der Ferien nur mit Urlaub oder auf höhere Anordnung verlassen. In dringenden Fällen — außer bei Beginn oder Schluß eines zusammenhängenden Unterrichtsabschnittes und im Anschluß an ihm sonst erteilten Urlaub — kann er sich bis zu dreimal 24 Stunden selbst beurlauben, hat aber alsbald die Deputation unter Angabe des Grundes und Namhaftmachung seines Vertreters davon in Kenntnis zu setzen. Über diese Zeit hinaus und in den genannten Ausnahmefällen hat er bei der Deputation Urlaub zu erbitten. Wenn der Direktor von einer ansteckenden Krankheit betroffen wird, oder wenn eine solche in seiner Behausung ausbricht, darf er so lange die Schulräume nicht betreten, bis nach ärztlicher Bescheinigung keine Gefahr der Ansteckung mehr besteht.

Seine Vertretung während des Urlaubs und bei sonstiger Abwesenheit (Dienstreisen und dergl.) sowie bei Erkrankungen hat der Direktor, sofern nicht ein ständiger Stellvertreter ernannt ist, einem dafür geeigneten Lehrer der Anstalt zu übertragen und ihn nötigenfalls mit näheren Anweisungen zu versehen. Kann die Vertretung bei plötzlicher Behinderung nicht vorher geordnet werden, so geht dieselbe auf den im Dienst und bei gleichem Dienstalter auf den den Jahren nach ältesten Lehrer über.

Während der Ferien darf der Direktor, sofern er für seine Vertretung gesorgt hat, auch ohne Urlaub verreisen. Er hat aber vor Antritt der Reise der Deputation hiervon unter Namhaftmachung seines Vertreters und Angabe seines Ferienaufenthalts Anzeige zu erstatten.

Der Magistrat kann, wenn das Interesse der Anstalt es verlangt, verfügen, daß der Direktor während der Ferien am Sitze der Anstalt verbleibt.

§ 2.

Nebenämter und Nebenbeschäftigungen des Direktors.

Zur Übernahme von Nebenämtern und Vormundschaften, zum eigenen Gewerbebetriebe, zu dem der Ehefrau, der noch in der väterlichen Gewalt stehenden Kinder und anderer Mitglieder seines Hausstandes, zur Übernahme von Unterrichtsstunden an anderen Lehranstalten und zur Erteilung von Privatunterricht ist die Genehmigung des Magistrats erforderlich, ebenso zur Annahme von Nebenarbeiten, falls sie, wie z. B. die Leitung ausgedehnter technischer Versuche, die Ausarbeitung der Pläne größerer Bauten oder sonstiger technischer Anlagen, längeren Zeitaufwand oder das Eingehen rechtlicher Verpflichtungen bedingen.

Ohne weiteres gestattet sind Nebenarbeiten geringeren Umfanges, vorausgesetzt, daß sie das Interesse der Anstalt nicht beeinträchtigen.

§ 3.

Dienstaustritt.

Beabsichtigt der Direktor seine Stellung im Dienste der Stadt aufzugeben, so hat er mindestens 3 Monate vorher dem Magistrat ein Entlassungsgesuch einzureichen. Er darf seine dienstliche Tätigkeit nicht eher einstellen, als bis er seine Entlassung, die in der Regel nur zum Schlusse eines Schulhalbjahres erteilt wird, erhalten hat.

II. Dienstanweisung für die Lehrer*).

A. Dienstliche Verhältnisse.

§ 1.

Amtliche Stellung des Lehrpersonals im allgemeinen.

Die Lehrer haben die Anordnungen ihrer Vorgesetzten pünktlich zu befolgen, sich verträglich zu ihren Amtsgenossen zu stellen und sowohl in als außer dem Amte angemessen zu betragen. Sie müssen bestrebt sein, ihre theoretischen und praktischen Kenntnisse zu erweitern und zu vertiefen.

Ihr nächster Vorgesetzter ist der Direktor. Seinen Weisungen haben sie sich zu fügen, seine Erinnerungen zu beachten und in zweifelhaften Fällen seinen Rat oder seine Entscheidung einzuholen. Bei etwaigen Meinungsverschiedenheiten oder Zwistigkeiten mit Amtsgenossen haben sie seine Vermittelung nachzusuchen und anzunehmen. Hält ein Lehrer sich durch eine Anordnung beeinträchtigt, so kann er die Vermittelung des Direktors des Fach- und Fortbildungsschulwesens anrufen und, falls dies erfolglos ist, bei der Deputation für die städtischen Fach- und Fortbildungsschulen Beschwerde erheben, muß sich aber bis zu deren Entscheidung den Anordnungen seines Direktors fügen.

Ihre Berichte, Anträge, Gesuche, Beschwerden und sonstigen Eingaben haben die Lehrer stets durch Vermittelung ihres Direktors einzureichen.

§ 2.

Dienstliche Tätigkeit.

Jeder Lehrer hat in den ihm vom Direktor übertragenen Lehrgegenständen dem Lehr- und Stundenplane gemäß zu unterrichten, auch das Amt als Klassen- oder Fachvorstand und die ihm sonst noch übertragenen Amtswahrnehmungen und Verwaltungsgeschäfte zu übernehmen. Ein Anrecht auf das Amt eines Klassen- oder Fachvorstandes und auf die Übertragung bestimmter Lehrfächer oder einzelner Verwaltungsgeschäfte hat niemand.

Der vom Direktor zum Klassenvorstand (Ordinarius) bestellte Lehrer hat alle zur Aufrechterhaltung der äußeren Ordnung in der Anstalt geltenden Bestimmungen im Bereich seiner Klasse zu beachten und anzuwenden. Im besonderen hat er ein Verzeichnis

---

*) Unter „Lehrer" werden sämtliche an der Anstalt beschäftigten Lehrpersonen verstanden.

der Schüler seiner Klasse zu führen, ihren Schulbesuch zu überwachen und die Entschuldigung von Versäumnissen entgegenzunehmen und zu prüfen. Glaubt er, daß ein Schüler ohne genügenden Grund den Unterricht versäumt, so hat er davon den Direktor behufs weiterer Veranlassung in Kenntnis zu setzen. Beim Beginn des Schulhalbjahres hat der Klassenvorstand den Schülern den Stundenplan mitzuteilen und sich zu überzeugen, daß jeder Schüler mit den nötigen Lernmitteln (Büchern, Heften, Zeichengeräten usw.) versehen ist, er hat nach Anweisung des Direktors ein Klassenbuch zu führen und diejenigen Schüler, die mit besonderen Geschäften für die Klasse betraut werden sollen, zu bestimmen.

An denjenigen Anstalten, welche keine aufsteigenden Klassen besitzen oder an denen außer aufsteigenden Klassen noch Einzelunterrichtskurse abgehalten werden, übernimmt der Lehrer, welchem der Kursus übertragen ist, in dem vom Direktor bestimmten Umfange die Pflichten des Klassenvorstandes.

Die Lehrer haben sich auf den Unterricht gründlich vorzubereiten, die Arbeiten der Schüler zu überwachen, sie zur Korrektheit und Sauberkeit beim Arbeiten anzuleiten und selbst Korrekturen der Arbeiten und Zeichnungen sorgfältig und regelmäßig auszuführen.

Die Zahl der wöchentlichen Pflichtstunden beträgt für die lebenslänglich und die kontraktlich im Hauptamt angestellten Lehrkräfte:

a) an der Baugewerkschule

1. sofern die Lehrer nur wissenschaftlichen Unterricht erteilen, 22;
2. sofern sie auch Übungen in den Laboratorien, in den Werkstätten oder im Zeichnen abhalten und die Zahl dieser Übungsstunden über 2 hinausgeht, 24;

b) an der Webeschule

1. für Lehrer 24. Diese Zahl erhöht sich auf 26, wenn 5 bis 8, auf 28, wenn 9 bis 12 Stunden auf Übungen in den Laboratorien oder im Musteraufnehmen entfallen, sie ermäßigt sich um 4, wenn mit dem gesamten, um 2, wenn mit dem überwiegenden Teil der Unterrichtsstunden Demonstrationsvorbereitungen verbunden sind;
2. für Lehrerinnen 30;

3. für Meister und Meisterinnen 40.

c) an den übrigen Fachschulen

1. für Lehrer wie an der Webeschule;

2. für Meister 48.

Werden an einer Anstalt während eines Schuljahres (1. April bis 31. März) in dem einen Halbjahr nicht soviel Klassen oder Kurse wie in dem anderen eingerichtet, so gelten die genannten Zahlen als Durchschnitts-Pflichtstundenzahlen.

Jeder hauptamtlich beschäftigte Lehrer ist verpflichtet, nach Anweisung des Direktors Vertretungen, welche durch vorübergehende Stellenerledigungen, Beurlaubungen, Erkrankungen, Einziehungen zum Militärdienst oder sonstige Verhinderung anderer Amtsgenossen notwendig werden, bis zu 4 Stunden wöchentlich ohne Anspruch auf besonderes Entgelt zu übernehmen sowie auch den Direktor in den Verwaltungsgeschäften vorübergehend oder dauernd zu unterstützen.

Auch haben alle an Schulfeierlichkeiten, an den Aufnahme- und Abgangsprüfungen teilzunehmen und mitzuwirken sowie die Ausfertigung von Zeugnissen, die Bearbeitung von Programmen, Lehrplänen, Lehrheften und Zeichenvorlagen, die Einrichtung und Beaufsichtigung von Ausstellungen, die Verwaltung der Büchereien, der Lehrmittel und der Materialien und die Leitung der mit den Schülern zu deren Belehrung vom Direktor angeordneten Ausflüge bereitwillig zu übernehmen.

§ 3.

Konferenzen.

Den Konferenzen haben alle im Hauptamt beschäftigten und die vom Direktor zur Teilnahme an der Konferenz aufgeforderten im Nebenamt tätigen Lehrpersonen beizuwohnen. Bei Behinderung ist unter Angabe des Grundes der Verhinderung dem Direktor vor Beginn der Konferenz Anzeige zu machen.

Die stimmberechtigten Lehrer (vgl. I A § 6) haben sich der Stimme zu enthalten, auf Anordnung des Direktors auch der Beratung fernzubleiben, wenn über einen sie persönlich betreffenden Gegenstand verhandelt wird.

Über Versetzungen von Schülern und über Erteilung von Zeugnissen stimmen, soweit diese nach der Einrichtung der Schule Gegenstand der Konferenzbeschlüsse sind, außer dem Direktor nur die Lehrer der Klasse oder der Abteilung ab, der die betreffenden Schüler zur Zeit der Abstimmung angehören.

Jeder Lehrer kann beantragen, daß Gegenstände, die für die Behandlung in der Konferenz geeignet sind, auf die Tagesordnung gesetzt werden; er hat einen solchen Antrag aber spätestens drei Tage vor dem Termin für die Konferenz dem Direktor schriftlich einzureichen. (Über die Zulassung vgl. I A § 6 Absatz 3.)

Fühlt sich ein Lehrer durch einen Konferenzbeschluß oder durch die Nichtzulassung seines Antrages beschwert, so steht ihm das Recht zu, seine abweichende Meinung zu Protokoll zu geben, auch zu verlangen, daß dieses der Deputation vorgelegt wird. Bis zur Entscheidung dieser hat er dem gefaßten Beschluß nachzukommen.

Jeder Lehrer ist verpflichtet, auf Anordnung des Direktors das Protokoll zu führen, auch Gutachten, Berichte und Fachlehrpläne für die Konferenz auszuarbeiten.

Die in der Konferenz gefaßten Beschlüsse sind für alle Teilnehmer bindend, die Verhandlungen unterliegen der Amtsverschwiegenheit.

§ 4.

Schulzucht.

Zur Aufrechterhaltung der Schulzucht soll jeder Lehrer durch sein Beispiel, durch Vermeidung alles Ungehörigen sowie durch Erinnerungen und Mahnungen nach Kräften beitragen.

Die Disziplin ist mit Ruhe und Festigkeit zu handhaben. Bei Erteilung von Rügen und Verweisen ist streng gerecht zu verfahren, Scheltworte aber sowie spöttische und höhnische Bemerkungen sind zu vermeiden. Über Ungehörigkeiten, die wahrgenommen werden, ist der Direktor zu unterrichten.

Körperliche Züchtigungen sind nicht gestattet.

Die Schüler sind zu ernstem Streben und zur Genauigkeit beim Arbeiten anzuhalten.

§ 5.

Wissenschaftliche Ausflüge.

Für wissenschaftliche Ausflüge und Übungen mit den Schülern außerhalb der Schule haben die Lehrer rechtzeitig die Erlaubnis des Direktors einzuholen (vgl. I A § 5).

§ 6.

Benutzung der Lehrmittelsammlungen durch die Lehrer.

Die Lehrer können die Lehrmittelsammlungen und die Büchereien zu ihrem Studium benutzen, haben aber die dafür maßgebenden Bestimmungen zu beachten und die durch ihre Schuld beschädigten oder verloren gegangenen Stücke zu ersetzen.

Aus der Bücherei entliehene Bücher dürfen an nicht zur Anstalt gehörige Personen nur mit Erlaubnis des Direktors weitergegeben werden.

B. Persönliche Verhältnisse.

§ 1.

Wohnsitz, Urlaub, Ferien, Behinderung durch Krankheit und sonstige unvorhergesehene Umstände.

Die Lehrer sind verpflichtet, in Berlin zu wohnen. Sie dürfen sich außerhalb der Ferien nur mit Urlaub oder auf höhere Anordnung von ihrem Wohnsitz entfernen; den Urlaub haben sie durch Vermittelung des Direktors bei der Deputation nachzusuchen. (Vgl. I A § 3.)

Zu Reisen während der Ferien bedürfen die Lehrer keines Urlaubs, sie müssen aber dem Direktor vorher anzeigen, wohin Mitteilungen an sie zu richten sind, und, wenn sie Bibliotheken oder Sammlungen der Anstalt verwalten, mit ihm wegen etwaiger Vertretung das Nötige verabreden.

Der Magistrat kann, wenn nach seinem Ermessen das Interesse der Anstalt es verlangt, verfügen, daß einzelne, nötigenfalls auch alle Lehrer während der Ferien zu Dienstgeschäften herangezogen werden.

Ist ein Lehrer durch Krankheit oder andere unvorhergesehene Umstände an der Erteilung des Unterrichts verhindert, so hat er dies sobald als möglich dem Direktor anzuzeigen und, falls die Erkrankung sich voraussichtlich über drei Tage hinaus hinzieht, ein ärztliches Attest einzureichen. Wenn ein Lehrer von einer ansteckenden Krankheit betroffen wird, oder wenn eine solche in seiner Behausung ausbricht, darf er so lange die Schulräume nicht betreten, bis nach ärztlicher Bescheinigung keine Gefahr der Ansteckung mehr besteht. Im übrigen gelten die Bestimmungen der vom Magistrat erlassenen Urlaubsordnung mit etwa noch zu erlassenden Abänderungen.

§ 2.

Nebenämter und Nebenbeschäftigung der Lehrer.

Zur Übernahme von Nebenämtern und Vormundschaften, zum eigenen Gewerbebetriebe, zu dem der Ehefrau, der noch in der väterlichen Gewalt stehenden Kinder, seiner Dienstboten und anderer Mitglieder seines Hausstandes, zur Übernahme von Unterrichtsstunden an anderen Lehranstalten sowie zur Erteilung von Privatstunden ist die Genehmigung des Magistrats erforderlich.

Zur Übernahme größerer Nebenarbeiten von längerer Dauer (Entwürfe, Berechnungen und Leitung größerer Bau- und Maschinenanlagen usw., Redaktion von Zeitschriften, Lieferungswerken usw.) ist die Genehmigung des Direktors erforderlich. Bei verweigerter Erlaubnis kann der Lehrer die Entscheidung der Deputation anrufen. Vorübergehende kleinere Nebenarbeiten dürfen ohne besondere Erlaubnis übernommen werden.

Zu ihren Privatarbeiten dürfen die Lehrer die Schüler der Anstalt nur mit Genehmigung des Direktors heranziehen.

§ 3.

Dienstaustritt.

Beabsichtigt ein Mitglied des Lehrkörpers aus dem Dienste der Stadt auszuscheiden, so muß es hiervon alsbald dem Direktor Mitteilung machen und die Entlassung aus dem Dienste, die der Regel nach nur zum Schlusse eines Schulhalbjahres erteilt wird, beantragen. Niemand darf seine dienstliche Tätigkeit eher einstellen, als bis er seine Entlassung erhalten hat.

III.

Wir behalten uns das Recht vor, jederzeit Abänderungen an der Dienstanweisung für die Direktoren und das Lehrpersonal an den städtischen höheren Fachschulen vorzunehmen.

Berlin, den 6. November 1911.

Magistrat
hiesiger Königlichen Haupt- und Residenzstadt.
Reicke.

Ordnung des Fach- und Fortbildungsschulwesens in Berlin.

(Vgl. Beschlüsse der Stadtverordnetenversammlung vom 24. November 1904 — Protokoll Nr. 14, Gem.-Bl. S. 416/17 — und vom 26. Januar 1911 — Prot. 18, Gem.-Bl. S. 51.)

Vom 22. November 1912.

Tgb.-Nr. 1775 F. Sch. II/12.

§ 1.

Die Leitung des gesamten Fach- und Fortbildungsschulwesens wird einer nach § 59 der Städteordnung gebildeten besonderen Verwaltungsdeputation übertragen, welche die Bezeichnung führt: Deputation für die städtischen Fach- und Fortbildungsschulen.

§ 2.

Diese Deputation besteht aus 5 Magistratsmitgliedern, 5 Stadtverordneten und 5 Bürgerdeputierten.

§ 3.

Der Deputation liegt die Verwaltung und Beaufsichtigung aller städtischen Anstalten und Einrichtungen ob, welche der Fortbildung nach dem schulpflichtigen Alter dienen, und die Wahrnehmung aller Rechte, welche der Stadtgemeinde hinsichtlich aller anderen derartigen Schulen zustehen.

Sie hat die Fortbildungsschulen bzw. Fachschulen einzurichten und zu leiten, die Lehrpläne festzustellen und deren Durchführung zu überwachen, die Lehrer und Schuldiener vertragsmäßig anzunehmen bzw. zu entlassen; die Wahl der endgültig anzustellenden Lehrer, welche dem Magistrate zusteht, ist von ihr vorzubereiten.

§ 4.

Die Deputation hat für die Beschaffung geeigneter Lehrmittel und Räumlichkeiten zu sorgen; wegen letzterer verhandelt sie unmittelbar mit den zuständigen Deputationen.

§ 5.

Die Stadt ist in eine bestimmte Anzahl Bezirke zu teilen. An die Spitze jedes derselben tritt ein Direktor. Er ist der Deputation untergeordnet, aber Vorgesetzter aller Lehrer und Angestellten, die an der von ihm geleiteten Fortbildungsschule beschäftigt oder angestellt sind.

§ 6.

Dem Direktor liegen ob:

1. Die Einschulung und Entlassung der Schüler.
2. Die Aufsicht über den gesamten Unterrichtsbetrieb, für dessen richtige Handhabung er der Deputation gegenüber verantwortlich ist.
3. Die Ausführung der ihm von der Deputation gestellten besonderen Aufgaben.
4. Die Einrichtung und Überwachung der Fortbildungskurse für Lehrer sowie die Abhaltung von Lehrerkonferenzen.
5. Die Vorschläge zu machen für die Annahme der für die Fortbildungsschule geeigneten Lehrer.

Berlin, den 22. November 1912.

Magistrat
der Königlichen Haupt- und Residenzstadt.
(gez.) Wermuth.

Einrichtung der gewerblichen und kaufmännischen Fortbildungsschule vom 22. November 1912.

J.-Nr. 1775 F. Sch. II/12.

Für Jünglinge.	Für Mädchen.
§ 1.	§ 1.
a) Die Stadt Berlin ist in 10 Bezirke geteilt, welche eine annähernd gleiche Schülerzahl umfassen. Jeder dieser Bezirke bildet eine Fortbildungsschule, deren Leitung einem vom Magistrate einzusetzenden Direktor übertragen wird.	Dasselbe.
b) Der Direktor hat die Schüler tunlichst nach dem Berufe zu teilen und dann für die einzelnen Berufe besondere Klassen zu bilden.	Dasselbe.
	c) Außer diesen 10 Bezirksschulen wird eine besondere

für Jünglinge.	für Mädchen.
	Fortbildungsschule für Verkäuferinnen eingerichtet d) Die in jedem der 10 Bezirke vorhandene Wahlfortbildungsschule für Mädchen wird der Pflichtfortbildungsschule für Mädchen angegliedert und von dem Direktor mit verwaltet.
§ 2. Der Unterricht, welcher in der Regel 3 Jahre umfaßt, wird in 3 aufsteigenden Jahresstufen erteilt: Unterstufe (U.), Mittelstufe (M.), Oberstufe (O.).	§ 2. Dasselbe.
Fällt fort.	§ 3. Mit den einzelnen Gewerben sind Unterhandlungen über die zu wählende Unterrichtszeit innerhalb der durch das Ortsstatut vorgeschriebenen Grenzen einzuleiten.
Fällt fort.	§ 4. Stehen besondere Schulhäuser zur Verfügung, so wird soviel wie irgend möglich der Unterricht, besonders der Vormittagsunterricht, in diesen abgehalten (z. B. Dessauer Str. 24 und Hochstraße 4). Im übrigen muß der Unterricht in städtischen Gemeindeschulen abgehalten werden, doch sollen bei Bedarf auch die Gebäude der städtischen höheren Mädchenschulen benutzt werden.

für Jünglinge. | für Mädchen.

§ 5.

Das Gehalt der Direktoren für die Leitung der Pflicht- und Wahlfortbildungsschulen beträgt bis zum vollständigen Ausbau der Schule (Ostern 1916) 6000 M.

Von da ab erhalten diese Direktoren die Skala der Direktoren der Pflichtfortbildungsschule für Jünglinge: 6200 M. bis 8000 M., alle 3 Jahre um 600 M. steigend.

Eine Anstellung hauptamtlicher Lehrkräfte findet erst nach dem vollständigen Ausbau der Pflichtfortbildungsschule, also frühestens zum 1. April 1916 statt.

Den von Halbjahr zu Halbjahr angenommenen Lehrkräften wird für die Wochenstunde ein Anfangshonorar von 2,50 M. gewährt, steigend in 4 Stufen von 3 zu 3 Jahren um je 0,25 M. bis zum Höchstbetrage von 3,50 M.

Für die Berechnung sind die für die Fortbildungsschule für Jünglinge bestehenden Grundsätze maßgebend.

Berlin, den 22. November 1912.

Magistrat
der Königlichen Haupt- und Residenzstadt.
(gez.) Wermuth.

Der Minister für Handel und Gewerbe.
J.-Nr. IV. 6277.

Berlin, den 1. Juli 1911.

Ich habe über

Einrichtung und Lehrpläne gewerblicher Fortbildungsschulen

und über

Einrichtung und Lehrpläne kaufmännischer Fortbildungsschulen und kaufmännischer Fachklassen an gewerblichen Fortbildungsschulen

neue Bestimmungen erlassen und übersende Ihnen hierneben für jede der in Betracht kommenden Schulen einen Abdruck nebst Abdruck dieses Erlasses.

Die „Bestimmungen" sind vom Schuljahre 1912 ab durchzuführen, und zwar, wenn angängig, zugleich in allen Klassen, andernfalls jahrgangsweise von unten herauf. Gleichzeitig treten die Vorschriften vom 5. Juli 1897 und die Erlasse vom 19. März 1898 (E. 472), 29. März 1899 (E. 1562) und 14. Dezember 1901 (III b. 9404, vgl. H. M. Bl. 1901 S. 91 ff. und C. 409) außer Kraft.

Die vorhandenen Lehrpläne sind, soweit erforderlich, nach Maßgabe der „Bestimmungen" umzuarbeiten, was gleichfalls jahrgangsweise geschehen kann. Die umgearbeiteten Lehrpläne sind Ihnen alsdann zur Prüfung und Genehmigung einzureichen. Nähere Anordnung hierüber stelle ich Ihnen anheim, wie ich Ihnen auch überlasse, zur Prüfung der Lehrpläne die Revisoren mit heranzuziehen, soweit solche für den dortigen Bezirk von mir ernannt sind.

Bei Prüfung der einzelnen Lehrpläne ist zu beachten, daß die „Bestimmungen" nicht dazu dienen sollen, die Einrichtungen der einzelnen Schulen in ein Schema zu bringen. Besonderheiten, die in örtlichen Bedürfnissen und Aufgaben begründet sind, sind nach wie vor zu berücksichtigen. Um eine einheitliche Auffassung und ein vertieftes Verständnis der „Bestimmungen" anzubahnen, beabsichtige ich, die Regierungs- und Gewerbeschulräte und die von mir ernannten Schulrevisoren zu Konferenzen zusammen zu berufen, in denen die „Bestimmungen" eingehend besprochen werden sollen. Alsdann wird dafür zu sorgen sein, daß sie in den Lehrerkollegien der einzelnen Schulen soweit erörtert werden, daß zu Beginn des nächsten Schuljahres jeder Lehrer mit den für das von ihm zu behandelnde Fach geltenden Vorschriften über Aufgaben, Stoffauswahl und Lehrverfahren vollständig vertraut ist.

Abdrücke der „Bestimmungen" können von Carl Heymanns Verlag in Berlin zum Preise von 0,40 M. bezogen werden.

gez. Dr. Sydow.

An sämtliche Herren Regierungspräsidenten und den Herrn Oberpräsidenten in Potsdam.

Bestimmungen über Einrichtung und Lehrpläne gewerblicher Fortbildungsschulen.

A. Allgemeine Bestimmungen.

I. Aufgabe der Schule.

Die gewerbliche Fortbildungsschule hat die Aufgabe, die berufliche Ausbildung der jungen Leute zwischen 14 und 18 Jahren zu fördern und an ihrer Erziehung zu tüchtigen Staatsbürgern und Menschen mitzuwirken.

II. Gliederung der Schulen.

1. Allgemeine Grundsätze.

Die Gliederung einer Schule richtet sich in erster Linie nach der Zahl, in zweiter nach dem Beruf, in dritter nach der Befähigung der Schüler.

2. Schülerzahl einer Klasse.

Die Zahl der Schüler einer Klasse soll in der Regel nicht mehr als 30, nicht weniger als 20 betragen; eine Klasse ist zu teilen, wenn die Zahl dauernd 40 überschreitet. Für Zeichenklassen und einklassige Schulen beträgt die höchste zulässige Zahl 30.

3. Grundform.

Als Grundform gilt die Schule mit drei aufsteigenden Klassen (Unter-, Mittel- und Oberstufe).

Für Schüler mit ungenügender Schulbildung ist bei hinreichender Schülerzahl eine Vorklasse zu bilden. Ihre Aufgabe ist es, die Schüler zum Eintritt in die Unterstufe, ausnahmsweise in die Mittelstufe, vorzubereiten.

4. Kleinere Schulen.

Können nur 2 Klassen gebildet werden, so empfiehlt es sich, die Unterstufe (und Vorstufe) von der Mittel- und Oberstufe zu trennen.

Wenn sämtliche Schüler in einer Klasse unterrichtet werden müssen, so empfiehlt es sich, möglichst die Bildung von Abteilungen zu vermeiden und den Unterrichtsstoff in 3 Gruppen zu teilen, die abwechselnd alle drei Jahre wiederkehren. Für die vereinigte Mittel- und Oberstufe der zweiklassigen Schule sind in gleicher Weise 2 Stoffgruppen zu bilden.

5. Größere Schulen.

In größeren Verhältnissen sind die Schüler der gleichen Berufe zu Berufsklassen zu vereinigen. Handwerks- und Fabriklehrlinge sind nach Möglichkeit zu trennen, wenn ihre Ausbildungsverhältnisse wesentlich verschieden sind.

Ist die Zahl von Schülern derselben Stufe und desselben Berufs so groß, daß mehrere Klassen gebildet werden können, so empfiehlt sich in erster Linie die Einrichtung von Klassen mit verschiedener Unterrichtszeit. Bei der Verteilung der Schüler kann auf die verschiedene Befähigung Rücksicht genommen werden.

Reicht die Zahl der Schüler eines Berufs zur Bildung aufsteigender Klassen nicht aus, so sind sie mit den Angehörigen verwandter Berufe zu Berufsgruppenklassen zusammenzufassen. Genügt die Schülerzahl einer Berufsgruppe nicht zur Bildung aufsteigender Klassen, so sind in der Regel gemischtberufliche Klassen zu bilden. In diesen gemischtberuflichen Klassen kann der Unterricht in Berufs- und Bürgerkunde und im Rechnen um eine Stunde wöchentlich gekürzt werden. Diese Stunde ist dann für den Fachunterricht zu verwenden und in der Regel mit dem Zeichenunterricht zu verbinden; die Gliederung des Zeichenunterrichts ist dementsprechend für den Fachunterricht im allgemeinen maßgebend. Voraussetzung ist, daß die einem bestimmten Beruf angehörige Schülerzahl genügend groß ist, und daß für die Erteilung des besonderen Fachunterrichts Lehrer vorhanden sind, die eine auch fachlich genügende Ausbildung besitzen.

Die Bildung einer Sammelklasse für die sämtlichen 3 Jahrgänge eines Berufes ist zulässig, wo zur Führung der Klasse ein durch Unterrichtsgeschick und Fachkenntnisse besonders ausgezeichneter

Lehrer vorhanden ist, oder wo andere Gründe, z. B. die Arbeitszeit, einen besonderen Unterricht wünschenswert machen.

Für Schüler mit ungenügender Vorbildung sind Vorklassen einzurichten. Besonders schwach begabte Schüler können in aufsteigenden Hilfsklassen vereinigt werden.

Anlage A. 6. Gliederung im Zeichenunterricht.

Für die Gliederung der Klassen im Zeichnen gelten die Bestimmungen des Erlasses vom 28. Januar 1907. (HMBl. S. 33.)

7. Bezeichnung.

Die Bezeichnung der Klassen hat den Beruf erkennen zu lassen. Die Unterstufe ist mit U, die Mittelstufe mit M, die Oberstufe mit O, die Vorstufe mit V zu bezeichnen. Klassen der gleichen Stufe sind durch 1, 2, 3 zu unterscheiden. Findet die Entlassung aus der Volksschule Ostern und Herbst statt, so ist die Bezeichnung nach der Zahl der Halbjahre zweckmäßig (I bis VI).

8. Versetzung.

Die Versetzung eines Schülers in die höhere Klasse hat stets zu erfolgen, wenn er dort dem Unterricht mit Nutzen zu folgen vermag.

III. Unterrichtszeit.

Die jährliche Unterrichtszeit beträgt in der Regel mindestens 240 Stunden, die im allgemeinen auf 40 Wochen zu verteilen sind. Die Zahl der wöchentlichen Unterrichtsstunden beträgt demnach in der Regel 6.

Für Berufe, die eines umfangreichen Zeichen- oder Fachunterrichts bedürfen, ist eine Erhöhung der Stundenzahl sehr erwünscht.

Eine Ermäßigung bis auf 4 Stunden ist statthaft für solche Klassen, die einen ergänzenden Fachunterricht von mindestens 2 Stunden an einer staatlich anerkannten Innungs- oder Vereinsschule erhalten.

Für Angehörige der Saisongewerbe (Maurer, Zimmerer, Maler, Anstreicher usw.) kann die Unterrichtszeit während der Hauptarbeitszeit vermindert werden, wenn sie in der arbeitsstillen Zeit entsprechend erhöht wird. Bedingung ist jedoch, daß alle Lehrlinge verpflichtet werden können, den Ersatzunterricht zu besuchen, und daß geeignete Lehrer für die Erteilung dieses Ersatzunterrichts vorhanden sind.

Die Ferien sind mit Rücksicht auf die Bedürfnisse des gewerblichen Lebens und die ortsüblichen Schulferien festzusetzen.

IV. Verteilung der Stunden.

Von den 6 Wochenstunden sind in der Regel zu verwenden:
auf der Vorstufe:

2 für Deutsch, 2 für Rechnen, 2 für Zeichnen,

oder

3 (4) für Deutsch und 3 (2) für Rechnen,

auf der Unter-, Mittel und Oberstufe:

2 für Berufs- und Bürgerkunde,
2 für Rechnen und Buchführung,
2 für Zeichnen (oder Fachkunde für solche Berufe, die des Zeichnens nicht bedürfen, z. B. für Bäcker, Fleischer usw.),

oder

3 für Geschäfts- und Bürgerkunde, Rechnen und Buchführung,
3 für Zeichnen und Fachunterricht.

Beträgt die Stundenzahl mehr als 6, so sind die übrigen Stunden auf Fachzeichnen, Fachkunde oder Werkunterricht zu verwenden.

Zulässig ist auch die Einrichtung von Turn- und Spielunterricht, wenn die Stundenzahl über 6, für Klassen ohne Zeichen- und Fachunterricht über 4 hinausgeht.

Für Klassen ohne Zeichen- und Fachunterricht, insbesondere für Klassen der ungelernten Arbeiter ergibt sich danach folgende Stundenverteilung:

		oder	oder
Berufs- und Bürgerkunde	2	4	2
Rechnen und Buchführung . . .	2	2	2
Turnen und Jugendspiel	2	—	—

V. Lernmittel.

Jeder Schüler oder sein Arbeitgeber hat entsprechend dem Ortsstatut die an der Schule eingeführten Lernmittel — Schreib- und Zeichenmaterialien, Vordrucke, Lese- und Rechenbücher usw. — in der Regel auf seine Kosten anzuschaffen. Doch ist darauf zu achten, daß die entstehenden Ausgaben möglichst niedrig bemessen sind.

Die Einführung neuer Lernmittel ist dem Regierungspräsidenten anzuzeigen. Dieser ist befugt, die Benutzung bestimmter Lernmittel zu untersagen. Die Einführung von Lesebüchern bedarf seiner besonderen Genehmigung.

VI. Allgemeine Grundsätze für den Unterricht.

1. Unterricht und Erziehung.

Der Unterricht in der Fortbildungsschule hat auf die Eigenart des Lebensalters zwischen dem 14. und 18. Lebensjahre Rücksicht zu nehmen. Das gesteigerte Ehrgefühl und der Drang zur Selbständigkeit sind für die Erziehung nutzbar zu machen. Besonderer Wert ist darauf zu legen, daß die Bildung des Charakters auf sittlich-religiöser Grundlage gefördert wird.

2. Stoffauswahl.

Der Unterrichtsstoff ist der Aufgabe der Fortbildungsschule entsprechend so auszuwählen, daß er den Lebens- und Berufsinteressen der Schüler dient und die Arbeitsfreudigkeit erhöht. Daher sind besonders solche Stoffe zu berücksichtigen, die dem Erfahrungskreise der jungen Leute entnommen sind oder sich an diesen eng anschließen. Namentlich sind anschauliche Beispiele aus den beruflichen und örtlichen Verhältnissen auszuwählen.

Von entscheidender Wichtigkeit ist die richtige Beschränkung in der Stoffmenge. Die Überfüllung mit Stoffen, zu deren ausreichender Behandlung die Zeit mangelt, ist zu meiden. Nur soviel Stoff ist zu bieten, daß Zeit für ein wirkliches Durchdringen und Verarbeiten, für Übung und Wiederholung vorhanden ist.

Bei der Auswahl des Unterrichtsstoffs ist auf die Vorbildung der Schüler, die besonderen Verhältnisse des Gewerbes und die Ausbildung der Lehrer für die Aufgaben der Fortbildungsschule Rücksicht zu nehmen.

3. Lehrverfahren.

Das Lehrverfahren hat sich von dem für das Kindesalter berechneten in wesentlichen Punkten zu unterscheiden und ist so zu gestalten, wie es für junge Leute, die in das Berufsleben eingetreten sind, zweckmäßig ist. Die Form von Frage und Antwort darf weder bei der Behandlung neuer Stoffe noch bei der Wiederholung den gesamten Unterricht beherrschen. Je nach der Eigenart des Stoffes sind auch Besprechungen in freierer Form, die ein gemeinsames Erarbeiten des Neuen zum Ziele haben, oder kleinere zusammenhängende Darstellungen des Lehrers oder einzelner Schüler anzuwenden.

Möglichst oft sind Aufgaben zu stellen, die die Erfahrungen der Schüler benutzen und ihre lebendige Mitarbeit erfordern. Eine freie Wiederholung und Anwendung behandelter wichtiger Stoffe durch die Schüler ist auf allen Stufen anzustreben. Immer muß das Ziel sein, die Schüler von der Leitung des Lehrers unabhängig zu machen und sie anzuspornen, daß sie sich auch nach dem Abschluß der Schule selbständig weiterbilden.

B. Die Lehrfächer.

I. Berufs- und Bürgerkunde.

1. Aufgabe.

Die Berufs- und Bürgerkunde hat die Aufgabe:

a) das Verständnis der Schüler für ihren Beruf nach Möglichkeit zu vertiefen und sie zu denkendem, pflichtbewußtem Arbeiten zu erziehen (Fachkunde);

b) die für den einzelnen notwendigsten Kenntnisse des geschäftlichen Lebens zu übermitteln (Geschäftskunde);

c) den Zusammenhang des einzelnen und seiner Berufsarbeit mit dem Gemeinschaftsleben in Familie, Schule und Werkstatt, in Gemeinde, Staat und Reich zum Bewußtsein zu birngen, das Werden und Wesen wichtiger Einrichtungen des öffentlichen Lebens zu erklären, die Ehrfurcht vor der Verfassung und Rechtsordnung, die Liebe zu Heimat, Vaterland und Herrscher zu pflegen und Ziele für die freudige Mitarbeit im Staate vor Augen zu stellen (Bürgerkunde).

2. Stoffauswahl.

a) Für die gemischtberuflichen Klassen sind solche Stoffe auszuwählen, die für alle Berufe gleichmäßig von Bedeutung sind. Aus der Fachkunde können daher nur die wichfigsten Rohstoffe und Arbeitsvorgänge kurz behandelt werden, im übrigen hat die Geschäfts- und Bürgerkunde den Mittelpunkt des Unterrichts zu bilden. Beispielsweise sind zu behandeln: die Fortbildungsschule, Lehr- und Arbeitsvertrag, Arbeitsnachweis, Post und Eisenbahn, Schriftverkehr mit der Zeitung, Kauf- und Schuldverhältnisse, Feuer- und Lebensversicherung, Genossenschafts- und Innungswesen, die wichtigsten Vorschriften über Lehrlinge und Gesellen aus der Gewerbeordnung; weiter die Gemeinde und ihre Einrichtungen (Sparkasse, Beleuchtung, Feuerwehr usw.), die Steuern, Arbeiterschutz und Arbeiterversicherung, das Gewerbe- und Amtsgericht, die hauptsächlichsten Behörden, das Wichtigste über Verfassung und Verwaltung von Staat und Reich, über Heerwesen, Flotte und Kolonien.

b) Für Klassen, die einen einzelnen Beruf oder eine Berufsgruppe umfassen, kommt daneben die Behandlung der Rohstoffe, Werkzeuge, Maschinen und Arbeitsvorgänge (Fachkunde) in Frage, soweit ein fachlich gebildeter Lehrer vorhanden ist. Auch in diesem Falle ist für die Behandlung der Geschäfts- und Bürgerkunde genügende Zeit vorzusehen.

c) In den Klassen der gelernten Fabrikarbeiter ist die Geschäftskunde nur soweit zu behandeln, als sie für den dauernd unselbständigen Arbeiter von Wichtigkeit ist.

d) Für die Klassen der ungelernten Arbeiter sind besonders zu berücksichtigen: Arbeits- und Verkehrsverhältnisse, Gesundheitslehre (Nahrung, Kleidung, Wohnung, Körperpflege, Arbeit und Erholung), Anstandslehre, wirtschaftliche und staatsbürgerliche Belehrungen.

3. Lehrverfahren.

a) Allgemeine Grundsätze.

Der Unterricht in der Fachkunde hat tunlichst von dem Verfahren der Werkstatt auszugehen, das für den Lehrling Notwendige zu betonen und nach Möglichkeit einfache Versuche, Proben, Modelle, Skizzen usw. zu verwenden.

Für die Geschäftskunde sind häufig wiederkehrende Geschäftsvorfälle des Gewerbebetriebes, die sich möglichst zu kleinen Geschäftsgängen zusammenschließen, in den Mittelpunkt der Betrachtung zu stellen. So lassen sich z. B. Ein- und Verkauf, Mängelrüge und Rügepflicht, die wirtschaftliche Bedeutung des Wechsels und seine Gefahren, die Versendung mit Post und Eisenbahn u. a. an der Hand von Beispielen entwickeln. Auch der Lehrvertrag der Handwerkskammer, die Ankündigungen und Nachrichten der Zeitung, das Sparkassenbuch und Versicherungsverträge bieten gute Anknüpfungspunkte.

Ebenso sind die Belehrungen über Bürgerkunde an das Nächstliegende anzuschließen, z. B. an die Satzungen der Fortbildungsschule und der Ortskrankenkasse, an den Steuerzettel, an den Haushaltsplan der Gemeinde und ähnliches. Die Pflichten und Rechte, die sich aus den Beziehungen des Berufs zum Gemeinschaftsleben ergeben, sowie die Einrichtungen der Gemeinde sind in erster Linie zu behandeln. Die dort gewonnenen Anschauungen sind für die Besprechung der staatlichen Einrichtungen zu benutzen. Die Erörterung wirtschaftlicher und rechtlicher Grundbegriffe muß zurücktreten, eine planmäßige Darstellung ihrer Zusammenhänge ist nicht Sache der Fortbildungsschule. Wohl aber empfiehlt es sich, auf die geschichtliche Entwicklung einzelner Einrichtungen und die vorbildliche Arbeit großer Männer hinzuweisen. Vor allem soll der junge Mensch die Überzeugung gewinnen, daß er später zur Mitarbeit an den öffentlichen Angelegenheiten berufen und daher für sie mitverantwortlich ist. Selbstverständlich ist jedes Hereinziehen der Parteipolitik in die Schule streng zu vermeiden.

Von hervorragender Bedeutung für die staatsbürgerliche Erziehung kann vor allem das Turnen und Jugendspiel sein, wenn es in der rechten Weise zu Mut, Selbstzucht und freiwilliger Unterordnung anleitet.

b) Schriftliche Arbeiten.

Die Schüler sollen lernen, die wichtigsten im bürgerlichen und geschäftlichen Leben vorkommenden schriftlichen Arbeiten selbständig und ohne wesentliche Fehler anzufertigen und sich über Dinge ihres Erfahrungskreises klar und bestimmt auszudrücken.

Die schriftlichen Arbeiten schließen sich aufs engste an die Berufs- und Bürgerkunde an. Dementsprechend sind in erster Linie zu behandeln: der bürgerliche Brief und Geschäftsaufsätze, wie sie sich z. B. aus dem Verkehr mit Post und Eisenbahn, aus Kauf- und Schuldverhältnissen, Arbeits- und Versicherungsverträgen, aus dem Schriftverkehr mit der Zeitung und mit den Behörden ergeben.

Da die schriftlichen Arbeiten den in der Berufs- und Bürgerkunde behandelten Stoff durch Übung zu befestigen haben, so ist eine besonders eingehende, zeitraubende Vorbereitung außerhalb dieses Rahmens zu vermeiden. Insbesondere für den Geschäftsbriefwechsel ergeben sich aus dem Geschäftsvorfall Voraussetzung und Zweck, wirtschaftliche und rechtliche Folgen des Schreibens. Die Klarheit über die Sache ist die Vorbedingung für die zweckmäßige Gliederung der Gedanken und die rechte sprachliche Gestaltung. Die Briefe werden daher aus den gegebenen Verhältnissen, soweit als möglich, selbständig zu entwickeln sein.

Es empfiehlt sich, sie zunächst mündlich, nach bestimmt gefaßten Teilaufgaben, zu entwerfen und möglichst in sprachlich verschiedener Form wiederzugeben.

Die üblichsten Vordrucke des gewerblichen Lebens sind zum Verständnis zu bringen und auszufüllen. Besonders ist darauf hinzuweisen, wie sie als regelmäßig wiederkehrende Schreiben, Verträge usw. aus dem Geschäftsbetriebe heraus erwachsen sind und als solche verstanden werden müssen. Vordrucke einfachster Art, wie Rechnungen und Quittungen, sind auch selbständig zu entwerfen.

Die richtige Form und Fassung von Briefen, Rundschreiben, Geschäftsanzeigen, Rechnungen, Quittungen, Eingaben usw. ist einzuüben. Empfehlenswert ist es, gelegentlich einwandfreie Muster als Vorbilder vorzuführen.

Außer Geschäftsaufsätzen sind jährlich 4—6 Niederschriften über einen in der Berufs- und Bürgerkunde oder in anderen Fächern behandelten Stoff anzufertigen, für die möglichst einfache und eng umgrenzte Stoffe auszuwählen sind. Auch sonst ist es zulässig, aus dem im Unterricht behandelten Stoff öfter kurze Niederschriften abfassen zu lassen.

Diktate sind nur in der Vor- und Unterstufe zulässig; sie sind so einzurichten, daß die im Berufsleben öfter vorkommenden Wörter und Ausdrücke eingeübt werden.

Ein besonderer Unterricht in Schönschreiben ist nicht zu erteilen; es ist aber darauf zu achten, daß alle schriftlichen Arbeiten sauber und ordentlich angefertigt werden.

Die Geschäftsaufsätze, Niederschriften, Vordrucke usw. (mindestens 10—15 im Halbjahr) sind vom Lehrer sorgfältig durchzusehen und in der Regel im Laufe einer Woche zurückzugeben. Die wichtigsten Fehler sind nach Gruppen geordnet zu besprechen, die Schüler haben in der Regel eine Verbesserung anzufertigen.

c) Sprachlehre und Rechtschreibung.

In allen Stunden ist Wert darauf zu legen, daß die Schüler lernen, sich klar und bestimmt auszudrücken. Um die Fertigkeit des mündlichen Ausdrucks zu entwickeln, ist zusammenhängendes Sprechen nach Möglichkeit zu üben.

Ein planmäßiger Unterricht in Sprachlehre und Rechtschreibung kann nur in der Vorstufe erteilt werden. Der Hauptnachdruck ist auf fortgesetzte Anwendung und Übung zu legen. Sprachliche

Zergliederung u. ä. ist zu vermeiden. Der Stoff ist nach Möglichkeit aus dem gewerblichen Leben zu entnehmen.

Sonst können bei dem Mangel an Zeit diese Gebiete nur gelegentlich Berücksichtigung finden. Namentlich bei Besprechung der schriftlichen Arbeiten bietet sich Gelegenheit, besonders häufige Fehler durch Übungen zu beseitigen. Auf Sprachregeln ist dabei möglichst zu verzichten.

Die im gewerblichen Leben üblichen Fachausdrücke und Fremdwörter sind nach Sinn und Schreibweise zu erklären. Soweit gute deutsche Wörter vorhanden sind, müssen diese regelmäßig angewandt werden.

d) Lesen.

Das Lesen ist nur in Vor- und Hilfsklassen als besonderes Fach zu betreiben. Für die Berufs- und Bürgerkunde steht das Lesen nicht im Mittelpunkte des Unterrichts. Die Hauptsache ist vielmehr die freie mündliche Behandlung des Stoffes und die anschließende schriftliche Übung. Doch bildet das Einlesen in die im gewerblichen Leben üblichen Vordrucke und Schriftstücke, wie Satzungen, Verträge u. a., eine notwenige Ergänzung. Dabei ist eine sprachliche Zergliederung zu vermeiden; die Schüler sind vielmehr anzuspornen, den wesentlichen Inhalt wetteifernd herauszufinden. Zur Belebung und Ergänzung des Unterrichts können bisweilen auch geeignete Lesestücke herangezogen werden, wie sie die Lesebücher bieten. Auch das gelegentliche Lesen einzelner kleinerer zusammenhängender Darstellungen, die dem jungen Menschen edle Vorbilder vor Augen stellen, ist erwünscht. Vor allem aber sind die Schüler anzuregen, in ihrer freien Zeit gute Bücher (besonders aus der Schülerbücherei) zu lesen.

IIa. Rechnen.

1. Aufgabe.

Der Rechenunterricht steht im Dienste der Berufs- und Bürgerkunde und hat den dort behandelten Stoff weiterzuverarbeiten, soweit sich dieser für eine zahlenmäßige Behandlung eignet. Die Schüler sollen lernen, die für das bürgerliche und berufliche Leben notwendigen Aufgaben aufzusuchen und zu lösen und einzelne Einrichtungen des gewerblichen und öffentlichen Lebens an der Hand ausgewählter Rechenbeispiele besser zu verstehen.

Der Form nach hat er die Aufgabe, die in der Vokschule erworbene Rechenfertigkeit zu erhalten und zu steigern.

2. Stoffauswahl.

Die Auswahl der Aufgaben erfolgt in erster Linie mit Rücksicht auf die in der Berufs- und Bürgerkunde behandelten Sachgebiete, erst in zweiter Linie nach der Rechenschwierigkeit. Rein stufenmäßiges Rechnen ist nur für Vor-, Hilfs- und schwache Unterklassen angebracht, doch sind auch dort die Aufgaben den Verhältnissen des täglichen Lebens zu entnehmen.

Soweit es der Gang des berufs- und bürgerkundlichen Unterrichts zuläßt, hat auf der Unterstufe im besondern die Anwendung der vier Grundrechnungsarten und der Bruchrechnung, auf der Mittelstufe die der Prozentrechnung zu erfolgen. Auf der Oberstufe sind die Grundsätze der Preisberechnung (Kalkulation) zu behandeln. Doch ist diese schon vorher auf der Unter- und Mittelstufe durch einfache Material- und Lohnberechnungen vorzubereiten.

Die Flächen- und Körperberechnung ist auf allen Stufen soweit zu üben, daß häufiger vorkommende Aufgaben des Berufs mit Sicherheit gelöst werden können.

3. Lehrverfahren.

Die Anknüpfung an die Berufs- und Bürgerkunde darf nicht bloß äußerlich erfolgen, vielmehr müssen die Erfahrungen der Schüler fortdauernd herangezogen und ein Sachgebiet nach den verschiedenen Seiten hin rechnerisch verarbeitet werden.

Für das Kopfrechnen empfiehlt es sich, in der Regel zu Beginn jeder Stunde etwa 10 Minuten zu verwenden. Dabei ist der Zahlenraum von 1—100 fortdauernd zu benutzen und auf eine sichere Kenntnis von Münzen, Maßen und Gewichten hinzuwirken. Das Rechnen mit unbenannten Zahlen ist nur dann zur Anwendung zu bringen, wenn sich wesentliche Lücken in der Rechenfertigkeit ergeben; schwierige und ungewöhnliche Aufgaben aus der Bruchrechnung u. a. sind nicht zu stellen. Im Leben nicht übliche Rechenvorteile und Rechenarten haben in der gewerblichen Fortbildungsschule im allgemeinen keine Verwendung zu finden. Aufgaben mit unbequemen Zahlen, die im Leben mit Hilfe der Feder gelöst werden, scheiden aus. Bei größeren Rechnungen empfiehlt es sich, die Zwischenergebnisse aufschreiben zu lassen.

Auch für das schriftliche Rechnen ist der Hauptnachdruck darauf zu legen, daß einfache Aufgaben aus dem täglichen Leben gestellt werden, wie sie dem Handwerker und Arbeiter in der Regel entgegentreten. Die Aufgaben einer Stunde sollen sich dabei inhaltlich möglichst aneinander anschließen und eine Einheit bilden. Die Schüler sind zu gewöhnen, das Ergebnis einer Aufgabe im voraus zu schätzen. Die im Leben üblichen Vereinfachungen und Abkürzungen sind anzuwenden. Das Vorrechnen hat so kurz und bestimmt wie möglich zu erfolgen.

Wünschenswert ist es, daß die Schüler allmählich umfassendere Aufgaben, wie sie das Leben stellt, selbständig lösen lernen. Zu diesem Zwecke sind sie planmäßig anzuleiten, die notwendigen Vorfragen selbst zu stellen und die erforderlichen Zahlenangaben sich selbst zu verschaffen. Daher empfiehlt es sich, regelmäßig Erkundigungsaufgaben zu stellen, die zum Beobachten anleiten und eine Verbindung zwischen Schule und Beruf herstellen.

Die Preisberechnung hat sich möglichst an Maßskizzen und Zeichnungen anzulehnen, die im Zeichenunterricht angefertigt sind. Vor allem hat sie — soweit nötig, im Zusammenhang mit der Buchführung — das Verständnis für die Ermittelung der Selbstkosten, besonders für die Feststellung und Verteilung der allgemeinen Unkosten zu entwickeln.

Die Aufgaben aus dem Haushalte der Gemeinde und des Staates, aus dem Steuerwesen, der Versicherungsgesetzgebung usw. sollen vor allem dazu dienen, in streng sachlicher Weise in das Verständnis dieser Gebiete des öffentlichen Lebens einzuführen. Das Einüben schwieriger Rentenberechnungen u. a. ist nicht Sache der Fortbildungsschule.

Für die Flächen- und Körperberechnung empfiehlt es sich, zur Bildung von Aufgaben Gegenstände des Schulzimmers und der Umgebung, weiter Modelle des Zeichenunterrichts und Gegenstände der Werkstatt zu benutzen, die vor der Berechnung zu schätzen und nach Möglichkeit aufzumessen sind. Der Gebrauch der im Leben üblichen Formeln und Tabellen ist einzuüben.

Der Lehrer hat darauf zu achten, daß alle Aufgaben in besondere Rechenhefte, nicht als Reinschrift, aber sauber und ordentlich eingetragen werden. Zulässig ist es, einige Rechenreinschriften, die auch Muster- oder Probearbeiten sein können, anfertigen zu lassen.

IIb. Buchführung.

1. Aufgabe.

Die Buchführung hat die Aufgabe, zu einer geordneten Geschäftsführung und zu sparsamer, zweckentsprechender Verwendung des Einkommens für den eigenen Bedarf und für den Haushalt anzuleiten.

2. Stoffverteilung.

Im Rechenunterricht der Unter- oder Mittelstufe sind zur Vorbereitung die Ausgaben eines einzelnen und einer Familie nach Woche, Monat und Jahr entsprechend den örtlichen Verhältnissen zu berechnen und die Spareinrichtungen zu erläutern. Weiter ist in der Mittelstufe eine geordnete Haushaltungsbuchführung einzurichten und dabei besonders der Voranschlag für die Hauptausgaben zu üben.

In der Oberstufe sind etwa 40 Stunden, um die das Rechnen zu kürzen ist, auf die gewerbliche Buchführung zu verwenden. Je nach den örtlichen und beruflichen Verhältnissen kann die einfache oder die sogenannte amerikanische Buchführung Verwendung finden. Für Klassen der ungelernten Arbeiter und der gelernten Fabrikarbeiter ist auf die Haushaltungsbuchführung besonderer Nachdruck zu legen; die gewerbliche Buchführung ist für sie zulässig, aber nicht notwendig. In einklassigen Schulen empfiehlt es sich, in jedem Winterhalbjahr 1 Wochenstunde auf Buchführung zu verwenden.

3. Lehrverfahren.

Der Wert und die Vorteile einer geordneten Buchführung sind mit Nachdruck zu betonen und durch Beispiele aus dem Leben zu veranschaulichen. Für die gewerbliche Buchführung sind grundsätzliche Erörterungen nur soweit zu geben, als sie zum Verständnis unbedingt erforderlich sind. Die gewählte Art der Buchführung soll einfach und leicht faßlich sein. Das Eintragen der verschiedenen Geschäftsvorfälle und das Ziehen der Abschlüsse ist zu üben, bis ein gewisser Grad der Sicherheit erreicht ist. Die Ermittelung des Geschäftsgewinns und die Aufstellung einer richtigen Steuererklärung ist zu berücksichtigen. Auf die tatsächlichen Verhältnisse der verschiedenen Berufe, die Preise, Geschäftsgebräuche usw. ist nach Möglichkeit Rücksicht zu nehmen.

In reinen Berufsklassen sind zusammenhängende Geschäftsvorfälle zu verbuchen, die sich eng an die Wirklichkeit anschließen.

Anlage A.

III. Zeichnen.

Für das Zeichnen gelten die Bestimmungen des Erlasses vom 28. Januar 1907 (HMBl. S. 33).

IV. Werkstattunterricht.

Zur Ergänzung der Berufskunde und des Zeichnens kann Werkstattunterricht eingeführt werden. In der Regel hat dies nur dann zu geschehen, wenn die beteiligten Kreise des Gewerbes zustimmen. Der Werkstattunterricht ist stets von Fachleuten zu erteilen und kann den pflichtmäßigen Zeichenunterricht ergänzen, z. B. für Schriftsetzer, Schuhmacher, Schneider und Tapezierer — oder ganz an seine Stelle treten, z. B. für Kellner, Konditoren und Friseure.

Wo an Handwerkerschulen und sonstigen Fachschulen Werkstätten vorhanden sind und die örtlichen Verhältnisse es gestatten, kann deren Einrichtung auch den Fortbildungsschülern zugänglich gemacht werden.

Bestehen neben der Fortbildungsschule Innungs- oder Vereinsschulen mit Werkstattunterricht, so ist ein Ineinandergreifen der Lehrpläne zu erstreben.

Wo sonst keine Gelegenheit vorhanden ist, kann die Fortbildungsschule selbst Einrichtungen für den Werkstattunterricht treffen; doch sind in der Regel keine kostspieligen Werkstatteinrichtungen zu schaffen.

Die Einführung des Werkstattunterrichts, insbesondere die Benutzung von Werkstätten der Handwerkerschulen und sonstigen Fachschulen, bedarf der Genehmigung des Regierungspräsidenten.

Wo in der Fortbildungsschule kein Werkstattunterricht erteilt werden kann, ist ein enges Zusammenarbeiten zwischen Werkstatt und Schule in der Weise möglich, daß Zeichnungen, die nach einem bestimmten, dem Ausbildungsgang angepaßten Plane in der Schule angefertigt sind, in der Werkstatt des Meisters ausgeführt werden.

V. Freiwillige Veranstaltungen.

Anlage B.

1. Religiöse Unterweisungen.

Für die religiösen Unterweisungen gelten die Bestimmungen des Erlasses vom 26. März 1897.

2. Einrichtungen der Jugendpflege.

Für die Einrichtungen der Jugendpflege gilt der Erlaß des Ministers der geistlichen und Unterrichtsangelegenheiten vom 18. Januar 1911 (U III B 6088). Aufgabe der Fortbildungsschule ist es, alle Bestrebungen auf diesem Gebiete eifrig zu unterstützen.

3. Freiwillige Kurse.

Für ältere Personen können freiwillige Kurse im Zeichnen, in Buchführung, in Fachkunde, in Geschäfts- und Bürgerkunde, in Preisberechnung usw. je nach den örtlichen Verhältnissen eingerichtet werden, wenn nicht durch Fachschulen und Meisterkurse das Bedürfnis gedeckt ist.

C. Lehrpläne und Lehrberichte für die einzelnen Schulen.

I. Lehrpläne.

Die Lehrpläne sind so abzufassen, daß sie dem neu eintretenden Lehrer, dem diese Bestimmungen bekannt sind, ausreichenden Anhalt für die Erfüllung seiner Aufgaben bieten. Daher ist nicht der Inhalt dieser Bestimmungen zu wiederholen, sondern das für die einzelne Schule Eigentümliche unter Hervorhebung der besonderen örtlichen und beruflichen Verhältnisse vollständig, aber in knapper, übersichtlicher Form anzugeben.

Für die einzelnen Berufsklassen sind, soweit nötig, besondere Lehrpläne aufzustellen.

Der Lehrstoff für die einzelnen Unterrichtsfächer ist nach 3 Jahresstufen auf größere Zeitabschnitte (Vierteljahr, Dritteljahr, Monat) zu verteilen.

Die Lehrpläne bedürfen der Genehmigung des Regierungspräsidenten. Dem Antrag auf Genehmigung ist beizufügen eine Übersicht über die Einrichtung der Schule nach folgenden Gesichtspunkten:

1. Gliederung der Schule nach Klassen und Berufen.
2. Durchschnittliche Zahl der Schüler und ihre Verteilung auf die einzelnen Klassen.
3. Verteilung der Stunden und Zeit des Unterrichts.
4. Die in Aussicht genommenen Lernmittel.
5. Die Unterrichtsräume, besonders für das Zeichnen.
6. Die Lehrer und ihre Ausbildung für den Unterricht in der Fortbildungsschule.

II. Lehrbericht.

Über die durchgenommenen Stoffe der Berufs- und Bürgerkunde, des Rechnens und der Buchführung ist ein Lehrbericht zu führen.

Es empfiehlt sich, die Stoffe für die Berufskunde, für die Bürgerkunde, für die schriftlichen Arbeiten, für das Rechnen und für die Buchführung in senkrechten Reihen anzuordnen und so nebeneinanderzustellen, daß der innere Zusammenhang der einzelnen Unterrichtsgegenstände ersichtlich wird. Die Beispiele, an die sich die Behandlung angeschlossen hat, sind möglichst im einzelnen anzugeben.

Anlage A.

Grundsätze für die Erteilung des Zeichenunterrichts in gewerblichen Fortbildungsschulen.

Teilnahme am Zeichenunterricht.

Zur Teilnahme am Zeichenunterricht in der gewerblichen Fortbildungsschule sind alle Schüler heranzuziehen, die des Zeichnens für ihren Beruf bedürfen.

Ziel.

Der Zeichenunterricht soll den Schüler in den Stand setzen, Werkzeichnungen richtig zu verstehen und womöglich Werkzeichnungen für die landläufigen Arbeiten seines Berufs selbst anzufertigen. Dem Zeichenunterrichte sind für die mehr technischen (nichtschmückenden) Berufe im Jahresdurchschnitt mindestens zwei, für die mehr künstlerischen (schmückenden) Berufe, wenn irgend möglich, vier oder mehr wöchentliche Unterrichtsstunden zu widmen.

Fachliche Gestaltung.

Das Zeichnen ist fachlich zu betreiben. Nur Schüler, die noch nicht mit Zirkel und Lineal umgegangen sind, beginnen mit einer kurzen Vorübung im Gebrauche der Zeichenwerkzeuge. Ein rein theoretisches Projektionszeichnen (wie die Projizierung von Punkten, Linien und mathematischen Körpern, Durchdringungen von mathematischen Körpern usw.) ist nicht zu treiben. Die im Berufe des Schülers vorkommenden Anwendungen der darstellenden Geometrie werden vielmehr an Aufgaben geübt, die dem praktischen Berufsleben entnommen sind.

Einteilung in Fachklassen.

In einer Zeichenklasse sollen nicht mehr als 30 Schüler zusammen unterrichtet werden.

a) Fachklassen in kleineren Schulen.

Um die zeichnerischen Aufgaben dem Beruf anpassen zu können, ist es nötig, die Schüler möglichst früh in Fachklassen zu sondern. Ob und in welchem Umfange dies möglich ist, hängt jedoch von den örtlichen Verhältnissen ab. In Orten mit kleiner Schülerzahl wird eine Teilung schon aus äußeren Gründen ausgeschlossen sein. Wo eine größere Schülerzahl auf die Teilung in mehrere Klassen hinweist, müssen wiederum die örtlichen Verhältnisse dafür maßgebend sein, nach welchen Gesichtspunkten die Schüler auf die Zeichenklassen verteilt werden. Herrscht an einem Orte ein einzelner Gewerbszweig vor, so ist darauf bei der Klassenbildung besondere Rücksicht zu nehmen. Ist eine größere Anzahl von Gewerben in ungefähr gleicher Stärke vertreten, so sind nach Möglichkeit auch bei der Bildung von nur 2 oder 3 Klassen verwandte Gewerbe zusammenzufassen. Wo die Umstände es erlauben, erfolgt die Klassenbildung zweckmäßig durch Zusammenfassung einerseits der Gewerbe, die für ihren Beruf vorzugsweise das gebundene Zeichnen (das Zeichnen mit Lineal und Zirkel) und anderseits solcher Gewerbe, die vorzugsweise das Freihandzeichnen brauchen. Den Klassen für gebundenes Zeichnen werden im allgemeinen alle technischen Berufe (baugewerbliche, maschinentechnische usw.), den Klassen für freies Zeichnen alle schmückenden Berufe (Dekorationsmaler, Stuckateure, Lithographen usw.) zugewiesen. Sind von Schülern der Bekleidungsgewerbe (Schneider, Schuhmacher usw.) so wenige vorhanden, daß es nicht möglich ist, eine besondere Fachklasse zu bilden, so werden diese der Klasse zugeteilt, die vorwiegend das freie Zeichnen pflegt.

b) Fachklassen in größeren Schulen.

In Orten mit größerer Schülerzahl ist es möglich, die Einrichtung der Schule den einzelnen Gewerben inniger anzupassen. Aber auch hier müssen für die Aufteilung in Fachklassen die örtlichen Verhältnisse maßgebend sein. Ist die Schülerzahl eines einzelnen Gewerbes so groß, daß mehrere Klassen gebildet werden können, so sind aufsteigende Klassen mit Jahreskursen einzurichten. Erlaubt die Schülerzahl auch noch die Einrichtung von Parallelklassen in der einzelnen Stufe, so können diese Parallelklassen nach den Fähigkeiten und der Begabung der Schüler abgestuft werden.

Fachzeichnen der nichtschmückenden Gewerbe.

Das Fachzeichnen der nichtschmückenden Gewerbe beginnt damit, daß nach vorhandenen Modellen Maßskizzen angefertigt werden. Nach diesen wird sodann der aufgemessene Gegenstand mit Zirkel und Lineal aufgetragen. Hierbei dient zwar die Skizze vorwiegend nur als Träger der Maßzahlen, allein es ist zur Übung von Auge und Hand auch darauf zu achten, daß sie deutlich gezeichnet ist und in den Verhältnissen dem aufzunehmenden Gegenstand entspricht. Bei solchen Aufnahmeskizzen ist weniger Gewicht darauf zu legen, daß sie die Forderungen einer korrekten Freihandzeichnung erfüllen, als darauf, daß diejenigen Maße genommen und eingeschrieben werden, die zur werkmäßigen Herstellung des Gegenstandes erforderlich sind. Das Auftragen nach den Maßskizzen geschieht in Blei oder in Tusche. Es ist nicht nötig, daß nach allen Skizzen Zeichnungen aufgetragen werden. Von den aufgetragenen Skizzen brauchen nur einzelne Blätter in Tusche ausgezogen zu werden, die Mehrzahl der Blätter kann Bleizeichnung bleiben. Alle Modelle werden im Grundriß und in den nötigen Aufrissen aufgenommen und aufgetragen.

Als Modelle sind, soweit irgend angängig, Erzeugnisse aus dem Berufe des Schülers oder Einzelteile von solchen zu benutzen. Nachbildungen aus anderem Material oder in verändertem Maßstabe sind nach Möglichkeit zu vermeiden. Solche Modelle lassen sich für jeden Beruf meistens mit Leichtigkeit beschaffen (für Maurer: Ziegelsteine, Formsteine, bearbeitete Hausteine; für Tischler: Abschnitte von Profilleisten, Ecken von Türen; für Metallgewerbe: Abschnitte von Eisenprofilen, Platten, Schrauben, kleine Werkzeuge, Maschinenteile; für Sattler: Riemen, Schnallen, Gurte usw.).

Ist der Schüler soweit gefördert, daß er die zeichnerische Darstellung der einfacheren Einzelteile beherrscht, so kann er angeleitet werden, Vorlagen in kleinem Maßstab, oder nach Skizzen des Lehrers Werkzeichnungen anzufertigen.

Fachzeichnen der schmückenden Gewerbe.

Bei den schmückenden Gewerben (Malern, Stuckateuren, Goldschmieden, Kunstschlossern, Kunsttischlern, Lithographen usw.) kommt es in weit höherem Maße als bei den nichtschmückenden darauf an, hinreichende Übung von Auge und Hand zu erlangen. Es empfiehlt sich daher, neben dem fachlichen Zeichnen auch das freie künstlerische

Zeichnen in seiner allgemeinen Form nach Gegenständen, Naturformen oder mustergültigen kunstgewerblichen Vorlagen zu pflegen. Das Zeichnen nach Vorlagen darf jedoch niemals in ein bloßes Kopieren verfallen. Eine Schulung in den Grundelementen der Farbenanwendung ist für die meisten Berufe unerläßlich. Der selbständige kunstgewerbliche Entwurf kommt für die Fortbildungsschule nicht in Frage. Für die meisten schmückenden Gewerbe, vor allem für die Dekorationsmaler, ist es von Wichtigkeit, gehörige Fertigkeit im Vergrößern nach Vorlageskizzen und in der Abänderung solcher Skizzen für Sonderwerke zu erlangen. Diese Übungen der Dekorationsmaler sind möglichst in natürlicher Größe und in Leimfarbe vorzunehmen. Für Stuckateure und andere Handwerker, deren Gewerbe Fertigkeiten im Modellieren erfordert, ist, wo die örtlichen Verhältnisse es irgend erlauben, neben dem Zeichenunterricht auch Modellierunterricht einzuführen.

Ergänzungszeichnen der schmückenden und nichtschmückenden Gewerbe.

Für alle schmückenden Gewerbe ist auch einige Übung im Zirkelzeichnen erwünscht, die je nach dem Einzelberufe des Schülers mehr oder weniger Raum im Lehrplan einnehmen kann.

Die rein technischen Gewerbe, wie Maurer, Zimmerer, Metallarbeiter, Rohrleger usw., bedürfen des Ornamentzeichnens nicht. Wo die Verhältnisse es erlauben, kann jedoch befähigten Schülern Gelegenheit gegeben werden, sich im freien perspektivischen Darstellen einfacher Gegenstände zu üben.

Diejenigen Gewerbe, die zwar vorzugsweise technisch sind, sich aber doch mit dem Kunstgewerbe berühren (Tischler, Drechsler, Steinmetzen, Schlosser usw.), können, nachdem das gebundene Zeichnen genügend geübt worden ist, auch im ornamentalen Zeichnen nach Art der schmückenden Gewerbe unterrichtet werden.

Im allgemeinen werden sich Erfolge im Ergänzungszeichnen nur erreichen lassen, wenn mehr als zwei Wochenstunden auf den Zeichenunterricht verwendet werden.

Fachzeichnen der Bekleidungsgewerbe.

Das Fachzeichnen der Bekleidungsgewerbe (Schneider, Schuhmacher, Kürschner) beginnt ebenfalls mit dem Aufnehmen von Maßskizzen nach fertigen Einzelteilen oder Berufserzeugnissen (Besatzteilen, Schnallen, Kragenstücken, Schäften, Laschenformen,

Kappen usw.). Weiter ist sodann lediglich dasjenige fachliche Zeichnen zu pflegen, das in der Werkstatt gebraucht wird.

Berlin, den 28. Januar 1907.

Der Minister für Handel und Gewerbe.
In Vertretung.
gez. Dr. Richter.

Anlage B.

Min. d. g. Ang. U. III. A. Nr. 482 G. I. G. II.

Min. f. Ldw. usw. Nr. I. B. 1949.

Min. f. Hdl. u. G. E. Nr. 1125.

Berlin, den 26. März 1897.

Es ist wiederholt der Wunsch ausgesprochen worden und hat auch in den Verhandlungen des Landtags Ausdruck gefunden, es möchte den Zöglingen der gewerblichen und ländlichen Fortbildungsschulen eine Förderung ihrer religiösen Erziehung zuteil werden.

Dies kann, da die Aufnahme des Religionsunterrichts in den Lehr- und Stundenplan der Fortbildungsschule nicht möglich ist, am besten dadurch erreicht werden, daß die Geistlichen beider Konfessionen durch Unterweisung und belehrende Vorträge, die womöglich in den Räumen der Fortbildungsschulen und im Anschluß an den Unterricht stattfinden, die religiöse Erkenntnis der Zöglinge zu vertiefen und ihren religiösen Sinn zu wecken und zu fördern suchen.

Ew. pp. (das Tit.) ersuchen wir daher ergebenst, gefälligst die Vorstände der Fortbildungsschulen dahin geneigt zu machen, daß sie den Geistlichen auf ihren bezüglichen Wunsch die Schulräume zur Verfügung stellen und ihnen auch sonst die Ausrichtung ihrer Arbeit auf jede Weise ermöglichen und erleichtern.

Zusatz für die Königlichen Regierungspräsidenten in Danzig, Marienwerder, Posen, Bromberg und Oppeln:

Selbstverständlich würden die religiösen Übungen lediglich in deutscher Sprache gehalten werden müssen, worauf die beteiligten Bischöfe besonders aufmerksam gemacht worden sind.

Der Minister der geistlichen, Unterrichts- und Medizinalangelegenheiten.
gez. Bosse.

Der Minister für Landwirtschaft, Domänen und Forsten.
gez. v. Hammerstein.
Der Minister für Handel und Gewerbe.
gez. Brefeld.
An die sämtlichen Königlichen Herren Regierungspräsidenten usw.

Bestimmungen über Einrichtung und Lehrpläne kaufmännischer Fortbildungsschulen und kaufmännischer Fachklassen an gewerblichen Fortbildungsschulen.

A. Allgemeine Bestimmungen.

I. Aufgabe der Schule.

Die kaufmännische Pflichtfortbildungsschule hat die Aufgabe, die berufliche Ausbildung der jungen Leute zwischen 14 und 18 Jahren zu fördern und an ihrer Erziehung zu tüchtigen Staatsbürgern und Menschen mitzuwirken.

II. Gliederung der Schulen.

1. Allgemeine Grundsätze.

Die Gliederung einer Schule richtet sich in erster Linie nach der Zahl der Schüler. In zweiter Linie kann auch der Geschäftszweig oder die Befähigung der Schüler Berücksichtigung finden.

2. Schülerzahl einer Klasse.

Die Zahl der Schüler einer Klasse soll in der Regel nicht mehr als 30, nicht weniger als 15 betragen; eine Klasse ist zu teilen, wenn die Zahl 40 überschritten wird. Für einklassige Schulen beträgt die höchste zulässige Zahl 30.

3. Grundform.

Als Grundform gilt die Schule mit drei aufsteigenden Klassen (Unter-, Mittel- und Oberstufe).

Für Schüler mit ungenügender Schulbildung ist bei hinreichender Schülerzahl eine Vorklasse zu bilden. Ihre Aufgabe ist es, die Schüler zum Eintritt in die Unterstufe vorzubereiten.

4. Kleinere Schulen.

Können nur zwei Klassen gebildet werden, so empfiehlt es sich, die Unterstufe (und Vorstufe) von der Mittel- und Oberstufe zu trennen.

Wenn sämtliche Schüler in einer Klasse unterrichtet werden müssen, ist die Bildung von Abteilungen auf das Notwendigste zu beschränken. Das gleiche gilt für die Oberstufe der zweiklassigen Schule.

5. Größere Schulen.

Ist die Zahl von Schülern derselben Stufe so groß, daß mehrere Klassen gebildet werden können, so empfiehlt sich in erster Linie die Einrichtung von Parallelklassen mit verschiedener Unterrichtszeit. Bei der Verteilung der Schüler kann auf die verschiedene Befähigung Rücksicht genommen werden.

Weiter ist auch eine Gliederung nach Geschäftszweigen zulässig, jedoch in der Regel nur, wenn die Schülerzahl eines Geschäftszweigs genügt, um drei aufsteigende Klassen zu bilden. Je nach den örtlichen Verhältnissen können für Kolonial- oder Eisenwarenhändler, für Drogisten, für Angestellte von Banken, Fabriken, Ausfuhrgeschäften oder Versicherungsgesellschaften besondere Klassen gebildet werden; doch ist Wert darauf zu legen, daß die allgemeine kaufmännische Ausbildung dadurch nicht leidet.

Für Schüler, die das Einjährig-Freiwilligen-Zeugnis besitzen und zum Schulbesuch verpflichtet sind, empfiehlt es sich, möglichst Jahresklassen mit erhöhter Stundenzahl einzurichten.

6. Bezeichnung.

Die Unterstufe ist mit U, die Mittelstufe mit M, die Oberstufe mit O, die Vorstufe mit V zu bezeichnen. Klassen der gleichen Stufe sind durch 1, 2, 3 zu unterscheiden. Findet die Entlassung aus der Volksschule Ostern und Herbst statt, so ist die Bezeichnung nach der Zahl der Halbjahre zweckmäßig (I bis VI).

7. Versetzung.

Die Versetzung eines Schülers in die höhere Klasse hat stets zu erfolgen, wenn er dort dem Unterricht mit Nutzen zu folgen vermag.

III. Unterrichtszeit.

Die jährliche Unterrichtszeit beträgt in der Regel mindestens 240 Stunden, die im allgemeinen auf 40 Wochen zu verteilen sind. Die Zahl der wöchentlichen Unterrichtsstunden beträgt demnach in der Regel 6.

Sehr wünschenswert ist eine Erhöhung der Stundenzahl auf 8 bis 9.

Eine Ermäßigung bis auf 5 oder 4 Stunden ist ausnahmsweise zulässig für kleinere Schulen, wenn dadurch der stufenmäßige Aufbau der Klassen ermöglicht wird.

Die Ferien sind mit Rücksicht auf die Bedürfnisse des geschäftlichen Lebens und die ortsüblichen Schulferien festzusetzen. Falls Lehrlinge einen Geschäftsurlaub erhalten, so ist zu erstreben, daß dieser in die Schulferien gelegt wird.

IV. Verteilung der Stunden.

Von den 6 Wochenstunden der Vorstufe sind in der Regel 3 für Deutsch und 3 für Rechnen, oder 3 für Deutsch, 2 für Rechnen und 1 für Schreiben zu verwenden.

Von den 18 Wochenstunden der Unter-, Mittel- und Oberstufe sind zu verwenden:

für Handelskunde mit Deutsch und Schriftverkehr	mindestens	6,
„ Rechnen	„	5,
„ Buchführung	„	3,
„ Bürgerkunde	„	1.

Die übrigen 3 Stunden können verwendet werden auf Wirtschaftsgeographie, auf Schreiben und Kurzschrift oder auf Handelskunde, Rechnen und Buchführung.

Beträgt die Stundenzahl mehr als 6, so können die übrigen Stunden für eine eingehende Behandlung des Deutschen, der Bürgerkunde und der Handelsfächer, für fremde Sprachen, für Kurzschrift, Schön- und Maschinenschreiben verwendet werden. Unter der gleichen Voraussetzung ist namentlich auch die Einführung eines pflichtmäßigen Turn- und Spielunterrichts sehr empfehlenswert.

Für 6 Pflichtstunden ergibt sich folgende Verteilung:

	Unterstufe	Mittelstufe	Oberstufe
I. Handelskunde mit Deutsch und Schriftverkehr	3 (2)	2	2
Rechnen	2	2	1 (2)
Buchführung	— (1)	1	2 (1)
Wirtschaftsgeographie und Bürgerkunde	1	1	1

dazu Schreiben eine Pflichtstunde für die schlechten Schreiber aller Klassen oder

	Unterstufe		Mittelstufe		Oberstufe
II. Handelskunde mit Deutsch und					
Schriftverkehr	2	(3)	2	(3)	2
Rechnen	2		2		1
Buchführung	—		1		2
Bürgerkunde	—		—		1
Schreiben und Kurzschrift	2	(1)	1	(—)	

Für die ein- und zweiklassigen Schulen kommt die Verteilung unter I (eingeklammerte Ziffern) in erster Linie in Frage.

Bei 4 Stunden Unterricht empfiehlt sich folgende Verteilung:

	Unterstufe	Mittelstufe	Oberstufe
Handelskunde mit Deutsch und			
Schriftverkehr	2	$1\frac{1}{2}$	$1\frac{1}{2}$
Rechnen	2	$1\frac{1}{2}$	$1\frac{1}{2}$
Buchführung	—	1	1

Auch andere Verteilungen der Stunden sind möglich, doch ist darauf zu achten, daß eine zu weit gehende Zersplitterung in einzelne Stunden vermieden wird.

Aus unterrichtlichen und erziehlichen Gründen ist es notwendig, so viel als irgend möglich den gesamten Unterricht einer Klasse in eine Hand zu legen.

V. Lernmittel.

Jeder Schüler oder sein Lehrherr hat entsprechend dem Ortsstatut die an der Schule eingeführten Lernmittel — Schreibbedürfnisse, Vordrucke, Hefte, Lese- und Rechenbücher usw. — in der Regel auf seine Kosten anzuschaffen, doch ist darauf zu achten, daß die entstehenden Ausgaben nicht zu hoch bemessen sind.

Die Einführung neuer Lernmittel ist dem Regierungspräsidenten anzuzeigen. Dieser ist befugt, die Benutzung bestimmter Lernmittel zu untersagen. Die Einführung von Lesebüchern bedarf seiner besonderen Genehmigung.

VI. Allgemeine Grundsätze für den Unterricht.

1. Unterricht und Erziehung.

Der Unterricht in der Fortbildungsschule hat auf die Eigenart des Lebensalters zwischen dem 14. und 18. Lebensjahre Rücksicht zu nehmen. Das gesteigerte Ehrgefühl und der Drang zur Selbständigkeit sind für die Erziehung nutzbar zu machen. Besonderer Wert ist darauf zu legen, daß die Bildung des Charakters auf sittlich-religiöser Grundlage gefördert wird.

2. Stoffauswahl.

Der Unterrichtsstoff ist der Aufgabe der Fortbildungsschule entsprechend so auszuwählen, daß er den Lebens- und Berufsinteressen der Schüler dient und die Arbeitsfreudigkeit erhöht. Daher sind besonders solche Stoffe zu berücksichtigen, die dem Erfahrungskreise der jungen Leute entnommen sind oder sich an diesen eng anschließen. Namentlich sind anschauliche Beispiele aus den beruflichen und örtlichen Verhältnissen auszuwählen.

Von entscheidender Wichtigkeit ist die richtige Beschränkung in der Stoffmenge. Die Überfüllung mit Stoffen, zu deren ausreichender Behandlung die Zeit mangelt, ist zu meiden. Nur so viel Stoff ist zu bieten, daß Zeit für ein wirkliches Durchdringen und Verarbeiten, für Übung und Wiederholung vorhanden ist.

3. Lehrverfahren.

Das Lehrverfahren hat sich von dem für das Kindesalter berechneten in wesentlichen Punkten zu unterscheiden und ist so zu gestalten, wie es für junge Leute, die in das Berufsleben eingetreten sind, zweckmäßig ist. Die Form von Frage und Antwort darf weder bei der Behandlung neuer Stoffe noch bei der Wiederholung den gesamten Unterricht beherrschen. Je nach der Eigenart des Stoffes sind auch Besprechungen in freierer Form, die ein gemeinsames Erarbeiten des Neuen zum Ziele haben, oder kleinere zusammenhängende Darstellungen des Lehrers oder einzelner Schüler anzuwenden. Möglichst oft sind Aufgaben zu stellen, die die Erfahrung der Schüler benutzen und ihre lebendige Mitarbeit erfordern. Eine freie Wiederholung und Anwendung behandelter wichtiger Stoffe durch die Schüler ist auf allen Stufen anzustreben. Immer muß das Ziel sein, die Schüler von der Leitung des Lehrers unabhängig zu machen und sie anzuspornen, daß sie sich auch nach dem Abschluß der Schule selbständig weiterbilden.

B. Lehrfächer.

I. Handelskunde (mit Deutsch und Schriftverkehr).

1. Aufgabe.

Die Handelskunde hat die Aufgabe, dem Lehrling die wichtigsten kaufmännischen Fachkenntnisse zu vermitteln und ihn so zum denkenden, pflichtbewußten Arbeiten zu erziehen.

Die Handelskunde ist mit dem Unterricht im Deutschen und im Schriftverkehre zu einer Einheit zu verbinden. Daher hat sie auch die Gewandheit im mündlichen und schriftlichen Ausdrucke zu fördern und die sachgemäße Anwendung der wichtigsten geschäftlichen Briefe und Vordrucke einzuüben. Für Deutsch und Schriftverkehr ist etwa die Hälfte der zur Verfügung stehenden Zeit zu verwenden.

2. Auswahl und Verteilung des Stoffes.

Die Auswahl und Verteilung des Stoffes hat auf die Vorbildung der Schüler und die besonderen örtlichen Verhältnisse Rücksicht zu nehmen; im allgemeinen sind die Verhältnisse des Warenhandels besonders eingehend zu besprechen. In der Regel sind zu behandeln:

In der Unterstufe: Der Lehrling in Geschäft und Schule. Einrichtungen des Geschäfts, Verkehr mit den Kunden, Ein- und Verkauf. Verkehrswesen: Post, Eisenbahn, Frachtgeschäft.

In der Mittelstufe: Warenhandel, Kreditwesen, insbesondere Wechsel und Scheck.

In der Oberstufe: Bank- und Börsenwesen, Vekehr mit den Behörden, das Wichtigste über Handelskauf, Handelsstand und Handelsgesellschaften, zusammenfassende Wiederholungen.

3. Lehrverfahren.

a) Allgemeine Grundsätze.

In der Handelskunde ist im allgemeinen von vorbildlichen Geschäftsvorfällen des Handelsbetriebs auszugehen, die sich möglichst zu Geschäftsgängen zusammenschließen. So läßt sich z. B. beim Handelskauf Angebot und Annahme, Erfüllung und Verzug, Abnahme und Zahlung, Mängelrüge und Rügepflicht entwickeln, die Versendung mit Post und Eisenbahn, der Umlauf des Wechsels, der Verkehr mit Bank und Börse erörtern. Auch die Satzungen der Fortbildungsschule, der Lehrvertrag, Anzeigen und Nachrichten der Zeitung, das Sparkassen- und Depositenbuch, der Steuerzettel, der Kurszettel, Versicherungsverträge u. a. bieten gute Anknüpfungspunkte. An diese Beispiele sind auch die wirtschaftlichen und rechtlichen Belehrungen anzuschließen. Auch bei den zusammenfassenden Wiederholungen in der Oberstufe ist in der gleichen Weise zu verfahren.

Gelegentlich können auch Hinweise auf die geschichtliche Entwicklung einer Einrichtung, z. B. des Postwesens, des Wechsels, der Börse, zur Belebung und Vertiefung des Unterrichts beitragen.

Zur Förderung der staatsbürgerlichen Erziehung ist bei geeigneten Stoffen nachdrücklich zu betonen, daß der Handel nicht nur dem eigenen wirtschaftlichen Vorteil dienen soll, sondern daß er auf sittlichen Grundlagen beruhen muß und große Aufgaben für die Volkswirtschaft zu erfüllen hat. Von diesem Gesichtspunkt aus sind z. B. das Verhältnis zwischen Geschäftsinhaber und Angestellten, die Bedeutung von Treu und Glauben im Handel, die Voraussetzung des Kredits, die Zweckmäßigkeit der Wechselstrenge, die einheitliche Regelung des Geld- und Zollwesens u. a. zu betrachten.

b) Schriftliche Arbeiten.

Die Schüler sollen die Fähigkeit erlangen, die wichtigsten im kaufmännischen und bürgerlichen Leben vorkommenden schriftlichen Arbeiten selbständig, gewandt und formgerecht auszuführen und sich über Dinge ihres Erfahrungskreises klar und bestimmt auszudrücken.

Die schriftlichen Arbeiten sind aufs engste mit der Handelskunde zu verbinden. Sie haben den dort behandelten Stoff weiter zu verarbeiten und durch Übung zu befestigen. Eine besonders eingehende, zeitraubende Vorbereitung der schriftlichen Arbeiten außerhalb dieses Rahmens ist zu vermeiden. Insbesondere für den Geschäftsbriefwechsel ergeben sich aus dem Geschäftsgange heraus Voraussetzung und Zweck, wirtschaftliche und rechtliche Folgen des Schreibens. Die Klarheit über die Sache ist die Vorbedingung für die zweckmäßige Gliederung der Gedanken und die rechte sprachliche Gestaltung. Die Briefe werden daher aus den gegebenen Verhältnissen, so weit als möglich, selbständig zu entwickeln sein.

Es empfiehlt sich, sie zunächst mündlich nach bestimmt gefaßten Teilaufgaben zu entwerfen und in sprachlich verschiedenen Formen wiederzugeben, damit eine gewisse Leichtigkeit und Gefälligkeit des Ausdrucks erreicht wird.

Die üblichen Vordrucke sind da, wo es der Geschäftsgang mit sich bringt, in ihrer verkehrstechnischen Form zum Verständnis zu bringen und auszufüllen. Besonders ist darauf hinzuweisen, wie sie als regelmäßig wiederkehrende Schreiben, Verträge usw. aus dem Geschäftsbetriebe heraus erwachsen sind und als solche verstanden werden müssen. Vordrucke einfachster Art, wie Rechnungen und Quittungen, sind auch selbständig zu entwerfen.

Die richtige Form und Fassung von Briefen, Rundschreiben, Geschäftsanzeigen, Rechnungen, Quittungen, Eingaben usw. ist einzuüben. Empfehlenswert ist es, gelegentlich einwandfreie Muster als Vorbilder vorzuführen.

Außer Geschäftsaufsätzen sind jährlich 4 bis 6 Niederschriften über einen in der Handelskunde oder in anderen Fächern behandelten Stoff anzufertigen, wofür möglichst einfache und eng umgrenzte Stoffe auszuwählen sind. Auch sonst ist es zulässig, öfter aus dem im Unterricht behandelten Stoffe kurze Niederschriften abfassen zu lassen.

Die Geschäftsaufsätze, Niederschriften und Vordrucke (mindestens 15 bis 20 im Halbjahre) sind vom Lehrer sorgfältig durchzusehen und in der Regel im Laufe einer Woche zurückzugeben. Die wichtigsten Fehler sind nach Gruppen geordnet zu besprechen, die Schüler haben in der Regel eine Verbesserung anzufertigen.

c) Sprachlehre, Rechtschreibung und Zeichensetzung.

In allen Stunden ist Wert darauf zu legen, daß die Schüler lernen, sich klar und bestimmt auszudrücken. Um die Fertigkeit des mündlichen Ausdrucks zu entwickeln, ist zusammenhängendes Sprechen andauernd zu üben.

Ein selbständiger Unterricht in Sprachlehre, Rechtschreibung und Zeichensetzung kann nur in der Vorstufe und nötigenfalls in der Unterstufe erteilt werden. Der Hauptnachdruck ist auf fortgesetzte Anwendung und Übung zu legen. Sprachliche Zergliederung u. ä. ist zu vermeiden. Der Stoff ist nach Möglichkeit aus dem kaufmännischen Leben zu entnehmen.

Sonst können bei dem Mangel an Zeit diese Gebiete nur gelegentlich Berücksichtigung finden. Namentlich bei Besprechung der schriftlichen Arbeiten bietet sich Gelegenheit, besonders häufige Fehler durch Übungen zu beseitigen. Die Wiederholung der Sprachregeln ist dabei auf das Mindestmaß zu beschränken.

Die im kaufmännischen Leben üblichen Fremdwörter sind nach Sinn und Schreibweise zu erklären. Soweit gute deutsche Wörter vorhanden sind, müssen diese regelmäßig angewandt werden. Das sprachlich und sachlich fehlerhafte Kaufmannsdeutsch ist mit Nachdruck zu bekämpfen, die berechtigten Eigentümlichkeiten und Fachausdrücke der kaufmännischen Berufssprache sind zu berücksichtigen.

d) Lesen.

Das Lesen ist nur in Vorklassen als besonderes Fach zu betreiben. Für die Handelskunde steht das Lesen nicht im Mittelpunkte des Unterrichts. Die Hauptsache ist vielmehr die freie mündliche Behandlung des Stoffes und die sich anschließende schriftliche Übung. Doch bildet das Einlesen in die im geschäftlichen Leben üblichen Vordrucke und Schriftstücke, wie Satzungen, Verträge u. a., eine notwendige Ergänzung. Auch empfiehlt es sich, besonders wichtige Bestimmungen des Handelsgesetzbuchs und des Bürgerlichen Gesetzbuchs gelegentlich im Wortlaut lesen zu lassen. Dabei ist eine sprachliche Zergliederung zu vermeiden, die Schüler sind vielmehr anzuspornen, den wesentlichen Inhalt wetteifernd herauszufinden. Zur Belebung und Ergänzung des Unterrichts können auch bisweilen geeignete Lesestücke herangezogen werden, wie sie die Lesebücher bieten. Auch das gelegentliche Lesen einzelner kleinerer zusammenhängender Darstellungen, die dem jungen Menschen edle Vorbilder vor Augen stellen, ist erwünscht. Vor allem aber sind die Schüler anzuregen, zu ihrer Weiterbildung in ihrer freien Zeit gute Bücher (besonders aus der Schülerbücherei) zu lesen.

II. Bürgerkunde.

1. Aufgabe.

Die Bürgerkunde hat die Aufgabe, den Zusammenhang des einzelnen und seiner Berufsarbeit mit dem Gemeinschaftsleben in Familie, Geschäft und Schule, in Gemeinde, Staat und Reich zum Bewußtsein zu bringen, das Werden und Wesen wichtiger Einrichtungen des öffentlichen Lebens zu erklären, die Ehrfurcht vor der Verfassung und Rechtsordnung zu befestigen, die Liebe zu Heimat, Vaterland und Herrscher zu pflegen und Ziele für die freudige Mitarbeit im Staate vor Augen zu stellen.

2. Stoffauswahl.

Der Unterricht kann sich vielfach, wie in den Bemerkungen zum Lehrverfahren der einzelnen Fächer ausgeführt wird, an die Handelskunde, an das Rechnen, an die Buchführung und vor allem auch an die Wirtschaftsgeographie anschließen. Die dort gewonnenen Ergebnisse sind möglichst in einer Jahresstunde der Oberstufe zusammenzufassen, außerdem ist dann das Wichtigste über die Verfassung und Verwaltung von Gemeinde, Staat und Reich, über Gerichtswesen, über Heer und Flotte zu behandeln.

Der Unterricht in der Bürgerkunde kann mit der Wirtschaftsgeographie verbunden werden, wenn dafür 3 Jahresstunden vorgesehen sind. Beträgt die wöchentliche Unterrichtszeit nur 4 bis 5 Stunden, so ist die Bürgerkunde an die Handelskunde anzuschließen.

3. Lehrverfahren.

Nicht Buchwissen, sondern Verständnis des Lebens gilt es zu vermitteln. Daher sind die Belehrungen an das Nächstliegende anzuknüpfen und Beispiele aus dem Erfahrungskreise der jungen Leute auszuwählen. Die Pflichten und Rechte, die sich aus den Beziehungen des Berufs zum Gemeinschaftsleben ergeben, sowie die Einrichtungen der Gemeinde sind in erster Linie zu behandeln. Die dort gewonnenen Anschauungen sind für die Besprechung der staatlichen Einrichtungen zu benutzen. Die Erörterung wirtschaftlicher und rechtlicher Grundbegriffe muß zurücktreten; eine planmäßige Darstellung ihrer Zusammenhänge ist nicht Sache der Fortbildungsschule. Wohl aber empfiehlt es sich, auf die geschichtliche Entwickelung einzelner Einrichtungen und die vorbildliche Arbeit großer Männer hinzuweisen. Vor allem soll der junge Mensch die Überzeugung gewinnen, daß er später zur Mitarbeit an den öffentlichen Angelegenheiten berufen und daher für sie mitverantwortlich ist. Selbstverständlich ist jedes Hereinziehen der Parteipolitik in die Schule streng zu vermeiden.

Von hervorragender Bedeutung für die staatsbürgerliche Erziehung kann vor allem das Turnen und Jugendspiel sein, wenn es in der rechten Weise zu Mut, Selbstzucht und freiwilliger Unterordnung anleitet.

III. Rechnen.

1. Aufgabe.

Die Schüler sollen lernen, die im kaufmännischen und bürgerlichen Leben vorkommenden Aufgaben gewandt und sicher aufzusuchen und zu lösen und einzelne Einrichtungen des kaufmännischen und öffentlichen Lebens an der Hand ausgewählter Rechenbeispiele besser zu verstehen.

2. Auswahl und Anordnung des Stoffes.

Der Rechenunterricht hat, soweit es ohne Zwang möglich ist, die in der Handelskunde gewonnenen Vorstellungen zu benutzen und durch rechnerische Übungen zu klären und zu befestigen. Da aber für den Kaufmann die Fertigkeit im Rechnen von großer Bedeutung ist, so kann auf einen planvollen Aufbau nicht verzichtet werden. Daher wird es bisweilen auch nötig sein, kurze sachliche Erläuterungen, die an sich zur Handelskunde gehören, mit dem Rechnen zu verbinden. Gelegentlich kann der Rechenunterricht auch mit der Buchführung in Beziehung gesetzt werden.

Oberster Grundsatz für die Stoffauswahl ist, daß nur solche Aufgaben auszuwählen sind, die Wert für das Leben haben. Daher sind z. B. Fragen nach Zeit und Kapital in der Zins- und Diskontrechnung, schwierige Rechnungen mit gemeinen Brüchen, Aufgaben aus der zusammengesetzten Regeldetri, seltene Münzrechnungen u. ä. auszuschalten. Die Preise und sonstigen Aufgaben müssen nach Möglichkeit den tatsächlichen Verhältnissen entsprechen.

Im allgemeinen ist zu behandeln:

In der Vorstufe: Planmäßige Wiederholung der Grundrechnungsarten mit besonderer Berücksichtigung des Einmaleins und der Rechenvorteile, insbesondere Einüben der deutschen Münzen, Maße und Gewichte an Beispielen aus dem kaufmännischen Leben.

In der Unterstufe: Die Anwendung der Grundrechnungsarten: besonders einfache, den örtlichen Verhältnissen entsprechende Preisberechnungen; die wichtigsten Münzen, Maße und Gewichte des Welthandels; Rechnen im Verkehre mit Post und Eisenbahn. Kettensatz.

In der Mittelstufe: Prozent-, Zins-, Diskont-, Terminrechnung, Einführung in die Warenrechnung.

In der Oberstufe: Konto-Korrentrechnung. Effektenrechnung. Devisenrechnung. Fortsetzung der Warenrechnung.

Außer diesen stufenmäßig verteilten Stoffen sind gelegentlich Aufgaben aus dem Haushalte der Gemeinde, des Staates, des Steuerwesens, der Versicherungsgesetzgebung u. a. zu stellen.

Wenn die Vorbildung der Schüler gut ist, kann die Einführung in die Prozentrechnung bereits in der Unterstufe, die Kontokorrentrechnung in der Mittelstufe behandelt werden.

Überwiegen die Lehrlinge des Warenhandels oder sind Fachklassen für einzelne Geschäftszweige eingerichtet, so ist in der Unterstufe die Preisberechnung, in der Mittel- und Oberstufe die Warenrechnung besonders zu berücksichtigen. Die Bankrechnungen sind dann kürzer zu behandeln.

Wenn die Vorbildung der Schüler zu wünschen übrig läßt, so ist es notwendig, den gesamten Stoff nach Möglichkeit zu beschränken.

3. Lehrverfahren.

Die Anknüpfung an die Handelskunde soll nicht bloß äußerlich erfolgen, vielmehr muß die Erfahrung der Schüler dauernd herangezogen und ein Sachgebiet nach den verschiedenen Seiten hin rechnerisch verarbeitet werden.

Für das Kopfrechnen empfiehlt es sich in der Regel, auf der Unter- und Mittelstufe zu Beginn jeder Stunde etwa 10 Minuten zu verwenden. Das Rechnen mit unbenannten Zahlen ist nur dann zur Anwendung zu bringen, wenn sich wesentliche Lücken in der Rechenfertigkeit ergeben. Aufgaben, wie sie täglich im Ladengeschäfte vorkommen, sind namentlich in der Vor- und Unterstufe zu bevorzugen. Die wichtigsten Rechenvorteile sind dauernd zu üben. Von besonderer Wichtigkeit sind die Übungen im Schnellrechnen; dafür kommen neben Preisberechnungen namentlich Berechnungen des Prozentsatzes (Gewinn — Verlust — Rabatt) und der Zinsen in Betracht. Aufgaben mit unbequemen Zahlen, die im Geschäftsleben nur mit Hilfe der Feder gelöst werden, scheiden aus. Bei größeren Rechnungen empfiehlt es sich, die Zwischenergebnisse aufschreiben zu lassen.

Für das schriftliche Rechnen sind im allgemeinen nur Aufgaben mit benannten Zahlen zu verwenden. Die Aufgaben einer Stunde sollen sich dabei inhaltlich möglichst aneinander anschließen und eine Einheit bilden. Die Schüler sind zu gewöhnen, bei Aufgaben, deren Lösung die Erledigung von Vorfragen erfordert, dieselben selbständig zu stellen und stets das Ergebnis aller Aufgaben im voraus zu schätzen. Die im Geschäftsleben üblichen Vereinfachungen und Abkürzungen sind anzuwenden. Das Vorrechnen von Aufgaben hat so kurz und bestimmt wie möglich zu erfolgen.

Die Aufgaben aus dem Haushalte der Gemeinde und des Staates, aus dem Steuerwesen, aus der Versicherungsgesetzgebung usw. sollen vor allem dazu dienen, in streng sachlicher Weise in das Verständnis des öffentlichen Lebens einzuführen. Das Einüben schwieriger Rentenberechnungen usw. ist nicht Sache der Fortbildungsschule.

Der Lehrer hat darauf zu achten, daß alle Aufgaben in besondere Rechenhefte, nicht als Reinschrift, aber sauber und ordentlich eingetragen werden. Zulässig ist es, einige Rechenreinschriften, die auch Muster- oder Probearbeiten sein können, anfertigen zu lassen.

IV. Buchführung.

1. Aufgabe.

Die Schüler sollen das Wesen der einfachen und doppelten Buchführung verstehen lernen und Sicherheit in der Technik des Buchens und in der selbständigen Anfertigung einfacher Abschlüsse erlangen.

2. Stoffverteilung.

Im allgemeinen wird für die einfache Buchführung in der Mittelstufe eine Stunde, für die doppelte Buchführung in der Oberstufe zwei Stunden zu verwenden sein. Doch ist auch eine andere Verteilung der Stunden und des Unterrichtsstoffes zulässig.

3. Lehrverfahren.

Für die einfache Buchführung sind die Verhältnisse eines kleinen Ladengeschäfts zugrunde zu legen. Zur Einführung empfiehlt es sich, die hauswirtschaftliche Buchführung zu benutzen.

Für die doppelte Buchführung ist der Hauptnachdruck darauf zu legen, daß die Schüler die Grundbegriffe kennen und anwenden lernen, daß sie den Aufbau und Zusammenhang der Konten klar erfassen und die Abschlußarbeiten mit Sicherheit auszuführen vermögen. Zu diesem Zwecke empfiehlt es sich, kleine Geschäftsvorgänge, in denen die verschiedenen Schwierigkeiten nacheinander auftreten, zu verwenden und erst später fortlaufende, doch nicht zu umfangreiche Geschäftsgänge zu verbuchen, die den wirklichen Verhältnissen nach Möglichkeit entsprechen müssen und den Schülern vervielfältigt in die Hand zu geben sind. Bei allen Buchungen muß der Schüler imstande sein, über die Gründe seiner Eintragungen Rechenschaft abzulegen.

Für die sogenannte amerikanische Buchführung kann der Geschäftsgang eines Warengeschäfts oder einer Fabrik Verwendung finden.

Die gesetzlichen Bestimmungen über Buchführung und Steuererklärung sind an geeigneter Stelle zu besprechen.

Es ist Wert darauf zu legen, daß die Hefte sauber und genau geführt werden.

V. Wirtschaftsgeographie.

1. Aufgabe.

Die Wirtschaftsgeographie hat die Aufgabe, den angehenden Kaufmann mit den wirtschaftlichen Verhältnissen Deutschlands und seiner Hauptverkehrsländer bekannt zu machen und so seinen Gesichtskreis zu erweitern.

2. Stoffauswahl.

Im Mittelpunkte des Unterrichts steht die Wirtschaftsgeographie Deutschlands. Zu behandeln sind seine natürlichen Wirtschaftsgebiete und Haupterzeugnisse, die örtliche Verteilung der wichtigsten Zweige des Handels und des Gewerbes, die Lage und Bedeutung der Verkehrswege und Verkehrsmittelpunkte, die Verbreitung der Forst- und Landwirtschaft. Weiter sind die deutschen Kolonien und die für den deutschen Handel wichtigsten Länder, Waren und Verkehrswege zu berücksichtigen, wobei die Beziehungen, die sich etwa durch Handel und Gewerbe der Heimat ergeben, gebührend hervorzuheben sind.

3. Lehrverfahren.

Da die zur Verfügung stehende Zeit gering ist, kann ein umfangreicher Unterricht nicht erteilt werden. Er muß sich daher darauf beschränken, lebensvolle Beispiele, die möglichst an die Heimat und ihre wirtschaftlichen Verhältnisse anknüpfen, herauszugreifen und anschaulich zu gestalten.

Besonderer Wert ist darauf zu legen, daß die Schüler die Karte richtig verstehen und benutzen lernen. Die ursächlichen Zusammenhänge zwischen Boden und Wirtschaft sind hervorzuheben, auch die geographischen Grundlagen des staatlichen Lebens sind zu berücksichtigen. Für die Verkehrsgeographie bietet das Kursbuch gute Anknüpfungspunkte.

Auf die wichtigsten Waren des deutschen und des Welthandels ist hinzuweisen. Doch sind bei dem Mangel an Zeit die Herstellungsverfahren fast ganz beiseite zu lassen.

Wo jedoch besondere Fachklassen für einzelne Geschäftszweige vorhanden sind, empfiehlt es sich, die Herkunft, Erzeugung und Verwendung der wichtigsten Waren an der Hand von Proben und einfachen Versuchen zu behandeln und dafür besondere Stunden, möglichst außerhalb der 6 Pflichtstunden, zu verwenden.

VI. Schreiben, Kurzschrift und Maschinenschreiben usw.

1. Schreiben.

Da eine schöne fließende Handschrift für den jungen Kaufmann von erheblicher Bedeutung ist, so hat die Fortbildungsschule ständig und mit Nachdruck darauf hinzuwirken, daß sich möglichst jeder Schüler eine solche aneignet. Soweit ein lehrplanmäßiger Unterricht erteilt wird, hat er nicht ein langsames Nachmalen einzelner Buchstaben, sondern fließendes Schreiben der im Geschäftsleben gebrauchten Formen zu üben. Unnötige Schnörkel und Verzierungen sind zu bekämpfen; die berechtigte Eigenart einer Handschrift ist zu dulden.

Bei allen schriftlichen Arbeiten ist eine gute Handschrift zu fordern. Es ist zweckmäßig, ungenügend geschriebene Arbeiten möglichst vom Schüler zu Hause abschreiben zu lassen. Sehr empfehlenswert ist es auch, für die schlechten Schreiber aller Jahrgänge besondere Pflichtstunden im Schreiben einzurichten.

2. Kurzschrift.

Die Schüler sind auf die große Bedeutung, die die Kurzschrift für den Kaufmann besitzt, hinzuweisen und zu ermuntern, die ortsübliche Art der Kurzschrift sich anzueignen.

Soweit es die Zeit gestattet, einen pflichtmäßigen Unterricht, etwa im 1. und 2. Schuljahr, einzurichten, ist unbedingt zu fordern, daß die Schule für weitere Ausübung der Kurzschrift sorgt. Zu diesem Zwecke sind die Schüler anzuhalten, Aufzeichnungen, Nachschriften, Ausarbeitungen usw. in Kurzschrift wiederzugeben; besonders empfiehlt es sich, in den späteren Klassen einen Teil der schriftlichen Arbeiten in Kurzschrift ausführen zu lassen.

Wo die Kurzschrift nicht als Pflichtfach gelehrt werden kann, sind möglichst freiwillige Kurse an der Fortbildungsschule einzurichten. Andernfalls sind die Schüler auf andere örtliche Ausbildungsgelegenheiten für Kurzschrift hinzuweisen.

3. Maschinenschreiben.

Maschinenschreiben kann nur als Pflichtfach gelehrt werden, wenn die Stundenzahl über 6 hinausgeht. Falls nicht eine hinreichende Anzahl Maschinen vorhanden ist, ist der Unterricht mit dem für Schönschreiben oder für Kurzschrift zu verbinden.

Sonst ist die Einrichtung wahlfreier Kurse zu fördern, soweit es die örtlichen Verhältnisse und die zur Verfügung stehenden Mittel gestatten.

4. Schriftkurse.

Wo die örtlichen Verhältnisse es wünschenswert erscheinen lassen, kann im Schreibunterricht Rundschrift und eine einfache Pinselschrift berücksichtigt werden. In der Regel aber können Plakat- und Zierschriften nur in wahlfreien Kursen gelehrt werden. Wo geeignete Lehrkräfte vorhanden sind, kann in solchen weitergehenden Kursen auch die künstlerische Gestaltung der Drucksachen und der Ankündigungen überhaupt behandelt werden.

VII. Fremde Sprachen.

Für die fremden Sprachen gelten die nachfolgenden im Erlaß vom 10. November 1906 (HMB. S. 384) festgesetzten Bestimmungen:

1. Ein direkter Zwang zur Teilnahme am Unterricht in den fremden Sprachen ist nicht auszuüben.
2. Nur solche Schüler sind zum Unterricht in den fremden Sprachen zuzulassen, die im Gebrauche des Deutschen durchaus sicher sind.
3. In der Regel darf die Zahl der Schüler in einer Klasse nicht mehr als 25 betragen.
4. Von den Schülern sind regelmäßige häusliche Arbeiten zu verlangen; wer durch mangelnden Fleiß die Fortschritte der Allgemeinheit stört, ist von dem Weiterbesuche des Kursus auszuschließen.
5. Kein Schüler darf gleichzeitig mit dem Erlernen zweier Sprachen beginnen.
6. Die Schüler sind darauf hinzuweisen, daß es nutzbringender ist, sich zunächst in einer fremden Sprache zu vervollkommnen, als mehrere nebeneinander zu betreiben.
7. Wenn nicht Grenzlage oder Verhältnisse des örtlichen Gewerbes auf eine andere fremde Sprache hinweisen, ist in erster Linie

das Englische zu bevorzugen, da es am leichtesten zu erlernen und für den Kaufmann im allgemeinen am wichtigsten ist.

8. Das Unterrichtsziel ist, die Schüler zu einiger Übung im mündlichen Gebrauche der fremden Sprache zu erziehen und sie in den Stand zu setzen, kaufmännische Schriftstücke zu verstehen und einfache Handelsbriefe zu schreiben.

9. Die fremde Sprache ist stets in einfacher, konkreter Form, unter Vermeidung alles Ungewöhnlichen, darzubieten und, soweit es irgend möglich ist, als Unterrichtssprache zu benutzen.

10. Der Elementarunterricht hat, eventuell nach einer kurzen lautlichen Einleitung, von zusammenhängenden Stücken auszugehen und durch Frage und Antwort, Rückübersetzung, Umbildung und Nachbildung in der fremden Sprache das Sprachgefühl und die Ausdrucksfähigkeit der Schüler zu wecken und zu bilden. Zusammenhängendes systematisches Übersetzen aus dem Deutschen ist auf dieser Stufe auszuschließen.

11. Die Grammatik ist möglichst aus dem Sprachstoffe zu entwickeln. Sie ist in der Hauptsache Formlehre; sie hat das Regelmäßige zu betonen, von dem Unregelmäßigen nur das Allernotwendigste heranzuziehen; sie ist nur ein Mittel zum Zweck, nie Selbstzweck.

12. Der Korrespondenzlehre, die im Elementarkursus vorzubereiten ist, sind nicht zusammenhangslose Einzelbriefe zugrunde zu legen, sondern Briefgruppen, die einen Geschäftsvorfall erledigen, und in die sich die wichtigsten kaufmännischen Formulare (Rechnungen, Quittungen, Wechsel, Scheck, Ladescheine usw.) eingliedern.

Anfangs ist vom fertigen Briefe in der fremden Sprache auszugehen, dann werden nach Dispositionen Briefe gemeinsam entworfen, bis endlich die Schüler selbständig nach kurzen Angaben zu arbeiten lernen.

13. Das Lehrbuch, das auch die Unterlage für Sprechübungen bildet, soll dem Schüler einen kaufmännischen Wortschatz zur Verfügung stellen und seinen Blick auf die wirtschaftlichen Verhältnisse des Auslandes lenken. Es ist wünschenswert, daß es Belehrungen über Handels- und Wechselrecht, Buchführung und Versicherung, Annoncen aus dem Verkehrsleben, Konsulats-, Markt-, Börsenberichte und dergleichen enthält.

VIII. Freiwillige Veranstaltungen.

Anlage. 1. Religiöse Unterweisungen.

Für die religiösen Unterweisungen gelten die Bestimmungen des Erlasses vom 26. März 1897 (E 1125).

2. Einrichtungen der Jugendpflege.

Für die Einrichtungen der Jugendpflege gilt der Erlaß des Ministers der geistlichen und Unterrichtsangelegenheiten vom 18. Januar 1911 (U III B 6088). Aufgabe der Fortbildungsschule ist es, alle Bestrebungen auf diesem Gebiete eifrig zu unterstützen.

3. Freiwillige Kurse.

Sollen freiwillige Kurse für Pflichtschüler errichtet werden, so sind in erster Linie Kurzschrift und Maschinenschreiben, Schön- und Plakatschreiben (vgl. VI), fremde Sprachen (vgl. VII) und Warenkunde zu berücksichtigen. Wenn die örtlichen Verhältnisse es wünschenswert erscheinen lassen, können auch Kurse für ältere Personen in Buchführung, Handelsbriefwechsel, Handels- und Wechselrecht, Bürgerkunde und Volkswirtschaftslehre, Geld-, Bank- und Börsenwesen, Geschmacksbildung u. a. eingerichtet werden. Besondere Beachtung verdienen Kurse für selbständige Kleinkaufleute und für Schüler mit dem Einjährig-Freiwilligen-Zeugnis, soweit diese nicht zum Schulbesuche verpflichtet sind.

Bei den Kursen für ältere Personen ist darauf Wert zu legen, daß sie im Einverständnisse mit den Handelskammern und den bestehenden kaufmännischen Vereinen eingerichtet werden. Die Kurse werden in der Regel in der geschäftsfreien Zeit stattfinden; doch ist besonders an größeren Orten zu prüfen, ob daneben ein Bedürfnis für kürzere Tageskurse, besonders in Kurzschrift und Maschinenschreiben, vorliegt.

C. Besondere Bestimmungen für Mädchen-Fortbildungsschulen.

I. Klassenbildung.

Falls die weiblichen Angestellten kaufmännischer Geschäfte zum Schulbesuch verpflichtet sind, so empfiehlt es sich, für diese besondere Klassen einzurichten.

Wenn die Zahl der Schülerinnen zur Bildung aufsteigender Klassen nicht genügt, ist gemeinsamer Unterricht mit der männlichen Abteilung zulässig.

II. Lehrplan.

Für den Lehrplan gelten im allgemeinen dieselben Grundsätze wie für den der männlichen Abteilung. Daher hat der Unterricht auf die besondere Art der Tätigkeit, die die überwiegende Zahl der Mädchen im Laden oder Kontor ausübt, nach Möglichkeit Rücksicht zu nehmen. Insbesondere ist in Klassen für Verkäuferinnen eine eingehendere Behandlung der Warenkunde und Pflege der Geschmacksbildung erforderlich; in Klassen für Kontoristinnen ist eine stärkere Betonung der Schreibfächer zulässig.

An Stelle der Bürgerkunde hat eine Lebenskunde zu treten, die vor allem der Stellung der Frau in Familie und Haus, in Beruf und Wohlfahrtspflege gerecht wird.

III. Hauswirtschaftlicher Unterricht.

Da für die weiblichen Angestellten kaufmännischer Geschäfte auch eine hauswirtschaftliche Ausbildung dringend notwendig ist, so hat die Fortbildungsschule auch diese zu berücksichtigen. Soweit die Mädchen keine ausreichende hauswirtschaftliche Ausbildung vor dem Eintritt in den Beruf erworben haben, ist möglichst ein hauswirtschaftlicher Unterricht außerhalb der sechs für die kaufmännischen Fächer bestimmten Pflichtstunden einzurichten. Läßt sich dies für die Mehrzahl der Mädchen, die diesen Unterricht nötig haben, nicht erreichen, so ist die Einführung eines hauswirtschaftlichen Unterrichts auch innerhalb der sechs Pflichtstunden zulässig.

D. Lehrpläne und Lehrberichte für die einzelnen Schulen.

I. Lehrpläne.

Die Lehrpläne sind so abzufassen, daß sie dem neueintretenden Lehrer, dem diese Bestimmungen bekannt sind, ausreichenden Anhalt für die Erfüllung seiner Aufgabe bieten. Daher ist nicht der Inhalt dieser Grundsätze zu wiederholen, sondern das für die einzelne Schule Eigentümliche mit Rücksicht auf die besonderen örtlichen und beruflichen Verhältnisse vollständig, aber in knapper, übersichtlicher Form anzugeben.

Der Lehrstoff für die einzelnen Unterrichtsfächer ist nach drei Jahresstufen auf größere Zeitabschnitte (Vierteljahr, Dritteljahr, Monat) zu verteilen.

Die Lehrpläne bedürfen der Genehmigung des Regierungspräsidenten. Dem Antrag auf Genehmigung ist beizufügen eine Übersicht über die Einrichtung der Schule nach folgenden Gesichtspunkten:

1. Gliederung der Schule nach Klassen (nach Geschäftszweigen und Befähigung).
2. Durchschnittliche Zahl der Schüler und ihre Verteilung auf die einzelnen Klassen.
3. Verteilung der Stunden und Zeit des Unterrichts.
4. Die in Aussicht genommenen Lehr- und Lernmittel.
5. Die Unterrichtsräume.
6. Die Lehrer und ihre Ausbildung für den Unterricht in der Fortbildungsschule.

II. Lehrberichte.

Über die durchgenommenen Stoffe ist ein Lehrbericht zu führen.

Die Stoffe für die Handelskunde, für die schriftlichen Arbeiten, für das Rechnen und für die Buchführung, für die Wirtschaftsgeographie und Bürgerkunde sind in senkrechten Reihen anzuordnen und so nebeneinanderzustellen, daß der innere Zusammenhang der einzelnen Unterrichtsgegenstände ersichtlich wird. Die Beispiele, an die sich die Behandlung angeschlossen hat, sind möglichst im einzelnen anzugeben.

Anlage.

Min. d. g. Ang. U. III A. Nr. 482 G. I. G. II.

Min. f. Ldw. usw. Nr. I. B. 1949.

Min. f. Hdl. u. G. E. Nr. 1125.

Berlin, den 26. März 1897.

Es ist wiederholt der Wunsch ausgesprochen worden und hat auch in den Verhandlungen des Landtags Ausdruck gefunden, es möchte den Zöglingen der gewerblichen und ländlichen Fortbildungsschulen eine Förderung ihrer religiösen Erziehung zuteil werden.

Dies kann, da die Aufnahme des Religionsunterrichts in den Lehr- und Stundenplan der Fortbildungsschule nicht möglich ist, am besten dadurch erreicht werden, daß die Geistlichen beider Konfessionen durch Unterweisung und belehrende Vorträge, die womöglich in den Räumen der Fortbildungsschulen und im Anschluß an den Unterricht stattfinden, die religiöse Erkenntnis der Zöglinge zu vertiefen und ihren religiösen Sinn zu wecken und zu fördern suchen.

Ew. pp. (das Tit.) ersuchen wir daher ergebenst, gefälligst die Vorstände der Fortbildungsschulen dahin geneigt zu machen, daß sie den Geistlichen auf ihren bezüglichen Wunsch die Schulräume zur Verfügung stellen und ihnen auch sonst die Ausrichtung ihrer Arbeit auf jede Weise ermöglichen und erleichtern.

Zusatz für die Königl. Regierungspräsidenten in Danzig, Marienwerder, Posen, Bromberg und Oppeln:

Selbstverständlich würden die religiösen Übungen lediglich in deutscher Sprache gehalten werden müssen, worauf die beteiligten Bischöfe besonders aufmerksam gemacht worden sind.

Der Minister der geistlichen, Unterrichts- und Medizinalangelegenheiten.
gez. Bosse.

Der Minister für Landwirtschaft, Domänen und Forsten.
gez. v. Hammerstein.

Der Minister für Handel und Gewerbe.
gez. Brefeld.

An
die sämtlichen Königlichen Herren Regierungspräsidenten usw.

Ortsstatut betreffend die gewerbliche und kaufmännische Pflichtfortbildungsschule für Jünglinge zu Berlin vom 13. Januar 1913.

J.-Nr. 444 F. Sch. II/12.

Auf Grund der §§ 120, 142 und 150 der Gewerbeordnung für das Deutsche Reich in der Fassung der Bekanntmachung, betreffend die Redaktion der Gewerbeordnung, vom 26. Juli 1900 (RGBl. S. 871 ff.) und des Gesetzes, betreffend die Abänderung der Gewerbeordnung vom 27. Dezember 1911 (RGBl. S. 139 ff.) sowie des § 76 Absatz 4 des Handelsgesetzbuches vom 10. Mai 1897 (RGBl. S. 235) wird nach Anhörung beteiligter Gewerbetreibender und Arbeiter und unter Zustimmung der Stadtverordnetenversammlung für den Bezirk der Stadt Berlin folgendes festgesetzt:

§ 1.

Alle männlichen Arbeiter (Lehrlinge, Gesellen, Gehilfen usw.), die in einem gewerblichen oder kaufmännischen Betriebe im Weichbilde der Stadt Berlin beschäftigt werden, sind verpflichtet, die von der Stadtgemeinde Berlin eingerichtete gewerbliche und kaufmännische Fortbildungsschule zu besuchen und an deren Unterricht teilzunehmen, und zwar auch für die Zeit ihrer Arbeitslosigkeit.

Diese Verpflichtung dauert bis zum Schlusse des Schulhalbjahres, in welchem die Schüler das 17. Lebensjahr vollendet haben.

Für diejenigen Schüler, welche bis dahin das Ziel der Schule nicht erreicht haben, dauert die Verpflichtung bis zum vollendeten 18. Lebensjahre. Ob diese Voraussetzung zutrifft, entscheidet im einzelnen Falle die Deputation für die städtischen Fach- und Fortbildungsschulen.

§ 2.

Ausgenommen von dieser Verpflichtung sind, entsprechend den reichsgesetzlichen Bestimmungen:

1. Lehrlinge und Gehilfen in Apotheken,
2. Angehörige eines Betriebes der Fischerei und Schifferei, der advokatorischen und Notariatspraxis, des Gewerbebetriebes der Auswanderungsunternehmer und Auswanderungsagenten, der Versicherungsunternehmer, soweit es sich nicht um die Übernahme von Versicherungen gegen Prämie handelt, und der Eisenbahnunternehmungen, ferner eines Betriebes des Reichs oder eines der deutschen Bundesstaaten.

§ 3.

Von dem Besuch der Fortbildungsschule sind befreit diejenigen, welche

1. eine Innungs- oder andere Fortbildungs- oder Fachschule besuchen, sofern und soweit der Unterricht dieser Schule ganz oder teilweise von der höheren Verwaltungsbehörde als ausreichender Ersatz des Fortbildungsschulunterrichts anerkannt ist,
2. das Zeugnis der wissenschaftlichen Befähigung für den einjährigfreiwilligen Militärdienst besitzen oder anderweitig den Nachweis führen können, daß sie sich bereits die allgemeine Bildung angeeignet haben, welche das Ziel der Schule ist,

3. mit schweren körperlichen oder geistigen Gebrechen behaftet sind, sofern sie nicht besonderen Fortbildungsschulen überwiesen sind,
4. nicht Reichsangehörige sind.

Eine zeitweilige Befreiung von dem Besuch der Fortbildungsschule kann auf Antrag für diejenigen Personen stattfinden, welche den Nachweis führen, daß sie auf andere Weise bemüht sind, sich die allgemeine Bildung anzueignen, welche das Ziel der Schule ist.

Über den Antrag entscheidet die Deputation für die städtischen Fach- und Fortbildungsschulen.

§ 4.

Der Unterricht erstreckt sich insbesondere auf Berufs- und Bürgerkunde, Rechnen und Zeichnen, unter möglichster Berücksichtigung der beruflichen Ausbildung, und soll im Jahresdurchschnitt 6 Stunden wöchentlich nicht überschreiten.

Die Unterrichtszeiten werden durch die Deputation für die städtischen Fach- und Fortbildungsschulen festgesetzt und bekannt gemacht.

Der Unterricht ist in die Zeit von 7 Uhr morgens bis 7 Uhr abends, ausnahmsweise bis 8 Uhr abends, zu verlegen; Sonntags findet kein Unterricht statt.

Schüler, die wegen nicht genügender Vorbildung oder wegen geistiger oder körperlicher Gebrechen dem Unterricht in der allgemeinen Fortbildungsschule nicht zu folgen vermögen, können einer besonderen Fortbildungsschule überwiesen werden. Für derartige Schulen sind abweichende Lehrpläne zulässig.

§ 5.

Schüler, die wegen eines Vergehens oder Verbrechens bestraft sind oder die wegen ihrer Lebensführung eine Gefährdung ihrer Mitschüler besorgen lassen, können auf Antrag des Schulleiters durch die Deputation für die städtischen Fach- und Fortbildungsschulen von der Schule ausgeschlossen werden.

§ 6.

Zur Sicherung des regelmäßigen Besuches der Fortbildungsschule durch die dazu Verpflichteten sowie zur Aufrechterhaltung der Ordnung in der Schule werden folgende Bestimmungen getroffen:

1. Die zum Besuch der Fortbildungsschule verpflichteten Personen müssen sich zu den für sie bestimmten Unterrichtsstunden rechtzeitig einfinden und an diesen Stunden bis zum Schluß teilnehmen.
2. Sie müssen sauber und in ordentlicher Kleidung erscheinen.
3. Sie haben die ihnen als nötig bezeichneten Lehrmittel in gutem Zustande in den Unterricht mitzubringen. Für die Beschaffung der Lehrmittel ist der Arbeitgeber verantwortlich.
4. Während des Unterrichts und in den Erholungspausen sowie auf dem Wege von und nach der Schule haben sich die Schüler jedes Unfugs und Lärmens zu enthalten; das Rauchen innerhalb des Schulgrundstückes ist verboten.
5. Ohne besondere Erlaubnis des Schulleiters ist es nicht gestattet, während des Unterrichts oder in den Pausen das Schulgrundstück zu verlassen.
6. Dem Leiter und den Lehrern der Schule müssen die Schüler stets mit Achtung und Ehrerbietung entgegenkommen und ihnen Gehorsam leisten.

§ 7.

Die Arbeitgeber haben ihre schulpflichtigen Arbeiter (§ 1) spätestens am sechsten Tage nach den Annahme bei der von der Deputation für die städtischen Fach- und Fortbildungsschulen bekannt gemachten Stelle anzumelden und, nachdem sie dieselben aus der Arbeit entlassen haben, spätestens am dritten Tage wieder abzumelden. Sie haben die zum Besuch der Fortbildungsschule Verpflichteten so zeitig von der Arbeit zu entlassen, daß sie gewaschen und umgekleidet rechtzeitig im Unterricht erscheinen können. Ihnen liegt die Pflicht ob, sie zum Besuch der Fortbildungsschule anzuhalten und den Schulbesuch zu überwachen.

Die im § 3 bezeichneten Personen unterliegen gleichfalls der Meldepflicht. Die Entscheidung, ob Befreiung zu erfolgen hat, trifft in den Fällen des § 3 zu 1 bis 4 der Leiter der Fortbildungsschule, an den die Meldung zu richten ist, nach den ihm zu erteilenden Weisungen. In Streitfällen entscheidet die Deputation für die städtischen Fach- und Fortbildungsschulen.

§ 8.

Die Arbeitgeber haben einem von ihnen beschäftigten Arbeiter (§ 1), der durch Krankheit am Besuch des Unterrichts behindert gewesen ist, bei dem nächsten Besuch der Schule eine Bescheinigung darüber mitzugeben. Dauert die Erkrankung länger als eine Woche, so ist die Bescheinigung sofort nach Ablauf dieser Woche dem Leiter der Fortbildungsschule einzureichen. Von der Wiederaufnahme der Arbeit hat der Arbeitgeber Meldung zu machen.

Wünscht der Arbeitgeber aus besonderen Gründen eine Befreiung für einzelne Stunden, so hat er vorher von dem Leiter der Schule, unter Angabe der Gründe, die Genehmigung einzuholen.

Arbeitslose haben im Falle einer Erkrankung dem Leiter der Fortbildungsschule bis zum zweiten Unterrichtstage Meldung zu machen.

Will ein Arbeitsloser aus besonderen Gründen eine Befreiung für einzelne Stunden, so hat er vorher von dem Leiter, unter Angabe der Gründe, die Genehmigung einzuholen.

§ 9.

Eltern oder Vormünder dürfen ihre Söhne und Mündel nicht vom Besuch der Schule zurückhalten.

§ 10.

Personen, welche den in den §§ 6, 7, 8, 9 gegebenen Vorschriften zuwiderhandeln, werden nach § 150 Nr. 4 der Gewerbeordnung in der Fassung der Bekanntmachung, betreffend die Redaktion der Gewerbeordnung, vom 26. Juli 1900 (RGBl. S. 871 ff.) für jeden Fall der Verletzung des Gesetzes mit Geldstrafe bis zu 20 M. oder im Unvermögensfalle mit Haft bis zu 3 Tagen bestraft, sofern nicht nach § 148 Absatz 1 Ziffer 9 a. a. O. eine härtere Strafe eintritt.

Zuwiderhandlungen leichterer Art können durch Disziplinarstrafen (Verweise, schriftliche oder mündliche Mitteilungen an die Eltern, Erzieher oder Lehrherren, Strafstunden bis zu 3 Stunden während der schulfreien Zeit) geahndet werden.

Die näheren Bestimmungen über die Vollstreckung dieser Strafen trifft die Deputation für die städtischen Fach- und Fortbildungsschulen.

Entzieht sich der mit Strafstunden belegte Schüler der Verbüßung der Strafe, so kann Anzeige zur Bestrafung auf Grund des ersten Absatzes dieses Paragraphen erfolgen.

§ 11.

Schulgeld wird in der Pflichtfortbildungsschule nicht erhoben.

§ 12.

Dieses Ortsstatut tritt mit dem Tage der Verkündung in Kraft.

Mit demselben Zeitpunkt werden das Ortsstatut für die Pflichtfortbildungsschule zu Berlin vom $\frac{2.\ 12.\ 04}{30.\ 5.\ 08}$ und das Ortsstatut, betreffend die Stundenpläne der städtischen Pflichtfortbildungsschule zu Berlin, vom 7. 10. 10 außer Kraft gesetzt.

Berlin, den 13. Januar 1913.

Magistrat der Königl. Haupt- und Residenzstadt.
Wermuth.

Tgb. Nr. 444 F. Sch. II. 12.

Genehmigt.

Potsdam, den 31. Januar 1913.

Der Oberpräsident.
von Conrad.

O. P. 1115.

Vorstehendes Ortsstatut wird hiermit zur öffentlichen Kenntnis gebracht.

Berlin, den 17. Februar 1913.

Magistrat der Königl. Haupt- und Residenzstadt.
Wermuth.

Tgb. Nr. 456 F. Sch. II. 13.

Ortsstatut betreffend die gewerbliche und kaufmännische Pflichtfortbildungsschule für Mädchen zu Berlin vom 9. Dezember 1912.

J.-Nr. 3660 F. Sch. II/12.

Auf Grund der §§ 120, 142 und 150 der Gewerbeordnung für das Deutsche Reich in der Fassung der Bekanntmachung, betreffend die Redaktion der Gewerbeordnung, vom 26. Juli 1900 (RGBl. S. 871 ff.) und des Gesetzes, betreffend die Abänderung der Gewerbeordnung, vom 27. Dezember 1911 (RGBl. S. 139 ff.) sowie des § 76, Absatz 4 des Handelsgesetzbuches vom 10. Mai 1897 (RGBl. S. 235) wird nach Anhörung beteiligter Gewerbetreibender und

Arbeiter und unter Zustimmung der Stadtverordnetenversammlung für den Bezirk der Stadt Berlin folgendes festgesetzt:

§ 1.

Alle weiblichen unverheirateten Arbeiter (Lehrlinge, Gesellen, Gehilfen usw.), die in einem gewerblichen oder kaufmännischen Betriebe im Weichbilde der Stadt Berlin beschäftigt werden, sind verpflichtet, die von der Stadtgemeinde Berlin eingerichtete gewerbliche und kaufmännische Fortbildungsschule zu besuchen und an deren Unterricht teilzunehmen, und zwar auch für die Zeit ihrer Arbeitslosigkeit.

Diese Verpflichtung dauert bis zum Schlusse des Schulhalbjahres, in welchem die Schülerinnen das 17. Lebensjahr vollendet haben.

Für diejenigen Schülerinnen, welche bis dahin das Ziel der Schule nicht erreicht haben, dauert die Verpflichtung bis zum vollendeten 18. Lebensjahre. Ob diese Voraussetzung zutrifft, entscheidet im einzelnen Falle die Deputation für die städtischen Fach- und Fortbildungsschulen.

§ 2.

Ausgenommen von dieser Verpflichtung sind, entsprechend den reichsgesetzlichen Bestimmungen:

1. Lehrlinge und Gehilfen in Apotheken,
2. Angehörige eines Betriebes der Fischerei und Schifferei, der advokatorischen und Notariatspraxis, des Gewerbebetriebes der Auswanderungsunternehmer und Auswanderungsagenten, der Versicherungsunternehmer, soweit es sich nicht um die Übernahme von Versicherungen gegen Prämie handelt, und der Eisenbahnunternehmungen, ferner eines Betriebes des Reichs oder eines der deutschen Bundesstaaten.

§ 3.

Von dem Besuch der Fortbildungsschule sind befreit diejenigen, welche

1. eine Innungs- oder andere Fortbildungs- oder Fachschule besuchen, sofern und soweit der Unterricht dieser Schule ganz oder teilweise von der höheren Verwaltungsbehörde als ausreichender Ersatz des Fortbildungsschulunterrichts anerkannt ist,

2. den vollständigen Lehrgang einer 9 klassigen höheren Mädchenschule oder die unteren 9 Klassen eines Lyzeums durchgemacht haben oder anderweitig den Nachweis führen können, daß sie sich bereits die allgemeine Bildung angeeignet haben, welche das Ziel der Schule ist,
3. mit schweren körperlichen oder geistigen Gebrechen behaftet sind, sofern sie nicht besonderen Fortbildungsschulen überwiesen sind,
4. nicht Reichsangehörige sind.

§ 4.

Der Unterricht erstreckt sich insbesondere auf Berufs- und Lebenskunde, Rechnen und Buchführung, Zeichnen und Hauswirtschaft unter möglichster Berücksichtigung der beruflichen Ausbildung und soll im Jahresdurchschnitt 6 Stunden wöchentlich nicht überschreiten.

Die Unterrichtszeiten werden durch die Deputation für die städtischen Fach- und Fortbildungsschulen festgesetzt und bekannt gemacht.

Der Unterricht ist in die Zeit von 7 Uhr morgens bis 7 Uhr abends zu verlegen. Sonntags findet kein Unterricht statt.

Schülerinnen, die wegen nicht genügender Vorbildung oder wegen geistiger oder körperlicher Gebrechen dem Unterricht in der allgemeinen Fortbildungsschule nicht zu folgen vermögen, können einer besonderen Fortbildungsschule überwiesen werden. Für derartige Schulen sind abweichende Lehrpläne zulässig.

§ 5.

Schülerinnen, die wegen eines Vergehens oder Verbrechens bestraft sind oder die wegen ihrer Lebensführung eine Gefährdung ihrer Mitschülerinnen besorgen lassen, können auf Antrag des Schulleiters durch die Deputation für die städtischen Fach- und Fortbildungsschulen von der Schule ausgeschlossen werden.

§ 6.

Zur Sicherung des regelmäßigen Besuches der Fortbildungsschule durch die dazu Verpflichteten sowie zur Aufrechterhaltung der Ordnung in der Schule werden folgende Bestimmungen getroffen.

1. Die zum Besuch der Fortbildungsschule verpflichteten Personen müssen sich zu den für sie bestimmten Unterrichtsstunden rechtzeitig einfinden und an diesen Stunden bis zum Schluß teilnehmen.
2. Sie müssen sauber und in ordentlicher Kleidung erscheinen.
3. Sie haben die ihnen als nötig bezeichneten Lehrmittel in gutem Zustande in den Unterricht mitzubringen. Für die Beschaffung der Lehrmittel ist der Arbeitgeber verantwortlich.
4. Während des Unterrichts und in den Erholungspausen sowie auf dem Wege von und nach der Schule haben sich die Schülerinnen jedes Unfugs und Lärmens zu enthalten.
5. Ohne besondere Erlaubnis des Schulleiters ist es nicht gestattet, während des Unterrichts oder in den Pausen das Schulgrundstück zu verlassen.
6. Dem Leiter und den Lehrern der Schule müssen die Schülerinnen stets mit Achtung und Ehrerbietung entgegenkommen und ihnen Gehorsam leisten.

§ 7.

Die Arbeitgeber haben ihre schulpflichtigen Arbeiterinnen (§ 1) spätestens am sechsten Tage nach der Annahme bei der von der Deputation für die städtischen Fach- und Fortbildungsschulen bekannt gemachten Stelle anzumelden und, nachdem sie dieselben aus der Arbeit entlassen haben, spätestens am dritten Tage wieder abzumelden. Sie haben die zum Besuch der Fortbildungsschule Verpflichteten so zeitig von der Arbeit zu entlassen, daß sie gewaschen und umgekleidet rechtzeitig im Unterricht erscheinen können. Ihnen liegt die Pflicht ob, sie zum Besuch der Fortbildungsschule anzuhalten und den Schulbesuch zu überwachen.

Die im § 3 bezeichneten Personen unterliegen gleichfalls der Meldepflicht. Die Entscheidung, ob Befreiung zu erfolgen hat, trifft in den Fällen des § 3 zu 1—4 der Leiter der Fortbildungsschule, an den die Meldung zu richten ist, nach den ihm zu erteilenden Weisungen. In Streitfällen entscheidet die Deputation für die städtischen Fach- und Fortbildungsschulen.

§ 8.

Die Arbeitgeber haben einer von ihnen beschäftigten Arbeiterin (§ 1), die durch Krankheit am Besuch des Unterrichts behindert gewesen ist, bei dem nächsten Besuch der Schule eine Bescheinigung darüber mitzugeben. Dauert die Erkrankung länger als eine Woche, so ist die Bescheinigung sofort nach Ablauf dieser Woche dem Leiter der Fortbildungsschule einzureichen. Von der Wiederaufnahme der Arbeit hat der Arbeitgeber Meldung zu machen. Wünscht der Arbeitgeber aus besonderen Gründen eine Befreiung für einzelne Stunden, so hat er vorher von dem Leiter der Schule, unter Angabe der Gründe, die Genehmigung einzuholen.

Arbeitslose haben im Falle einer Erkrankung dem Leiter der Fortbildungsschule bis zum zweiten Unterrichtstage Meldung zu machen.

Will eine Arbeitslose aus besonderen Gründen eine Befreiung für einzelne Stunden, so hat sie vorher von dem Leiter, unter Angabe der Gründe, die Genehmigung einzuholen.

§ 9.

Eltern oder Vormünder dürfen ihre Töchter und Mündel nicht vom Besuch der Schule zurückhalten.

§ 10.

Personen, welche den in den §§ 6, 7, 8, 9 gegebenen Vorschriften zuwiderhandeln, werden nach § 150, Nr. 4 der Gewerbeordnung in der Fassung der Bekanntmachung betreffend die Redaktion der Gewerbeordnung vom 26. Juli (RGBl. S. 871 ff.) für jeden Fall der Verletzung des Gesetzes mit Geldstrafe bis zu 20 M. oder im Unvermögensfalle mit Haft bis zu drei Tagen bestraft, sofern nicht nach § 148 Absatz 1 Ziffer 9 a. a. O. eine härtere Strafe eintritt.

Zuwiderhandlungen leichterer Art können durch Disziplinarstrafen (Verweise, schriftliche oder mündliche Mitteilungen an die Eltern, Erzieher oder Lehrherrn, Strafstunden bis zu drei Stunden während der schulfreien Zeit) geahndet werden.

Die näheren Bestimmungen über die Vollstreckung dieser Strafen trifft die Deputation für die städtischen Fach- und Fortbildungsschulen.

Entzieht sich die mit Strafstunden belegte Schülerin der Verbüßung der Strafe, so kann Anzeige zur Bestrafung auf Grund des ersten Absatzes dieses Paragraphen erfolgen.

§ 11.

Schulgeld wird in der Pflichtfortbildungsschule nicht erhoben.

§ 12.

Dieses Ortsstatut tritt am 1. April 1913 in Kraft mit der Maßgabe, daß die vor dem 1. Oktober 1898 geborenen Mädchen vom Besuch der Fortbildungsschule befreit bleiben.

Berlin, den 9. Dezember 1912.

Magistrat der Königl. Haupt- und Residenzstadt.
Wermuth.

Genehmigt.

Potsdam, den 23. Dezember 1912.

Der Oberpräsident.
J. V.: Graf Roedern.

O. P. 23166.

Vorstehendes Ortsstatut wird hiermit zur öffentlichen Kenntnis gebracht.

Berlin, den 30. Dezemper 1912.

Magistrat der Königl. Haupt- und Residenzstadt.
Wermuth.

J.-Nr. 3660 F. Sch. II/12.

Bestimmungen über die Schulgeldeinziehung an den städtischen Fach- und Fortbildungsschulen und der Technischen Mittelschule vom 4. Juli 1912.

J.-Nr. 1027 F. Sch. I/11.

§ 1.

Das Schulgeld ist in vierteljährlichen Beträgen am ersten Unterrichtstage des Kalendervierteljahrs im voraus zu zahlen von den Schülern der

a) Baugewerkschule,
b) Tagesklassen der Webeschule,
der I. und II. Handwerkerschule,
der Tischlerschule und des Gewerbesaales.

Von den Schülern der übrigen Klassen der zu b genannten fünf höheren Fachschulen sowie von den Schülern der sonstigen Fachschulen und der Wahlfortbildungsschule ist das Schulgeld halbjährlich im voraus zu zahlen.

§ 2.

Die Schulleiter oder die mit der Gelderhebung betrauten Lehrpersonen haben die eingenommenen Schulgelder, sobald diese die Summe von 500 M. erreicht haben, sofort, geringere Beträge binnen drei Tagen seit der Einziehung auf das Postscheckkonto der Stadthauptkasse einzuzahlen. Die Schulgeldeinziehung muß, sofern in Ausnahmefällen aus besonderen Gründen eine Einhaltung des im § 1 bezeichneten Termins nicht möglich oder nicht tunlich erscheint, spätestens innerhalb der ersten 14 Tage seit der Fälligkeit beendet sein. Bis zu diesem Zeitpunkt ist auch zur Abrechnung der eingezogenen Gelder eine Hauptschulgeldliste der Deputation einzureichen. Diese Liste ist demnach bei halbjährlicher Schulgeldzahlung zweimal, bei vierteljährlicher Zahlung viermal im Jahre einzureichen.

§ 3.

Schulgelder, die nach Einreichung der Hauptschulgeldliste zur Einziehung gelangen, sind, sobald sie die Summe von 100 M. erreicht haben, sofort auf das Postscheckkonto einzuzahlen, kleinere Beträge binnen 3 Tagen seit der Einziehung. Für jede nachträgliche Schulgeldüberweisung an die Stadthauptkasse ist eine besondere Nachweisung der Deputation einzureichen.

Als Schulgeldlisten dienen bis auf weiteres die bisherigen Vordrucke. Diese Vordrucke sind auch für die Nachweisungen über nachträgliche Zahlungen zu verwenden.

§ 4.

Die Einzahlung auf das Postscheckkonto der Stadthauptkasse kann bei jedem Postamt erfolgen. Die hierzu erforderlichen Zahlkarten, auf denen die Kontonummer und die Kontoinhaberin (Stadthauptkasse Berlin) sowie das Postscheckamt vorgedruckt sind, werden den Schulleitern nach Bedarf durch das Bureau der Deputation zur Verfügung gestellt.

Auf der Rückseite des linken Abschnitts der Zahlkarte, der vom Postscheckamt der Stadthauptkasse übersandt wird, sind vom Schulleiter die Daten der Tage, an denen die mit der Zahlkarte überwiesene Summe eingezogen worden ist, anzugeben, auch ist die betreffende Schule genau zu bezeichnen. Dieselben Angaben sind auf der Rückseite des rechten Abschnitts der Zahlkarte, dem Posteinlieferungsschein, der dem Einzahler als Bestätigung über die Einzahlung vom Postamt zurückgegeben wird, zu vermerken.

§ 5.

Die Schulgeldquittungen müssen, um als rechtskräftige Empfangsbescheinigungen zu gelten, mit der eigenhändigen Unterschrift des Schulleiters oder der mit der Gelderhebung betrauten Lehrperson versehen sein, auch ist es zur Vermeidung von Irrtümern nötig, daß diese Quittungen stets das Datum tragen, unter welchem die Zahlung tatsächlich stattgefunden hat.

§ 6.

Für jede Schule ist vom Schulleiter oder von der mit der Gelderhebung betrauten Lehrperson ein Abrechnungsbuch zu führen, in welchem die Summen der an den einzelnen Tagen erhobenen Schulgelder zu buchen und die auf das Postscheckkonto eingezahlten Beträge nebst Datum der Überweisung anzugeben sind. Die Posteinlieferungsscheine sind vom Schulleiter usw. als Ausgabebelege zu sammeln und aufzubewahren.

§ 7.

Die Schulleiter bzw. die mit der Gelderhebung betrauten Lehrpersonen sind verpflichtet, die vorgeschriebenen Fristen innezuhalten und im Falle der Behinderung für sofortige Stellvertretung Sorge zu tragen.

§ 8.

Die vorstehenden Bestimmungen finden auch bei der Schulgeldeinziehung an der Technischen Mittelschule Anwendung mit der Maßgabe, daß das Schulgeld vierteljährlich im voraus zu zahlen ist, und an die Stelle der Deputation für die städtischen Fach- und Fortbildungsschulen das Kuratorium tritt, welchem die Technische Mittelschule unterstellt ist.

§ 9.

Diese Bestimmungen treten am 1. Oktober 1912 in Kraft.

Berlin, den 4. Juli 1912.

Magistrat.
(gez.) Reicke.

Stiftungen.

1. Gregoryſches Legat.

Kapital 700 M. zu $3\frac{1}{2}$ proz. Berliner Stadtanleihe 1882.

Die Zinsen des Legats der Demoiselle Gregory sind bestimmt zur Gewährung von Freistellen oder Lernmitteln an Schülerinnen der Wahlfortbildungsschulen für Mädchen.

2. Guhrauersches Legat.

Restkapital 1400 M. Darunter ein Sparkassenguthaben auf Buch Nr. 252 962 im Betrage von 400 M. und eine Berliner $3\frac{1}{2}$-prozentige Stadtanleihe von 1892 zum Nennwerte von 1000 M. Aus den Zinsen dieses Legats sollen Prämien für Schüler der Wahlfortbildungsschulen gewährt werden. Dabei sollen die betreffenden Schulen in fortlaufender Reihe berücksichtigt werden.

3. Legat: Geschenk eines Schulfreundes aus Holland.

Restkapital 16 700 M. zu $3\frac{1}{2}$ v. H., und zwar 15 600 M. Ostpr. Pfandbriefe, 1100 M. Berliner Stadtanleihe von 1882/86. Die Zinsen dieses Legats sollen zur Gewährung von Lernmitteln an bedürftige und würdige Schüler der Pflichtfortbildungsschulen verwendet werden.

4. Mappesstiftung.

Vermögen 324 180 M.

Darunter je 1 Hypothek über:

120 000 M.	auf Frobenstraße 25a $4\frac{1}{4}$ v. H.,
30 700 M.	$3\frac{1}{2}$ proz. Ostpreuß. Pfandbriefe,
5 500 M.	$3\frac{1}{2}$ proz. Berliner Stadtanleihe 1904,
155 300 M.	$3\frac{1}{2}$ proz. Berliner Stadtanleihe 1882/92,
1 000 M.	$3\frac{1}{2}$ proz. Berliner Stadtanleihe 1890,
11 000 M.	4 proz. Neue Berliner Pfandbriefe,
600 M.	$3\frac{1}{2}$ proz. Berliner Stadtanleihe von 1892.,
	ein Sparkassenbuch über
83 M.	Nr. 20 991 à 3 v. H.
zusam. 324 183 M.	

Aus den jährlichen Einkünften des Stiftungsvermögens sind zunächst die in den letzwilligen Verfügungen der Mappesschen Eheleute bezeichneten sowie die durch den Gemeindebeschluß vom

$\frac{\text{28. Februar}}{\text{11. Dezember}}$ 1902 bewilligten lebenslänglichen Renten zu bezahlen. Der dann noch verbleibende Teil der Einkünfte soll für die in Berlin bestehenden Handwerkerschulen, zurzeit also für die I. und II. Handwerkerschule, Verwendung finden, und zwar für die Anstalten selbst zur Beschaffung von Lehrmitteln, welche sich aus Etatsmitteln der Schulen nicht beschaffen lassen, für Schüler zu Stipendienzwecken und für Lehrer zu Studienreisen.

5. Bieberstiftung.

Kapital 1000 M. 3½ proz. Berliner Stadtanleihe 1898. Aus Anlaß des 50jährigen Bestehens der Firma E. Bieber, photographische Kunstanstalt, Leipziger Straße 128, hat der Inhaber, Professor Leonhardt, Berlin, der städtischen Fachschule für Photographen im Monat September 1902 eine Zuwendung in Höhe von 1000 M. unter dem Namen E.-Bieberstiftung gemacht. Die Zinsen dieses Kapitals sollen alljährlich zur Beschaffung von Prämien für solche Schüler der Fachschule für Photographen, die sich durch besonderen Fleiß auszeichnen, verwendet werden.

6. Fonds für gewerbliche Ausstellungen.

Das Vermögen dieses Fonds bestand am Schlusse des Etatsjahres 1909:

in 11 500 M. 3½ proz. Preuß. Konf. Staatsanleihe,
in 2 500 M. 3½ proz. Berl. Stadtanleihe von 1898,
in 2 200 M. desgl. von 1904.
zus. 16 200 M;

ferner aus einem Barbestande von 699 M. Die Zinsen dieses Fonds sind bestimmt zur Unterstützung besonders tüchtiger Schüler der städtischen Fachschulen.

7. Stiftung der vereinigten Fabriken photographischer Papiere.

Kapital 900 M. 4 proz. Neue Berliner Pfandbriefe.

Die Zinsen dieses Kapitals sollen zu Stipendien und Unterstützungen für solche jungen Leute, welche die Fachschule für Photographen besuchen, verwendet werden, deren weitere Ausbildung mit Rücksicht auf ihre Befähigung und ihren Fleiß erwünscht ist, und deren eigene Mittel zu einer weiteren Ausbildung nicht ausreichend sind.

Über die zum 1. April 1913 begründete und am 7. desselben Monats mit 10 Bezirksschulen und einer Verkäuferinnenschule eröffnete Pflichtfortbildungsschule für Mädchen, deren Ortsstatut oben abgedruckt ist, liegen Erfahrungen noch nicht vor. Berichterstattung über diese bleibt späterer Zeit vorbehalten.

Über die Technische Mittelschule — jetzt Beuthschule —, die einem besonderen Kuratorium unterstellt ist, wird in einem besonderen Abschnitt berichtet.

Städtische Technische Mittelschule.

(Höhere Lehranstalt für Maschinenbau und Technologie, jetzt „Beuth-Schule" genannt.)

Auf die Vorlage des Magistrats vom 16. 12. 04, J.-Nr. 2187 Gew. I. 04 (Vorl. Nr. 15 von 1905), erklärte sich die Stadtverordnetenversammlung durch Beschluß vom 19. 1. 1905, Prot. 15, Gem.-Bl. S. 26, mit der Errichtung einer technischen Mittelschule einverstanden. Die Verwaltung sollte durch ein Kuratorium erfolgen, bestehend aus 3 Magistratsmitgliedern, 3 Stadtverordneten und 3 Bürgerdeputierten.

Durch Vorlage vom 25. 2. 1905, J.-Nr. 149 Gew. I. 1905, beantragte der Magistrat, entsprechend seinem Beschluß vom 17. Februar 1905, Einsetzung des Kuratoriums, welches bereits bei der Herstellung der Gebäude und der Einrichtung der Anstalt mitwirken sollte. (Vgl. Beschl. der St.-V. vom 27. 4. 1905, Prot. 10, Gem.-Bl. S. 180.)

Nachdem die Technische Mittelschule am 1. Oktober 1909 mit der Vorklasse eröffnet und der Etat der Schule aufgestellt war, crachtete das Kuratorium seinen Auftrag für erledigt. Der Magistrat beschloß jedoch am 11. 12. 1909, J.-Nr. 1793 F. Sch. I 09, das Kuratorium mit der Weiterführung seiner Geschäfte zu beauftragen, bis auch die innere Einrichtung der Schule, Laboratorien usw., beendet sein würde.

In seiner Sitzung vom 5. November 1912 beschloß das Kuratorium der Technischen Mittelschule den Namen „Beuth-Schule" zu geben, und zwar zur Erinnerung an Wilhelm Beuth (geb. zu Cleve 1781, gest. zu Berlin 1853), den Begründer des gewerblichen Schulwesens in Preußen und erfolgreichen Förderer der heimischen Industrie.

Das Kuratorium schlug eine Änderung des Namens deswegen vor, weil der Name Technische Mittelschule mehrfach zu Verwechslungen mit Knabenmittelschulen geführt und allgemein als Sammelname für mittlere und niedere gewerbliche Schulen verwendet werde.

Der Magistrat trat diesem Beschlusse bei und gab der Schule den Namen

„Beuth-Schule
Höhere Technische Lehranstalt der Stadt Berlin";

vgl. Anlage H.

Die Organisation der Anstalt ergibt sich aus dem in Anlage I beigefügten Plan.

Vorlage (J.-Nr. 2187 Gew. I. 04) — **zur Beschlußfassung** —, **betreffend Errichtung und Bau einer Technischen Mittelschule.**

Die große Bedeutung, welche Berlin auf gewerblichem Gebiete gewonnen hat, läßt es uns als ein unabweisliches Bedürfnis erscheinen, dafür zu sorgen, daß nicht nur das Erreichte gewahrt, sondern auch die Weiterentwickelung der gesamten gewerblichen Tätigkeit gefördert wird. Ein erstes Ziel auf diesem Wege bildet die Errichtung einer Unterrichtsanstalt, deren besondere Aufgabe es ist, junge Leute heranzubilden, welche imstande sind, innerhalb der mannigfachen Gestaltung des gewerblichen Schaffens an leitender Stelle zu stehen.

Freilich sind die Zöglinge der Technischen Hochschule in erster Linie zu einer solchen einflußreichen und leitenden Stellung berufen, aber ihre Aufgabe wird mehr die wissenschaftliche Weiterentwickelung der Technik und die Bewertung der gewonnenen auf wissenschaftlicher Grundlage laufenden Kenntnisse sowie die Förderung der Großindustrie bleiben, welche letztere auch allein imstande sein dürfte, eine den Leistungen und der Vorbildung entsprechende Besoldung zu gewähren.

Andererseits können unsere bereits bestehenden technischen Schulen, wie Fachschulen, Fortbildungsschulen, Gewerbesaal, Handwerkerschulen, höchstens ausnahmsweise bei besonderer Befähigung ihre Schüler so weit fördern, daß sie einem mit Maschinen ausgestatteten Betriebe vorzustehen vermögen.

Zwischen beide Schularten würde ergänzend die Technische Mittelschule treten, welche in ihren Grundlagen der preußischen höheren Maschinenbauschule entsprechen soll, der wir diesen Namen nicht geben wollen, um damit anzudeuten, daß sie auch den übrigen Gebieten der Gewerbetätigkeit in unserer Stadt helfend dienen soll, indem wir etwas mehr den Nachdruck auf die Technologie und etwas weniger auf die Maschinenbaulehre legen.

Ihre Aufgabe wird es sein, vor allem die Bedürfnisse der Praxis zu befriedigen und diejenigen Männer heranzubilden, welche zur technischen Betriebsleitung in Maschinenfabriken, Gießereien, Kesselschmieden, Spinnereien, in mittleren elektrischen Betrieben usw. zur Überwachung von Maschinen-, Heizungs- und Feuerungsanlagen, in Gas- und Wasserwerken, in Brauereien, chemischen Fabriken usw. erforderlich sind, welche als Hilfsarbeiter in Konstruktionsbureaus für Maschinen-, Heizungs- und Feuerungsanlage usw. Verwendung finden, oder welche als künftige Besitzer oder Leiter gewerblicher Anlagen sich die dazu erforderlichen Kenntnisse verschaffen wollen.

Es kann als zweifellos angesehen werden, daß der Bedarf der Industrie an solchen mit Mittelschulbildung ausgestatteten Arbeitskräften groß ist, jedenfalls größer als der Bedarf an Kräften, welche ihre Bildung der Hochschule verdanken und welche diese Bildung nur mit großem Aufwande von Zeit und Geld zu erwerben vermögen.

Der Umstand, daß die Schüler der Mittelschule für eine leitende oder doch selbständige Stelle vorgebildet werden sollen, macht es notwendig, daß sie ein Maß allgemeiner wissenschaftlicher Bildung mitbringen, die etwa durch das Berechtigungszeugnis für den einjährig-freiwilligen Militärdienst nachgewiesen wird: daher auch besonders Abiturienten unserer Realschulen sich voraussichtlich dieser Schule zuwenden werden.

Auf der anderen Seite aber ist es notwendig, daß die Schüler, um dem Unterrichte mit vollem Verständnisse namentlich im Zeichnen und im Laboratorium folgen zu können, schon vor dem Eintritt in die Schule in einer mindestens zweijährigen Tätigkeit in einer Werkstatt, am besten aber in einer Maschinenfabrik mit Tischlerei, Gießerei, Schmiede, Dreherei, Schlosserei und Montage sich eine praktische Ausbildung angeeignet haben müssen.

Demgemäß glauben wir, den Plan für die Schule in folgender Weise bezeichnen zu können:

1. Art und Aufgabe der Schule.

Die zu errichtende technische Lehranstalt ist eine technische Mittelschule und bildet nach Aufnahmebedingungen und Lehrplan das Mittelglied zwischen der Technischen Hochschule und der gewerblichen Fach- und Fortbildungsschule. Ihre Aufgabe ist es, Betriebsleiter technischer Werke, Leiter gewerblicher Anlagen und Hilfskräfte für Konstruktionsbureaus auszubilden.

2. Unterhaltung und Leitung.

Die Schule ist ein Unternehmen der Stadt Berlin, welche die Unterhaltungskosten trägt, soweit sie nicht durch Schulgeld und andere Einnahmen gedeckt werden. Die Verwaltung führt ein Kuratorium, welches aus drei Magistratsmitgliedern, drei Stadtverordneten und drei Bürgerdeputierten besteht.

3. Aufnahmebedingungen.

Die Aufnahmebedingungen entsprechen denjenigen der preußischen höheren Maschinenbauschule. Der Aufzunehmende muß beibringen:

a) das Zeugnis der wissenschaftlichen Befähigung für den einjährig-freiwilligen Millitärdienst,
b) den Nachweis einer mindestens zweijährigen Werkstatt- oder Fabrikausbildung.

Von der Forderung des Zeugnisses der wissenschaftlichen Befähigung für den einjährig-freiwilligen Dienst kann Abstand genommen werden, wenn der die Aufnahme Nachsuchende durch eine vor dem Direktor der Anstalt abgelegte Prüfung nachgewiesen hat, daß er die für den erfolgreichen Besuch der Anstalt nötige wissenschaftliche Vorbildung besitzt.

4. Lehrplan.

Der Lehrplan schließt sich auf das engste an den einer preußischen höheren Maschinenbauschule an, jedoch sollen diejenigen Gebiete der Technik, welche für die Berliner Industrie eine hervorragende Bedeutung haben, besonders berücksichtigt werden.

5. Dauer des Unterrichts.

Der Unterricht dauert 2 Jahre und wird in 4 aufsteigenden Halbjahrskursen erteilt. Aufnahmen können zu Ostern wie zu Michaelis stattfinden.

6. Abgangsprüfung.

Auf Grund einer am Schlusse des zweijährigen Unterrichts abgehaltenen Prüfung erteilt die Anstalt Reifezeugnisse.

Wir bemerken noch, daß die Anregung zur Errichtung einer solchen Schule vorzugsweise auf den Verein deutscher Ingenieure zurückzuführen ist, welcher auch in anerkennenswertem Entgegenkommen sich erboten hat, einen größeren laufenden Beitrag zum Betriebe der Schule zu spenden. Auch die Herren Ältesten der Kaufmannschaft, die Handelskammer, der Verein Berliner Industriellen haben laufende Beiträge zugesagt, und bedeutende Firmen, z. B. die Borsigsche Maschinenfabrik, haben uns eine größere Summe für die erste Ausstattung zugesichert; sie alle haben sich damit Anspruch auf unseren Dank erworben.

Wir glauben annehmen zu können, daß die laufenden Betriebskosten rund 100 000 M. betragen werden; davon dürften gedeckt werden:

a) durch Schulgeld zirka 50 000 M.,

b) durch freiwillige Beiträge 12 000 M.,

so daß also der Stadtgemeinde ein Zuschuß von rund 40 000 M. jährlich zur Last fallen würde.

Die Kosten des Baues, für den wir als geeigneten Platz das bereits der Stadtgemeinde gehörende Grundstück Müllerstraße 146 in Aussicht genommen haben, würden sich nach dem beigelegten Kostenanschlage auf 890 000 M. belaufen; davon können aus den dafür bereit gestellten Mitteln der jüngsten Anleihe 750 000 M. bestritten werden, der Mehrbedarf sowie die Kosten für die Ausstattung und den von dem Grundstücks-Erwerbungsfonds zu erwerbenden Bauplatz müßten aus laufenden Einnahmen aufgebracht werden.

Wir bitten demnach:

Die geehrte Versammlung wolle sich

1. damit einverstanden erklären, daß auf dem der Stadtgemeinde gehörenden Grundstücke Müllerstraße 146 nach dem in der Vorlage vom 16. Dezember 1904 dargelegten Plan eine technische Mittelschule errichtet werde,

2. sie genehmigt die ihr vorgelegte Skizze samt Kostenanschlag zum Bau derselben und sieht weiteren Anträgen entgegen.

1 Mappe mit 5 Blatt Zeichnungen, 1 Kostenüberschlag, 1 Erläuterungsbericht liegen bei.

Berlin, den 16. Dezember 1904.

Magistrat hiesiger Königl. Haupt- und Residenzstadt.
Kirschner.

Beschluß

(Protokoll Nr. 15).

Die Versammlung erklärt sich damit einverstanden, daß auf dem der Stadtgemeinde gehörenden Grundstücke Müllerstraße 146 nach dem in der Vorlage vom 16. Dezember 1904 (Drucksache 12) dargelegten Plane eine technische Mittelschule errichtet werde, und sie genehmigt die ihr vorgelegte Skizze samt Kostenanschlag zum Bau derselben und sieht weiteren Anträgen entgegen.

Gleichzeitig ersucht die Versammlung den Magistrat, die Einsetzung des Kuratoriums für die technische Mittelschule so schnell als möglich zu veranlassen, damit dasselbe von Anfang an an der Herstellung der Gebäude und der Einrichtung des Ganzen sich beteiligen kann.

Berlin, den 19. Januar 1905.

Stadtverordnete zu Berlin.

An
den Magistrat.

J.-Nr. 2018 St. V. I. 04.

Vorlage — zur Beschlußfassung — betr. Einsetzung eines Kuratoriums für die zu gründende Technische Mittelschule.

Entsprechend dem Beschluß der geehrten Versammlung vom 19. Januar d. J. — Protokoll Nr. 15 — erklären wir uns damit einverstanden, daß ein Kuratorium für die Technische Mittelschule gebildet wird, welches bei der Herstellung der Gebäude und der Einrichtung der Anstalt mitwirken soll.

Wir haben die Mitgliederzahl des Kuratoriums auf neun festgesetzt, unter denen drei Stadtverordnete und drei Bürgerdeputierte sein sollen, und ersuchen die Versammlung,

„uns die Namen der gewählten sechs Mitglieder mitteilen zu wollen.

Wir behalten uns vor, später in Erwägung zu ziehen, ob die Verwaltung der Anstalt nach ihrer Errichtung nicht der für die Fortbildungs- und gewerblichen Schulen einzusetzenden Verwaltungsdeputation zu übertragen sein wird."

Berlin, den 25. Februar 1905.

Magistrat.

An
die Stadtverordnetenversammlung.

J.-Nr. 149 Gew. I. 05.

Auszug aus dem Protokoll der Sitzung des Kuratoriums der städtischen Technischen Mittelschule vom 22. November 1909 — J.-Nr. 1451 F. Sch. I. 09. —

pp.

Zu Punkt VII der Tagesordnung.

Das Kuratorium erachtet mit der nunmehr erfolgten Aufstellung des ersten Etats für die Anstalt die „Einrichtung" der Anstalt, wiewohl die Einrichtung der Laboratorien noch nicht vollständig beendet ist, für beendigt und stellt den Gemeindebehörden das ihm erteilte Mandat mit dem Bemerken zur Verfügung, daß es zu einer Weiterführung der ihm bisher übertragenen Geschäfte bereit sei.

gez. Reicke,
Bürgermeister,
Vorsitzender.

gez. Rode,
Magistratssekretär,
Protokollführer.

Magistratsbeschluß vom 11. 12. 09.

Magistrat beschließt, das Kuratorium mit der Weiterführung seiner Geschäfte zu beauftragen, bis auch die innere Einrichtung der Schule, Laboratorien usw., beendet sein wird.

gez. Kirschner. Reicke.

Auszug aus dem Protokoll der Sitzung des Kuratoriums der Technischen Mittelschule vom 5. November 1912 — J.-Nr. 1298 F. Sch. I. 12. —

Zu Punkt II der Tagesordnung.

Das Kuratorium schlägt vor, der Technischen Mittelschule den Namen

„Beuth-Schule,
städtische höhere Lehranstalt für Maschinenbau und Technologie"
zu geben.

gez. Reicke,	gez. Rode,
Bürgermeister,	Stadtsekretär
Vorsitzender.	Protokollführer.

Beschluß.

Magistrat hat in seiner Sitzung vom 22. 11. 12 beschlossen, die bisherige Technische Mittelschule soll künftig heißen:

„Beuth-Schule,
höhere technische Lehranstalt der Stadt Berlin."

gez. Wermuth. Reicke.

Organisationsplan

(in der Fassung der Magistratsbeschlüsse v. 6. 7. 09, J.-Nr. 822 F. Sch. I. 09, v. 14. 1. 11, J.-Nr. $\frac{379}{985}$ F. Sch. I. 10, v. 11. 5. 12, J.-Nr. 236 F. Sch. I. 12 und der Beschlüsse der Stadtverordnetenversammlung v. 24. 6. 09, Prot. Nr. 21, Gem.-Bl. 282, u. v. 20. 6. 12, Prot. Nr. 16, Gem.-Bl. S. 285).

A. Zweck und Aufbau der Schule.

Die Städtische Technische Mittelschule hat den Zweck, durch $2\frac{1}{2}$ jährigen Unterricht tüchtige Kräfte für Industrie und Gewerbe und für kommunale und staatliche Behörden heranzubilden.

Sie umfaßt zwei Abteilungen mit gemeinsamem Unterbau.

Die Abteilung für Maschinenbau (Höhere Maschinenbauschule) soll die Schüler mit dem Berechnen, Entwerfen und Herstellen der Maschinenteile und mit den wichtigsten Maschinen vertraut machen und sie befähigen, in Konstruktionsbureaus von Maschinenfabriken und sonstigen technischen Werken erfolgreich tätig zu sein.

Für Schüler dieser Abteilung, die sich im Berechnen und Entwerfen elektrischer Maschinen und Apparate ausbilden wollen, besteht ein besonderer Unterrichtsplan.

Die Abteilung für Technologie und Gewerbebetrieb soll Leiter und Betriebsbeamte für gewerbliche Anlagen, Fabriken, Kraft- und Lichtwerke usw. heranbilden.

Die Absolventen der Schule sollen nicht nur in der Lage sein, den Anforderungen, die die Praxis anfangs an sie stellt, zu entsprechen, sondern sie sollen auch befähigt sein, sich selbständig weiterzubilden und sich in jene vielen Sondergebiete einzuarbeiten, die auf der Schule nicht gepflegt werden können.

B. Zahl der Klassen.

Der gemeinsame Unterbau umfaßt drei Klassen (5., 4. und 3. Klasse). Daran schließen sich in jeder Abteilung zwei Fachklassen (2. und 1. Klasse). Die Unterrichtsdauer in jeder Klasse beträgt ein halbes Jahr. Der Eintritt kann Anfang April und Anfang Oktober erfolgen.

C. Aufnahmebedingungen.

In die 5. Klasse werden aufgenommen:

1. Bewerber mit der Befähigung zum einjährig-freiwilligen Militärdienst und mit mindestens zweijähriger Praxis.
2. Bewerber ohne wissenschaftliche Befähigung zum einjährig-freiwilligen Militärdienst, die mindestens drei Jahre technisch-praktisch gearbeitet haben und eine Aufnahmeprüfung bestehen.

   Diese erstreckt sich auf die Naturwissenschaften, Rechnen, Mathematik, Deutsch und Zeichnen in jenem Umfange, welcher der Behandlung dieser Gegenstände an einer sechsklassigen Realschule entspricht.

In die 4. Klasse werden Bewerber mit der wissenschaftlichen Befähigung zum einjährig-freiwilligen Militärdienst aufgenommen, die mindestens zwei Jahre technisch-praktisch gearbeitet haben und durch eine Aufnahmeprüfung genügende Fertigkeit im technischen Zeichnen und ausreichende naturwissenschaftliche und mathematische Kenntnisse nachweisen.

D. Aufnahmeverfahren.

Die Anmeldung erfolgt schriftlich, unter Benutzung besonderer Meldescheine.

Die Meldungen für das Sommerhalbjahr sind vor dem 20. Februar, für das Winterhalbjahr vor dem 10. September an den Direktor der Städtischen Technischen Mittelschule zu richten. Bei der Anmeldung kann keine Zusicherung über die Aufnahme gegeben werden. Aufnahmegesuche von Bewerbern, deren Eltern in Berlin wohnen, werden in erster Linie berücksichtigt. Auch werden Auswärtige nur solange aufgenommen, als nicht ihretwegen allein die Bildung einer neuen Klasse erforderlich wird.

E. Zeugnisse, Abschlußprüfung.

Am Schlusse eines jeden Halbjahres erhalten die Schüler ein Zeugnis über ihre Leistungen. Am Ende der 1. Klasse findet eine Abschlußprüfung statt. Auf Grund der Prüfungsergebnisse und unter Berücksichtigung der Klassenleistungen wird festgestellt, ob den Prüflingen das Zeugnis der Reife zu erteilen ist.

F. Schulgeld, Prüfungsgebühren.

Das Schulgeld beträgt für Berliner Einwohner halbjährlich 80 M., für reichsdeutsche Schüler, die nicht in Berlin wohnen, 160 M. und für Ausländer 400 M. Es ist in allen Fällen vierteljährlich im voraus zu zahlen.

Jeder Schüler hat ferner zu Beginn des Halbjahres die Gebühr für die Unfallversicherung zu entrichten*).

Unbemittelten würdigen Schülern kann das Schulgeld erlassen werden, auch kann ihnen eine Beihilfe zu den Reisekosten bei auswärtigen Besichtigungen gewährt werden.

Die Zahl der Freistellen darf 5 v. H. der zahlenden Schüler nicht übersteigen.

Für Aufnahme- und Abschlußprüfung ist eine Gebühr von je 10 M. zu entrichten.

G. Bestimmungen über die Aufnahmeprüfungen.

I. Allgemeine Bestimmungen.

1. Die Kommission zur Abhaltung der Aufnahmeprüfung besteht aus dem Direktor der Schule und den prüfenden Lehrern.

---

*) Die Schüler der Technischen Mittelschule sind bei der „Nordstern“ Unfall- und Alters-Versicherungs-Aktien-Gesellschaft in Berlin gegen Unfall versichert in Höhe von 3000 M. gegen Tod, 9000 M. gegen Invalidität, 3 M. täglicher Entschädigung unter Zugrundelegung der Versicherungsbedingungen.

Die Versicherung erstreckt sich:

a) auf Unfälle, welche die Schüler auf dem Gelände und in den Gebäuden der Schule, sowie bei Exkursionen jeder Art außerhalb der Schule erleiden, insoweit diese Exkursionen unter Leitung eines Mitgliedes des Lehrkörpers der Schule zu Studienzwecken stattfinden;

b) auf die Unfallgefahren der Reise nach den Exkursionsorten und zurück;

c) auf die Gefahren aus dem praktischen Laboratoriumsunterricht und dem Hantieren an Maschinen.

Die Prämie beträgt halbjährlich für jeden Schüler 1 M.

2. Die Prüfungen für das Sommerhalbjahr finden Anfang März, für das Winterhalbjahr in der zweiten Hälfte des September statt. Die Meldungen sind unter Benutzung besonderer Meldescheine vor dem 20. Februar oder vor dem 10. September an den Direktor der Städtischen Technischen Mittelschule zu richten.

   Den Meldungen sind beizulegen:
   a) die Schulzeugnisse der zuletzt besuchten Tagesschule;
   b) die Zeugnisse von etwa besuchten Fach- oder Fortbildungsschulen;
   c) die in den Schulen angefertigten technischen Zeichnungen (geometrisches Zeichnen, darstellende Geometrie, Fachzeichnen und Skizzieren).
3. Die Prüfungskommission entscheidet über die Zulassung zur Prüfung, über die Befreiung von einzelnen Prüfungsfächern oder von der ganzen Prüfung und über die Zurückweisung von der Prüfung. Bei allen Abstimmungen der Prüfungskommission entscheidet die einfache Mehrheit, bei Stimmengleichheit die Stimme des Direktors.
4. Vor Beginn der Prüfung ist die Prüfungsgebühr von 10 M. zu bezahlen. Diese Gebühr ist auch von denen zu entrichten, die von der Prüfung teilweise befreit sind.
5. Die Prüfung besteht aus einem schriftlichen und aus einem mündlichen Teil.
6. Die Aufgaben für die schriftliche (und zeichnerische) Prüfung werden von den mit der Vornahme der Prüfung betrauten Lehrern ausgearbeitet und dem Direktor zur Genehmigung vorgelegt. Bei den einzelnen Aufgaben wird angegeben, welche Hilfsmittel (Tabellen, Lehrbücher usw.) benutzt werden dürfen.
7. Prüflinge, die sich bei Anfertigung der Arbeiten eines Täuschungsversuches schuldig machen, werden von der weiteren Prüfung ausgeschlossen.
8. Das Ergebnis der Prüfung wird durch die Gesamturteile „gut bestanden“, „bestanden“ und „nicht bestanden“ gekennzeichnet. Noten aus den einzelnen Prüfungsgegenständen werden nicht erteilt.
9. Eine einmalige Wiederholung der Prüfung ist statthaft.

II. Besondere Bestimmungen.

a) Prüfungsgegenstände für die Aufnahmeprüfung in die fünfte Klasse*).

1. Deutsch.

Nach vorhergehender mündlicher Erörterung ist ein Aufsatz aus dem Gebiet der Technik, der Heimatskunde oder der deutschen Literatur auszuarbeiten.

2. Rechnen.

Maße und Gewichte. Grundrechnungsarten mit gewöhnlichen und Dezimalbrüchen, Ausziehen von 2. Wurzeln und Erheben zur 2. und 3. Potenz (auch mit Hilfe von Tabellen), Prozentrechnungen. Kopfrechnen.

3. Mathematik.

a) Planimetrie, Anfangsgründe der ebenen Trigonometrie und Stereometrie**).

b) Arithmetik in jenem Umfange, der dem Buche Bardey, Arithmetische Aufgaben***) (Abschnitt I—XVII einschließlich und XIX) entspricht.

4. Naturlehre.

Physik und Chemie in jenem Umfange, der dem Buche Kleiber-Scheffler, Elementarphysik mit Chemie (Ausgabe für die Unterstufe wissenschaftlicher Anstalten) entspricht.

5. Zeichnen.

Kreisaufgaben, Ellipse, Parabel, Hyperbel. Darstellen von Körpern****).

b) Prüfungsgegenstände für die Aufnahme in die vierte Klasse.

1. Rechnen.

Rechnen mit Brüchen. Potenzen mit ganzen und gebrochenen Exponenten. Tabellenrechnen. Kopfrechnen.

---

*) Auf Wunsch wird eine Anleitung zur Vorbereitung auf die Prüfung zugeschickt.

**) Zur Vorbereitung empfohlen: Vedder-Dieckmann, Leitfaden und Aufgabensammlung für den Unterricht in der Raumlehre.

***) Ausgabe für Metallindustrie-Schulen, bearbeitet von S. Jakobi und A. Schlie.

****) Zur Vorbereitung empfohlen: P. Menert, Linear- und Projektionszeichnen, 1. Heft.

2. Mathematik.

Allgemeine Grundlagen. Im besonderen: Lehren von den Potenzen, Wurzeln, Logarithmen. Gleichungen I. Grades mit 2 Unbekannten, Gleichungen II. Grades mit 1 Unbekannten.

Berechnung rechtwinkliger und schiefwinkliger Dreiecke.

Oberflächen- und Inhaltsberechnungen.

(Nach Mehler-Schulte-Tigges, Hauptsätze der Elementar-Mathematik, und Bardey, Arithmetische Aufgaben, Ausgabe für Metallindustrie-Schulen.)

3. Physik.

Allgemeine Grundlagen. Im besonderen: Elementare Mechanik und Wärmelehre. Bewegungslehre, Zusammensetzen von Bewegungen und Kräften in einer Ebene, Schwerpunktbestimmungen, Begriff der Arbeit. Die Reibung. Gleichgewichtsbedingungen für den Hebel, für schiefe Ebene, Keil, Schraube. — Fortpflanzung der Wärme, spezifische Wärme, Ausdehnung durch die Wärme, Schmelz- und Lösungswärme, Verdampfungs- und Kondensationswärme, Beziehung zwischen Wärme und Arbeit.

4. Chemie.

Die chemischen Grundstoffe und die chemischen Verbindungen (nach Ebeling, Leitfaden der Chemie für Realschulen, 1. Teil, bis „Metalle der alkalischen Erden").

5. Zeichnen.

Kreisaufgaben, Tangentenkonstruktionen, Zeichnen von Ellipsen, Parabeln, Hyperbeln, Rollkurven*).

Projektionszeichnen*) (Darstellen von Körpern. Bestimmen der wahren Größe von Linien und Flächen. Einfache Körperdurchdringungen.)

Skizzieren nach Modell oder aus dem Gedächtnis, Anfertigen einer einfachen maschinentechnischen Zeichnung.

---

*) Zur Vorbereitung empfohlen: P. Menert, Linear- und Projektionszeichnen, 1. Heft.

H. Stundenverteilung.

Unterrichtsgegenstände	Zahl der wöchentlichen Stunden: Gemeinsamer Unterbau, V. Klasse	IV.	III.	Abteilung f. Maschinenbau, II. Klasse	I.	Abt. f. Technologie und Gewerbebetrieb, II. Klasse	I.
Technische Berichte, Gesetzeskunde Gesundheitslehre usw.	—	1	1	1	1	1	1
Technische Schrift	1½	—	—	—	—	—	—
Rechnen und Mathematik	9	6	3	1	1	1	1
Physik und allgemeine Mechanik	6	1½	—	—	—	—	—
Chemie u. chemische Technologie	4½	1½	—	—	—	3	4½
Geometrisches Zeichnen und darstellende Geometrie	9	3	—	—	—	—	—
Technische Mechanik u. Festigkeitslehre	—	6	8	—	—	—	—
Maschinen-Elemente	10	15	14	—	—	—	—
Kraftmaschinen, Pumpen u. Kessel	—	—	—	16½	17	—	—
Maschinenkunde u. Maschinenbetrieb	—	—	—	—	—	13	4½
Hebemaschinen	—	—	—	4	9	—	—
Elektrotechnik	—	—	4½	3	3	3	4½
Baukunde	—	—	—	4	3½	4	3½
Technologie und Veranschlagen	—	3	5½	8	1½	—	—
Werkstättenbetrieb und Werkstättenanlagen	—	—	—	—	—	8	9
Übungen in den Laboratorien und Werkstätten, Materialprüfung	—	3	4	2½	4	7	12
	40	40	40	40	40	40	40

Wahlfach: Technisches Englisch, 2 Stunden.

Turnwesen.

Die Angelegenheiten des Turnwesens der höheren Lehranstalten für die männliche und für die weibliche Jugend, soweit die städtische Verwaltung mitzuwirken berufen ist, sowie diejenigen des Spielwesens für alle städtischen Schulen werden von der „Deputation für das städtische Turn- und Badewesen" bearbeitet.

Der Geschäftskreis dieser Verwaltungsabteilung ist in der hierunter abgedruckten Verfügung des Magistrats vom 18. Mai 1869 bestimmt. Die Abteilung führte zunächst die Bezeichnung „Kuratorium für das städtische Turnwesen". Vom Dezember 1895 ab ist die Amtszuständigkeit dadurch erweitert worden, daß ihr die Verwaltung des städtischen Badewesens übertragen wurde. Von da ab ist auch ihr Name in „Deputation für das städtische Turn- und Badewesen" geändert worden. Die Zuweisung der Verwaltung des Turnwesens der Realschulen und höheren Mädchenschulen erfolgte im Juni 1908.

Die Bestimmungen über das Badewesen befinden sich bei denjenigen über die öffentliche Gesundheitspflege.

Berlin, den 18. Mai 1869.

Auf den Antrag des Kuratoriums vom 8. April cr. bestimmen wir in Übereinstimmung mit der Stadtverordnetenversammlung den Geschäftskreis des Kuratoriums rücksichtlich des Turnens in den städtischen höheren Lehranstalten wie folgt:

1. Die Wirksamkeit des Kuratoriums erstreckt sich über alle Turnplätze der städtischen höheren Lehranstalten, so jedoch, daß die Regelung und Beaufsichtigung des Turnunterrichts allein den betreffenden Direktoren zusteht.
2. Das Kuratorium entwirft die Etats für die Turnplätze der höheren Lehranstalten. Die Genehmigung und Feststellung der Etatsentwürfe behalten sich die Kommunalbehörden vor.
3. Das Kuratorium hat für die Anstalten, welche in Mietslokalen turnen, diese Lokale zu beschaffen und bei den anderen

Anstalten dafür zu sorgen, daß die für das Turnen benutzten Gebäude, Plätze und Geräte in gutem Stande erhalten, ergänzt und, wenn nötig, erweitert werden. Soweit die hierzu im Etat ausgeworfenen Mittel ausreichen, bedarf es der Genehmigung der Kommunalbehörden dabei nicht; andernfalls ist diese Genehmigung in jedem einzelnen Falle einzuholen.

4. Dem Kuratorium liegt es ob, die Turnlehrer und sonstigen beim Turnunterricht beschäftigten Personen anzunehmen, ihr Honorar zu bestimmen und über Beurlaubung und Dienstentlassung zu entscheiden. In allen diesen Fällen bedarf es jedoch der Genehmigung des Magistrats, der seinerseits die sonst erforderlichen Genehmigungen einholen wird.

5. Für die Turnplätze, die von mehreren Anstalten gemeinschaftlich benutzt werden, hat das Kuratorium nach Anhörung der betreffenden Direktoren und unter Beifügung ihres Gutachtens dem Magistrat Vorschläge zu machen, in welchen Stunden diese Turnplätze den einzelnen Anstalten überwiesen werden sollen.

6. Das Kuratorium ernennt für jeden Turnplatz, welcher von mehreren Anstalten gemeinschaftlich benutzt wird, einen Kurator und einen Verwalter. Der Kurator muß Mitglied des Kuratoriums sein; er führt die Oberaufsicht über den ihm zugeteilten Turnplatz und bearbeitet das denselben betreffende Dezernat mit Ausnahme der Lehrerangelegenheiten, welche von dem betreffenden Stadtschulrat bearbeitet werden. Der Verwalter führt die unmittelbare Aufsicht über den ihm überwiesenen Turnplatz, er sorgt, daß das Gebäude und die Geräte in gehörigem Stand gehalten werden, führt das Inventarium, macht mit Genehmigung des Kurators Vorschläge zu Reparaturen und Verbesserungen und hat den Turndiener zu seiner Verfügung.

Mit den übrigen Turnplätzen wird es ebenso gehalten, es ist aber hier der Direktor der Lehranstalt immer auch Verwalter des Turnplatzes.

7. Das Kuratorium weist die Zahlung der im Etat vorgesehenen oder außerordentlicher Weise genehmigten Ausgaben an, erteilt der Kasse die nötigen Einnahmeorders und nimmt

die Jahresrechnung der einzelnen Turnplätze ab und übersendet sie mit seinen Bemerkungen dem Magistrat.

8. Das Kuratorium ist berechtigt und verpflichtet, über die Einrichtung von Unterrichtskursen auf denjenigen Turnplätzen, die nicht einer Lehranstalt ausschließlich überwiesen sind, ferner über zeitweise Überlassung solcher Turnplätze an Schüler und Turnvereine und über sonstige, dem Turnen förderliche Benutzung derselben Anträge an den Magistrat zu richten und nach erlangter Genehmigung die Unterrichtskurse zu beaufsichtigen und zu leiten, die Verträge mit denen, welchen die Turnplätze zur Benutzung überlassen werden sollen, unter Vorbehalt der Genehmigung der Kommunalbehörden abzuschließen und ihre Beobachtung zu überwachen, endlich die sonstige Benutzung der Turnplätze zu regeln, sofern sie das Turnen betrifft und nicht zum Schulturnen gehört.

   Eine einmalige Benutzung der Turnplätze, etwa zur Abhaltung einer Versammlung oder zu Turnfesten, darf das Kuratorium auch ohne vorher eingeholte Zustimmung der Kommunalbehörden gestatten, wenn dadurch nicht Kosten verursacht oder die Rechte derer, welchen die zeitweise Benutzung dieser Plätze zugestanden ist, nicht verletzt werden.

9. Die Kommunalbehörden werden niemandem die Benutzung der dem Kuratorium überwiesenen Turnplätze verstatten, ohne vorher das Gutachten desselben eingeholt zu haben, auch werden dieselben das Kuratorium zu Rate ziehen, wenn es sich um Anlegung neuer Turnplätze oder um erhebliche Umgestaltung derjenigen alten Turnplätze handelt, welche nicht unter der Aufsicht des Kuratoriums stehen. Das Kuratorium ist verpflichtet, in solchen Fällen dem Magistrat sein Gutachten pünktlich und nach bestem Wissen abzugeben.

Magistrat hiesiger Königl. Haupt- und Residenzstadt.

An
das Kuratorium für das städtische Turnwesen.

J.-Nr. 1229 K. A. 1869.

An den Magistrat.

Beschluß (Protokoll Nr. 9).

Die Versammlung erklärt sich in Durchführung ihrer Resolution vom 28. Februar d. Js. damit einverstanden, daß die Verwaltung des städtischen Badewesens dem Kuratorium für das städtische Turnwesen mit übertragen werde und daß die gemeinsame Verwaltungsstelle den Namen „Deputation für das städtische Turn- und Badewesen" führe.

Berlin, den 5. Dezember 1895.

Stadtverordnete zu Berlin.
Langerhans.

An den Magistrat.

Beschluß (Protokoll Nr. 16).

Die Versammlung erklärt sich damit einverstanden, daß von jetzt ab die Verwaltung der Turnhallen bei den Realschulen und höheren Mädchenschulen der Deputation für das städtische Turn- und Badewesen übertragen wird.

Berlin, den 25. Juni 1908.

Stadtverordnete zu Berlin.
Michelet.

I. An Turnhallen sind zur Zeit der Drucklegung vorhanden:

18 Turnhallen bei den Gymnasien, Realgymnasien und Oberrealschulen
14 „ „ „ Realschulen und
6 „ „ „ höheren Mädchenschulen (Lyzeen).

II. An Spiel- und Eisplätzen: 1. Zwischen der Urbanstraße, Platz am Urban, Wilmsstraße 14a, 2. Wiesenstraße 49/54, Pankstraße 11/12, 3. in der Bremer Straße zwischen Wiclef- und Birkenstraße, 4. der zum Spielplatze bestimmte Platz vor dem städtischen Obdach in der Prenzlauer Allee ist noch nicht in Benutzung genommen und steht noch unter Verwaltung der städtischen Grundeigentumsdeputation.

Die ersten drei Plätze sind Pächtern überlassen, welchen die Unterhaltung und Beaufsichtigung der Plätze obliegt. Diese haben auch die Bürgersteige von Eis und Schnee zu reinigen. Die Pächter können die Plätze in der Zeit, in welcher sie nicht als Spiel- und Eisplätze verwendet werden, anderweit verwerten.

Außerdem werden benutzt die Spielplätze im Friedrichshain, Humboldhain, Treptower Park, Schillerpark, am Kreuzberg, auf dem Falkplatz und ferner die fiskalischen Exerzierplätze an der sogenannten einsamen Pappel, in Moabit, am alten Cöpenicker Wege und auf dem Tempelhofer Felde.

Außerdem steht ein großer Spielplatz im Grunewald zur Verfügung.

III. An Ferienspielplätzen: Die auf Grund des Stadtverordnetenbeschlusses vom 3. 5. 1900 — Prot. 15, 3, Gem.-Bl. S. 197 — eingeführten Ferienspiele haben sich bewährt. Im Sommer 1912 sind 15 Spielplätze in Benutzung gewesen. Der im Sommer 1906 gemachte Versuch, während der Ferien die Kinder von den Schulhöfen nach außerhalb Berlins gelegenen Spielplätzen zu führen, ist in den Sommern der Jahre 1907—1912 fortgesetzt worden. Von 42 Innenhöfen wurden die Kinder nach den Außenspielplätzen geführt. Der Besuch ist stetig gestiegen, so daß 1912 2 Plätze in Blankenfelde, je 1 in Buch, im Plänterwalde bei Treptow, bei Wartenberg und im Grunewald benutzt werden konnten.

Kuratorium
für das städtische Turnwesen.
J.-Nr. 310/74 T. C.

Berlin, den 16. Dezember 1874.

Zur Förderung unseres Turnwesens scheint es uns sehr wünschenswert zu sein, daß diejenigen Sachverständigen, von welchen wir annehmen dürfen, daß sie mit unserem Turnwesen wohl vertraut sind und für dasselbe ein großes Interesse haben, von Zeit zu Zeit zu einer Konferenz zusammentreten und uns das Ergebnis ihrer Beratungen mitteilen. Eine solche Konferenz, die wir „Konferenz der städtischen Turnwarte" nennen wollen, würde so einzurichten sein:

1. Die Konferenz tritt regelmäßig zusammen, einmal im Monat Januar und einmal im Monat August eines jeden Jahres; sie wird außerdem berufen, wenn die Vorlagen für diese Konferenzen nicht erledigt sind, und wenn das Kuratorium für das städtische Turnwesen zu einer anderen Zeit ein

Gutachten begehrt. Die Einladung muß spätestens 8 Tage vor dem Zusammentreten der Konferenz erfolgen.

2. Der städtische Oberturnwart beruft die Konferenz nach dem Konferenzzimmer der städtischen Turnhalle, Prinzenstraße 70, leitet die Verhandlungen mit allen Befugnissen eines Vorsitzenden und übersendet eine Abschrift des Protokolls der Verhandlungen dem Kuratorium für das städtische Turnwesen.
3. Die Mitglieder der Konferenz werden vom Kuratorium für das städtische Turnwesen ernannt; es bleibt jedoch der Konferenz unbenommen, zur Beratung über einzelne Fragen auch andere Sachverständige zuzuziehen. Diese Sachverständigen nehmen dann an der Debatte, nicht aber an der Abstimmung teil.
4. Die Mitglieder des Kuratoriums für das städtische Turnwesen sind berechtigt, den Konferenzen beizuwohnen und werden zu denselben eingeladen. Sie müssen gehört werden, wenn sie es verlangen, beteiligen sich aber nicht an der Abstimmung.
5. Gegenstand der Beratungen sind Vorlagen des Kuratoriums für das städtische Turnwesen und Anträge von Mitgliedern der Konferenz über Einrichtung der Turnhallen, der Turngeräte und des Turnunterrichts. Diese letzteren müssen dem Vorsitzenden mindestens drei Tage vor dem Zusammentreten der Konferenz schriftlich mitgeteilt sein.
6. Die Konferenz ist beschlußfähig, wenn mindestens die Hälfte ihrer Mitglieder anwesend sind. Sie faßt ihre Beschlüsse nach Stimmenmehrheit, und der Vorsitzende gibt die Entscheidung bei Stimmengleichheit. Es werden aber auch die abweichenden Meinungen mit den sie stützenden Gründen in das Protokoll aufgenommen. Das Protukoll wird von allen anwesenden Mitgliedern der Konferenz unterschrieben und von dem Vorsitzenden in Verwahrung genommen.

Wir ersuchen Sie, uns gefälligst recht bald anzuzeigen, ob Sie an so eingerichteten Konferenzen als ordentliches Mitglied teilzunehmen geneigt sind.

Kuratorium für das städtische Turnwesen.

Dienstvorschrift für die Turnwarte der städtischen Turnhallen.

Der Turnwart ist Aufseher und Verwalter der ihm anvertrauten Turnhalle und zugleich Turnlehrer für die in der Turnhalle turnenden Schüler, sofern seine Dienste dafür in Anspruch genommen werden.

Als Aufseher und Verwalter der Turnhalle hat er alle Anordnungen des Kuratoriums für das städtische Turnwesen und des von diesem eingesetzten Kurators der Turnhalle pünktlich zu befolgen, als Turnlehrer ist er dem Direktor der Schule, deren Schüler unterrichtet werden, in derselben Weise untergeben, wie die übrigen Lehrer der Schule.

Insbesondere hat der Turnwart nachstehend bezeichnete Obliegenheiten gewissenhaft zu erfüllen.

1. Der Turnwart hat dafür zu sorgen, daß die Turnhalle, der Turnplatz und sämtliche Geräte in gutem Stande erhalten werden. Bemerkt er irgendwo Schäden, oder hat er irgend welche Bedenken in bezug auf die Benutzung der Turnanstalt oder den Turnbetrieb, so hat er diese sogleich dem Kurator anzuzeigen und nach dessen Anweisung für ihre Beseitigung Sorge zu tragen.
2. Der Turnwart ist für alle Geräte der Turnhalle und des Turnplatzes verantwortlich. Er führt vorschriftsmäßig das Inventarium, wacht darüber, daß die Geräte sorgfältig aufbewahrt und nicht mutwillig beschädigt werden und besorgt mit Genehmigung und nach Anweisung des Kurators, daß die nötigen Ausbesserungen pünktlich vorgenommen werden.
3. Bei Anschaffung neuer Geräte wird der Kurator den Turnwart um seine Meinung fragen, der Turnwart ist aber verpflichtet, auch wenn seine Ansicht verworfen wird, die Anordnungen des Kurators unweigerlich auszuführen.
4. Der Turnwart sorgt dafür, daß das Brennmaterial gehörig geliefert und aufbewahrt und nichts davon veruntreut wird, daß die Turnhalle ausreichend gelüftet, geheizt und erleuchtet ist und daß die Turnhalle, der Turnplatz und die daran stoßende Straße stets vorschriftsmäßig rein gehalten werden. Hierfür wird ihm zur Unterhaltung eines Dieners von dem Kuratorium eine bestimmte Summe gezahlt und es sollen

auch die Turnvereine und die Privatschulvorsteher, welche die Turnhalle benutzen, angehalten werden, eine von dem Kuratorium festzusetzende Entschädigung für die Reinigung zu zahlen. Eine besondere Vergütung wird aber nicht gewährt. wenn die Turnhalle für städtische Zwecke, Wahlversammlungen und dergleichen benutzt wird.

5. Bei dem Turnunterricht der Schulen soll der Turndiener stets zugegen sein, um die von den Turnlehrern verlangten Dienste zu tun und die zu benutzenden Geräte herauszugeben. Der Turndiener ist nicht befugt, den Turnlehrern Geräte zu verweigern, er hat aber dem Turnwart und dieser wiederum dem Kurator Anzeige zu machen, wenn die Geräte nicht mit der gehörigen Schonung behandelt werden.

   In bezug auf das Vereinsturnen ist der Turnwart dafür verantwortlich, daß jedesmal, sobald ein Verein seine Übungen geschlossen hat, die Halle und der Platz revidiert und jede etwa vorgekommene Ungehörigkeit dem Kurator unverzüglich angezeigt wird.

   Ferner soll der Turnwart täglich zu einer mit den Direktoren der konkurrierenden Schulanstalten zu vereinbarenden und demnächst von dem Turnkuratorium festzusetzenden bestimmten Stunde in der Turnhalle anwesend sein.

6. Der Turnwart ist verpflichtet, wenn der Direktor einer der in der Turnhalle turnenden Schulen es verlangt, als ständiger Turnlehrer oder als Vertreter eines Turnlehrers für das dafür ausgesetzte Honorar einzutreten und dann genau nach den Anweisungen des Direktors den Unterricht zu erteilen. Er ist aber nicht verpflichtet, an den Konferenzen der betreffenden Schule teilzunehmen.

7. Dem Turnwart ist nicht gestattet, Privatunterricht oder andere Geschäfte zu übernehmen, welche ihn verhindern, in der vorgeschriebenen Zeit in der Turnhalle anwesend zu sein. Will er in der Turnhalle selbst Privatunterricht erteilen, so hat er die Genehmigung der Kommunalbehörden einzuholen.

8. Ist der Turnwart verhindert, seine Obliegenheiten zu erfüllen, so muß er sogleich dem Kurator und den Direktoren,

deren Schülern er Unterricht erteilt, davon Anzeige machen; dauert die Verhinderung länger als 8 Tage, so hat er bei dem Kuratorium für das Turnwesen Urlaub nachzusuchen.

9. Der Turnwart ist verpflichtet, alle Anordnungen des Kurators seiner Turnhalle unweigerlich auszuführen; er darf aber verlangen, daß die Anordnungen ihm schriftlich gegeben werden, und er hat das Recht und die Pflicht, dem Kuratorium für das Turnwesen Anzeige zu machen, wenn die gegebenen Anordnungen ihm ungerecht oder unzweckmäßig zu sein scheinen.

10. Die Deputation behält sich vor, die vorstehende Dienstvorschrift abzuändern und zu erweitern, wenn sie dies zur Förderung des Turnwesens für nötig hält. Der Turnwart ist verpflichtet, solche Abänderungen und Erweiterungen seiner Obliegenheiten sich gefallen zu lassen, und hat nicht das Recht, eine Entschädigung dafür zu beanspruchen.

Berlin, den 6. August 1902.

Deputation für das städtische Turn- und Badewesen.
Dr. Voigt.

J.-Nr. 2141 Sch. I. 98 in actis: Generalia 203 I.

Dienstvorschrift für den städtischen Oberturnwart.

§ 1.

Der städtische Oberturnwart ist berufen, in allen allgemeinen und besonderen Fragen, welche das Berliner Turnwesen betreffen, die von den einzelnen städtischen Verwaltungsdeputationen erforderten Gutachten zu erstatten, insbesondere bei der Erbauung und Ausrüstung von Turnhallen als Sachverständiger zu fungieren.

Er muß sich von der Entwicklung des Turnbetriebes und Turnunterrichts in steter Kenntnis erhalten, von dem Stande des Turnens in Schulen und Vereinen möglichst unterrichten und zur Förderung desselben Rat und Hilfe leisten.

§ 2.

Für die sämtlichen Gemeindeschulen ist dem Oberturnwart die technische Leitung des Turnunterrichts übertragen. Er hat sich bei dieser Verpflichtung nach den Verfügungen der Schuldeputation und den von ihr genehmigten Lehrplänen zu richten.

Insbesondere hat er den genannten Unterricht sowie die Turnhallen und die Geräte so oft zu revidieren, daß wöchentlich im Durchschnitt zwei Schulen in einigen Klassen an die Reihe kommen.

Über den Revisionsbefund hat er an die Schuldeputation nach einem bestimmten Formular zu berichten. Die ihm wünschenswert erscheinenden Verbesserungen muß er in Vorschlag bringen.

Die Reparaturen der Turngeräte und die nötigen Neubeschaffungen hat er in einem von der Schuldeputation und nach Anhörung des beteiligten Hausverwalters bestimmten Geschäftsgange zu veranlassen.

§ 3.

Zur Fortbildung der Lehrenden und Entwicklung der Lehrweise hält der Oberturnwart Konferenzen ab. Je zwei Schulkreise bilden einen Konferenzbezirk. In jedem Konferenzbezirk wird vierteljährlich eine Konferenz für die Turnlehrer und eine für die Turnlehrerinnen abgehalten.

§ 4.

In bezug auf die Realschulen und höheren Mädchenschulen soll der Oberturnwart mitwirken bei der Beschaffung und Reparatur der Turngeräte und den etwa erforderlichen Änderungen der Turneinrichtungen.

Zu diesem Zwecke ist er befugt, den Turnunterricht in den genannten Schulen als Vertreter des Magistrats zu besuchen.

§ 5.

Der Oberturnwart muß auf besondere Einladung an den Sitzungen der Schuldeputation teilnehmen.

§ 6.

An den Sitzungen der Deputation für das städtische Turn- und Badewesen muß er regelmäßig teilnehmen. Die ihm von der Deputation übertragenen Referate muß er übernehmen.

§ 7.

Die Einrichtung und Ausrüstung der Turnhallen, welche der Deputation für das Turn- und Badewesen unterstellt sind (für Gymnasien, Realgymnasien, Oberrealschulen), hat er als Vertreter der Deputation alljährlich zu revidieren. Zu diesen Revisionen sind die zuständigen Turnwarte zuzuziehen und die Kuratoren mindestens 3 Tage vorher einzuladen.

Über den Revisionsbefund ist an die Deputation zu berichten.

Der Oberturnwart ist befugt, den Turnunterricht in den bezeichneten Hallen als Vertreter des Magistrats zu besuchen. Er wird dem Unterrichte in diesen Hallen von Zeit zu Zeit beiwohnen und sich dadurch von der Art des Unterrichts der einzelnen Lehrer Kenntnis verschaffen. Sofern dabei Beobachtungen gemacht werden, welche für den Turnbetrieb von Wichtigkeit sind, so ist der Deputation für das städtische Turn- und Badewesen darüber Bericht zu erstatten.

§ 8.

Dem Oberturnwart liegt es ferner ob, mit den städtischen Turnwarten die durch die Verfügung des Kuratoriums für das städtische Turnwesen vom 16. Dezember 1874 angeordneten Konferenzen der städtischen Turnwarte, zu welchen die Mitglieder der genannten Verwaltungsabteilung einzuladen sind, als Vorsitzender abzuhalten; ebenso die für städtische Lehrer und Lehrerinnen in der städtischen Turnhalle in der Prinzenstraße 70 eingerichtete Turnlehrerbibliothek zu verwalten und in den Grenzen der für dieselbe verfügbaren Mittel für die zweckentsprechende Ergänzung und Vervollständigung derselben zu sorgen.

§ 9.

Der städtische Oberturnwart hat den Turnunterricht und die Turneinrichtungen in den städtischen Erziehungsanstalten zweimal im Jahre (einmal im Sommer, einmal im Winter) zu revidieren und über das Ergebnis der Revisionen den betreffenden Verwaltungsdeputationen Bericht zu erstatten.

§ 10.

Dem städtischen Oberturnwart ist es gestattet, insofern seine amtlichen Obliegenheiten ihm Zeit dafür lassen, Kurse zur Ausbildung turnerischer Lehrkräfte einzurichten und zu leiten.

Die Deputation für das städtische Turn- und Badewesen wird ihm für diesen Zweck auf geschehene Anzeige für jeden besonderen Fall Räumlichkeiten und Geräte geeigneter Turnhallen zur Verfügung stellen.

Der genannten Deputation bleibt vorbehalten, im Falle des Bedürfnisses die Abhaltung derartiger Ausbildungskurse anzuordnen, und der Oberturnwart ist verpflichtet, einem desfalsigen Auftrage nachzukommen.

Berlin, den 7. Mai 1898.

Magistrat hiesiger Königl. Haupt- und Residenzstadt.
Zelle.

Überlassung der Turnhallen an Vereinigungen usw.

An den Magistrat.

Beschluß (Protokoll Nr. 22).

Nach dem Antrage des Magistrats erklärt die Versammlung sich einverstanden damit, daß bei Überlassung von Turnhallen an die Lehrerkollegien der städtischen höheren Lehranstalten, zur eigenen Benutzung, sowohl von Erforderung der Miete wie der Heizungs- und Beleuchtungskosten Abstand genommen werde.

Berlin, den 24. Mai 1877.

Stadtverordnete zu Berlin.
Dr. Straßmann.

An den Magistrat.

Beschluß (Protokoll Nr. 11).

Die Versammlung erklärt sich einverstanden damit, daß das Kuratorium für das städtische Turnwesen vom Magistrate ermächtigt werde, bei Überlassung von Turnhallen bei den städtischen höheren Lehranstalten an Gemeindelehrer und Gemeindelehrerinnen zur eigenen Benutzung, von der Erforderung der Miete wie der Heizungs- und Erleuchtungskosten Abstand zu nehmen.

Berlin, den 14. Februar 1878.

Stadtverordnete zu Berlin.
(Unterschrift.)

An den Magistrat.

Beschluß (Protokoll Nr. 10).

Die Versammlung erteilt die Zustimmung, daß fortan bei allen städtischen Turnhallen in den Fällen, in welchen Vereine ein unentgeltliches Lehrlingsturnen an den Sonntagen einrichten beziehungsweise eingerichtet haben, nicht bloß, wie bisher, die mietsfreie Mitbenutzung gestattet, sondern auch die Erleuchtung und Heizung ohne Entschädigung gewährt werden.

Berlin, den 4. Februar 1875.

Stadtverordnete zu Berlin.
Dr. Straßmann.

An den Magistrat.

Beschluß (Protokoll Nr. 16).

Der durch den Beschluß vom 4. Februar 1875 (Protokoll Nr. 10) ausgesprochene Verzicht auf Miete, Heizungs- und Erleuchtungskosten für das in städtischen Turnhallen an den Sonntagen stattfindende Lehrlingsturnen wird auf die Wochentage ausgedehnt.

Berlin, den 31. Oktober 1878.

Stadtverordnete zu Berlin.
Dr. Straßmann.

Regulativ, betreffend die unentgeltliche Benutzung der städtischen Turnhallen durch die Lehrlingsabteilungen der hiesigen Turnvereine.

1. Die unentgeltliche Benutzung bedarf in jedem einzelnen Falle der schriftlichen Genehmigung des Kuratoriums und die in dieser festgesetzte Benutzungszeit darf nicht überschritten werden. 15 Minuten nach Ablauf derselben müssen die Turnhallen vollständig geräumt sein.
2. Die Benutzung durch die Lehrlinge an den Wochentagen soll sich in der Regel auf die Abendstunden von 8 bis 10 Uhr beschränken. Andere Tages- und Abendstunden können nur ausnahmsweise bewilligt werden. Die für die Sonntage bereits ausgesprochenen und noch auszusprechenden Bewilligungen werden hiervon nicht berührt.
3. Zu den Turnübungen der Lehrlingsabteilungen dürfen Schüler weder als Teilnehmer noch als Zuschauer zugelassen werden. Die Turnwarte haben im Zuwiderhandlungsfalle dem Kuratorium unverzüglich Anzeige zu machen.
4. Die Zahl der für das Lehrlingsturnen zu öffnenden Gasflammen setzt der Turnwart nach Maßgabe des jeweiligen

Bedürfnisses fest. Der Gaskonsum ist im Kontrollbuch, à conto der Stadt, zu notieren aber dergestalt zu markieren, daß derselbe zum Zwecke der Vergleichung des Verbrauchs in den einzelnen Hallen auf Erfordern des Kuratoriums festgestellt werden kann.

5. Die Vereinsvorstände und, soweit die Vereine Korporationsrechte nicht besitzen, die Vorsitzenden derselben übernehmen die Verpflichtung, jeden Schaden, welcher anders als durch gemeingewöhnliche Abnutzung an den Baulichkeiten der Turnhalle oder an den Geräten derselben bei Gelegenheit des Lehrlingsturnens verursacht wird, nach der Abschätzung des Turnwarts zu ersetzen.
6. Die Aufrechthaltung der Hausordnung in jeder Halle liegt dem Turnwart ob.
7. Der Turndiener erhält für die ihm durch das Lehrlingsturnen erwachsenden Bemühungen für jede Stunde der Benutzung 50 Pf., in der Halle Prinzenstraße 57 aber gemeinschaftlich mit dem Hauswart für jede Stunde 60 Pf.
8. Bei entsprechenden Differenzen ist die Entscheidung des Turnwarts für die Lehrlingsabteilungen maßgebend. Gegen seine Anordnung ist nur die Remonstration beim Kuratorium zulässig.

Berlin, den 26. November 1878.

Kuratorium.
Cauer.

Kuratorium
für das städtische Turnwesen.

245 T. u. B. 74.

Berlin, den 25. September 1874.

Die Stadtverordnetenversammlung hat sich durch Beschluß vom 17. d. Mts. damit einverstanden erklärt, daß das unterzeichnete Kuratorium ermächtigt werde, selbständig — eventuell mit Vorbehalt der Genehmigung des Magistrats — Turnvereinen und Privatanstalten bzw. den Vorstehern derselben die Mitbenutzung der für den Unterricht der städtischen höheren Lehranstalten bestimmten Turnhallen und der in denselben befindlichen Geräte usw. gegen eine von uns festzusetzende Miete zu gestatten.

Wir glauben hiernach nur in einzelnen Fällen, die uns selbst bedenklich erscheinen, die Genehmigung des Magistrats einholen zu sollen und bitten den Magistrat, uns hierüber geneigtest zu bescheiden.

Kuratorium für das städtische Turnwesen.

Hofmann.

An den
Magistrat hiesiger Königl.
Haupt- und Residenzstadt.

D.

Br. m. dem Kuratorium zurück mit dem Bemerken, daß wir den vorstehenden Antrag vom 25. September 1874 genehmigen.

Berlin, den 28. September 1874.

Magistrat hiesiger Königl. Haupt- und Residenzstadt.

Hobrecht. Hofmann.

Regulativ für die Verwaltung und Benutzung der öffentlichen Spielplätze Berlins.

§ 1.

Die öffentlichen Spielplätze sollen den Berliner Gemeindeschülern und Gemeindeschülerinnen Gelegenheit geben, ihre Erholungsstunden auf nützliche, Körper und Geist erfrischende Spiele im Freien zweckmäßig zu verwenden und vor allem den Sinn für gemeinsame Spiele zu beleben und zu nähren.

2.

Es sind daher auf den öffentlichen Spielplätzen hauptsächlich derartige Spiele vorzunehmen, welche diesem Zweck entsprechen und namentlich solche, welche eine größere Anzahl Spielender gemeinsam beschäftigen (Turnspiele).

Das vereinzelte Spielen ganz kleiner Gruppen ist möglichst zu vermeiden und sind solche zu den größeren Spielgruppen heranzuziehen.

3.

Die Spiele beginnen am 1. Mittwoch des Monats Mai und dauern bis zum letzten Sonnabend des Monats September. Während dieser Zeit wird jeden Mittwoch und Sonnabend nachmittags, sofern im einzelnen Falle nicht besondere Anordnung ergeht, auch am Pfingstsonnabend von präzise 4—6 Uhr unter Aufsicht der von uns dazu bestellten Lehrer gespielt.

4.

Das Mitglied der Deputation für das städtische Turn- und Badewesen, welches das die Spiele betreffende Dezernat bearbeitet, führt die Oberaufsicht über die Spielplätze. Außerdem wird für jeden Spielplatz ein Kurator ernannt. Die Deputation ernennt alljährlich im Laufe des März für jeden Spielplatz eine genügende Anzahl Lehrer bzw. Lehrerinnen, welche für den nächsten Sommer die Spiele leiten sollen. Der Deputation steht jedoch frei, auch innerhalb dieser Zeit nach vierwöchentlicher Kündigung die Leitung der Spiele aufzuheben bzw. aufzugeben. Die Deputation weist die Honorare der Lehrer und Lehrerinnen, nachdem der Dezernent für die Spielplätze die regelmäßige Leitung der Spiele attestiert hat, vierteljährlich nachträglich zur Zahlung an. Die Deputation setzt vor dem 1. Mai die Rektoren der Gemeindeschulen von dem Beginn der Spiele in Kenntnis und macht ihnen zur Pflicht, die Kinder ihrer Schulen wiederholt im Laufe der Spielperiode zum Besuche der Spielplätze anzuhalten.

5.

Die Deputation bewilligt die Anschaffung der nötigen Spielgeräte innerhalb der etatsmäßigen Mittel und bestimmt den Ort der Aufbewahrung derselben.

6.

Der zum 1. Leiter der Spiele eines Spielplatzes ernannte Lehrer bzw. die betreffende Lehrerin reicht bis zum 15. April der Deputation die Vorschläge über die etwa neu anzuschaffenden Spielgeräte bzw. Ausbesserung der vorhandenen mit dem Kostenanschlage ein und übernimmt nach der Genehmigung die Besorgung derselben. Er bzw. sie überwacht die Einsammlung der gebrauchten Geräte nach jedem Spiel und ihre Aufbewahrung von einem Spieltage zum andern an dem bestimmten Orte. Er bzw. sie führt das Inventarium der Spielgerätschaften in Zugang und Abgang und überreicht dasselbe am Schluß des Sommers der Deputatoin. Auch erstattet er bzw. sie im Laufe des Oktober der Deputation ausführlichen Bericht über den Betrieb der Spiele, ihre Art, die Beteiligung der Jugend daran und die etwa bemerkten Mängel. Er bzw. sie führt an den Spieltagen die Aufsicht über die Ordnung bei den Spielen und auf dem Platze.

Die zu zweiten Leitern oder Leiterinnen der Spiele ernannten Lehrer und Lehrerinnen sind verpflichtet, ihren darauf bezüglichen Anordnungen nachzukommen.

7.

Die Spielleiter und Spielleiterinnen sind verpflichtet, an jedem Spieltage in der angegebenen Zeit auf dem Spielplatze anwesend zu sein.

Im Behinderungsfalle haben sie auf eigene Kosten für einen vom Oberturnwart oder seinem Vertreter für geeignet befundenen Stellvertreter zu sorgen, auch von einer jeden Behinderung dem Kurator des Spielplatzes Anzeige zu erstatten. Während der Sommerferien ist es gestattet, daß der Kurator des Spielplatzes jedem Leiter oder jeder Leiterin einen Urlaub von $2\frac{1}{2}$ Wochen erteilt. Jedoch darf die Zahl der gleichzeitig beurlaubten Spielleiter oder Spielleiterinnen niemals die Hälfte ihrer Gesamtzahl überschreiten.

Von allen wichtigen Vorfällen auf dem Spielplatze ist der Kurator desselben in Kenntnis zu setzen.

Berlin, den 2. April 1910.

Deputation für das städtische Turn- und Badewesen.
Dr. Michaelis.

Über den Stand der Ferienspiele im Jahre 1913 geben die nachfolgenden beiden Verfügungen vom 17. Juni 1913 Auskunft.

Deputation für das städtische Turn- und Badewesen. Berlin, den 17. Juni 1913.
J.-Nr. 360 T. u. B. I. 13.

Vom 7. Juli einschließlich bis 9. August d. Js. werden wir wieder werktäglich vormittags von 9—12 Uhr und nachmittags von 3—7 Uhr auf folgenden Spielplätzen und Schulhöfen Bewegungsspiele für Gemeindeschulkinder veranstalten:

1. Am Urban (Spielplatz)
2. Bremer Straße 22/32 (")
3. Wassertorstraße 31 (112./129. Gem.-Schule)

4. Schmidtstraße 38	(62.	Gem.-Schule)
5. Skalitzer Straße 55/56	(115./237.	„)
6. Krautstraße 43	(38.	„)
7. Petersburger Straße 4	(3./203.	„)
8. Straßmannstraße 6	(234./253.	„)
9. Schönhauser Allee 166a	(110./174.	„)
10. Zehdenicker Straße 17/18	(153./154.	„)
11. Ruppiner Straße 47/48	(25./103.	„)
12. Gartenstraße 107/107a	(36./120./134.	„)
13. Pflugstraße 12	(111./186.	„)
14. Ruheplatzstraße 6/7	(19./166.	„)
15. Quitzowstraße 115	(168./182.	„)

Wir ersuchen Sie, die Kinder der von Ihnen geleiteten Anstalt schon jetzt und noch einmal kurz vor den Ferien auf diese Einrichtung und besonders auf den nächstgelegenen Spielplatz aufmerksam zu machen und zum regen Besuche der Spiele aufzufordern.

Außerdem werden auch in der Zeit von 7. Juli bis 9. August d. Js. auf den Spielplätzen außerhalb Berlins, und zwar in Blankenfelde I und II, Buch, im Plänterwald (Treptow), in Hohenschönhausen (Wartenberg) und auf dem Spielgelände des Ausschusses der vier Berliner Turngaue im Grunewald bei Eichkamp werktäglich Ferienspiele für die Gemeindeschulkinder abgehalten.

Sammelpunkte für Knaben und Mädchen sind:

I. Für Blankenfelde I

die Schulhöfe:

1. Keibelstraße 31/32,
2. Prenzlauer Allee 227/28,
3. Schönhauser Allee 166a,
4. Senefelder Straße 6/7,
5. Greifenhagener Straße 26,
6. Sonnenburger Straße 21,
7. Driesener Straße 22.

II. Für Blankenfelde II:

1. Hannoversche Straße 20,
2. Gipsstraße 23a,
3. Gartenstraße 107,

4. Stralsunder Straße 54,
5. Christianiastraße 36/39,
6. Prinzen-Allee 8,
7. Oderberger Straße 57/59.

III. Für Buch:

1. Ackerstraße 67,
2. Kesselstraße 3/4,
3. Pankstraße 20/22 (Ecke Wiesenstraße),
4. Schulstraße 99/100,
5. Tegeler Straße 18/20,
6. Müllerstraße 48,
7. Putbuserstraße 23.

IV. Für den Plänterwald:

1. Naglerstraße 6,
2. Wrangelstraße 128,
3. Schlesische Straße 4,
4. Reichenberger Straße 131/32,
5. Britzer Straße 17/18,
6. Schmidstraße 38,
7. Alte Jakobstraße 127.

V. Für Wartenberg-Hohenschönhausen:

1. Markusstraße 49,
2. Koppenstraße 84,
3. Memeler Straße 25,
4. Rigaer Straße 81/82,
5. Straßmannstraße 6,
6. Höchstestraße 34/35,
7. Olivaerstraße 19.

VI. Für Grunewald:

1. Bremer Straße 13/17,
2. Rostocker Straße 35,
3. Turmstraße 86,
4. Gneisenaustraße 7,
5. Culmstraße 15,
6. Derfflingerstraße 18a,
7. Levetzowstraße 26.

Wir ersuchen Sie, die Schulkinder der von Ihnen geleiteten Schule hiervon in Kenntnis zu setzen und Ihnen zugleich mitzuteilen, daß sie sich an den Spieltagen bis spätestens 3/4 8 Uhr auf den vorstehend aufgeführten Sammelhöfen einzufinden haben. Ferner hat jedes Kind mindestens 20 Pfennige als Beitrag zur Fahrt nach dem Außenspielplatz und die nötige Zehrung mitzubringen.

Die über 10 Jahre alten Kinder, die nach dem unter III aufgeführten Außenspielplatz Buch hinausbefördert werden wollen, haben als Fahrtbeitrag mindestens 30 Pfennige zu entrichten. Wenn mehrere Kinder derselben Familie diesen Außenspielplatz besuchen, ist der Oberleiter ermächtigt, 30 Pfennige, 20 Pfennige und 10 Pfennige Fahrtbeiträge zu nehmen.

Bei den übrigen Außenspielplätzen soll das dritte und weitere Kind derselben Familie unentgeltlich hinausgeführt werden.

Wir ersuchen, die Kinder ausdrücklich darauf hinzuweisen, daß Trinkgeschirr aus Glas oder Porzellan in keinem Falle mitgebracht werden darf.

Wie im Vorjahre, so sollen auch in diesem Jahre für den Besuch der Außenspielplätze Freikarten bewilligt werden. In der Regel soll diese Vergünstigung nur solchen Kindern gewährt werden, die freie Mittagsspeisung vom Magistrat erhalten und es sollen nur bei wirklich vorhandener Bedürftigkeit vor allem die Waisen, Halbwaisen, Pflegekinder und Kinder von Eheverlassenen diese Vergünstigung erhalten.

Außer diesen Kindern dürfen Freikarten nur wirklich bedürftige Schüler und Schülerinnen erhalten und es muß bei der Ausgabe dieser Karten die größte Sparsamkeit walten. Wir verweisen auf das von uns an Sie bezüglich der Verausgabung der Freikarten gerichtete besondere Schreiben.

gez. Dr. Michaelis. Dr. Fischer.

Beglaubigt

Pontow.

Stadtsekretär.

An

die Herren Rektoren der Gemeindeschulen

Deputation Berlin, den 17. Juni 1913.
für das städt. Turn- und Badewesen.
J.-Nr. 616 T. u. B. I. 1913.

Die Erfahrungen, die in den letzten Jahren bei den Ferienspielen gemacht worden sind, lassen darauf schließen, daß das Interesse für diese segensreiche städtische Einrichtung, die im vergangenen Sommer 257 000 Kindern zugute kam, im Wachsen begriffen ist, und daß die Bestrebungen der Behörde auf diesem Gebiete durch die Schulen allgemein mit Erfolg unterstützt und gefördert werden.

Einige Mißstände haben sich jedoch bei der Verteilung der Freikarten ergeben. Es hat sich namentlich im Sommer 1912 gezeigt, daß diese nach recht verschiedenen Grundsätzen und zuweilen ohne die wünschenswerte genaue Prüfung der Bedürftigkeit geschehen ist.

Die Zahl der Freikinder ist daher in den beiden letzten Jahren um beträchtlich mehr als das Doppelte (von 47 000 auf 105 000) gestiegen.

Zugleich mit dieser Erscheinung aber ist beobachtet worden,

1. daß Schulen derselben Stadtgegend trotz ähnlicher wirtschaftlicher Verhältnisse und annähernd gleicher Frequenz sich in der Zahl der gewährten Freikarten erheblich (um 100 und mehr) von einander unterschieden,
2. daß manchen Schulen kurz vor den Ferien die ihnen erforderlich erscheinende Kartenzahl nicht mehr nachgeliefert werden konnte, weil der Kartenvorrat vergriffen war,
3. daß sich unter den Freikartenempfängern viele Kinder von wirtschaftlich besser gestellten Eltern befanden,
4. daß viele Kinder die Befreiung von der Beitragspflicht gering einschätzten, so daß auf den Spielplätzen Hunderte von verloren gegangenen Karten gesammelt wurden, zu denen die Eigentümer nicht zu ermitteln waren,
5. daß andere Kinder ihre Karten gar nicht oder nur selten benutzten,
6. daß eine zu weitgehende Versorgung der Kinder mit Freikarten zu kleinen Unredlichkeiten Anlaß gab, die darin bestanden, daß die Kinder den Besitz der leicht erlangten Karte zu Hause verschwiegen, sich aber doch den Beitrag geben ließen, um ihn dann der Spielleitung nicht abzuliefern, sondern anderweitig zu verwenden.

Um hier Wandel zu schaffen, sieht sich die Deputation für das städtische Turn- und Badewesen veranlaßt, auf eine — wenn auch nicht erhebliche Verringerung der Gesamtzahl — so doch gleichmäßigere und gerechtere Verteilung der Karten hinzuarbeiten.

Sie wendet sich daher an die Herren Rektoren mit dem dringenden Ersuchen, über die Zahl der beifolgend übersandten Karten nicht hinauszugehen. Diese ist nach der Aufstellung über die Verteilung im vorigen Jahre und nach den daraus für jede Stadtgegend besonders berechneten Prozentsatz der Freikarten festgesetzt worden.

Weiterhin werden die Herren Rektoren gebeten, sich der Einrichtung der Ferienspiele auch in Zukunft nachdrücklich, vor allem durch genaue Bekanntgabe der Sammelstellen und durch Belehrung über Wesen und Zweck der Spiele anzunehmen.

Nicht verbrauchte Karten sind zurückzugeben.

gez. Dr. Michaelis. Dr. Fischer.

Beglaubigt

Pontow.

Stadtsekretär.

An

den Herrn Rektor der .... Gemeindeschule.

Besoldungen.

1. Turnwarte und Turnlehrer.

Diejenigen Turnlehrer, welche bis zu ihrer Anstellung als Turnlehrer Gemeindeschullehrer gewesen sind, erhalten dieselbe Besoldung, die sie erhalten würden, wenn sie als Vorschullehrer an einer höheren Lehranstalt angestellt würden, und rücken ebenso in die höheren Gehaltsstufen auf. Diejenigen Turnlehrer, welche nicht bei ihrer Anstellung als solche Gemeindelehrer waren, fangen mit einer Besoldung von 3150 M. an und rücken von da ebenso im Gehalte auf wie die Vorschullehrer (Stadtv.-Beschl. vom 29. 6. 09 — Prot. 25 — Gem.-Bl. S. 296):

	3150	3300	3350	3600	3900	4150	4400	M.
nach	9	10	11	13	16	19	22	
	0	1	2	4	7	10	13	

	4650	4900	5150	M.
nach	25	28	31	Dienstjahren
	16	19	22	Dienstjahren als Turnlehrer.

1. Der Lohn der Turndiener der Turnhallen bei den Vollanstalten (Ausgabe Titel II) ist vom 1. April 1910 ab derart geregelt, daß sie beim Eintritt als solche jährlich 1350 M., nach 4 Jahren 1450 M., nach 8 Jahren 1550 M. und 12 Jahren 1650 M. erhalten.

2. Mit Zustimmung der Stadtverordnetenversammlung vom 19. 3. 1903 — Protokoll 36, Gem.-Bl. S. 152 — erhalten die Turndiener (siehe Ausgabe Titel II) bei Vollendung einer 25 jährigen Beschäftigung als Turndiener einer Jubelgabe von 25 M., welche durch Magistratsbeschluß vom 23. April 1910 auf 50 M. erhöht worden ist.

a) Vom 1. April 1910 ab werden an denjenigen Gymnasien, Realgymnasien und Oberrealschulen, an denen 52 und mehr Turnstunden wöchentlich zu erteilen sind, je 2 Turnlehrer angestellt, sofern es die Verhältnisse der Anstalten gestatten. (Stadtv.-Beschl. vom 25. 11. 1909 — Protokoll 15 — Gem.-Bl. S. 523.) Die Turnlehrer sind zur Erteilung von 26, nach 23 Dienstjahren von 24, nach 31 Dienstjahren von 22 Turnstunden wöchentlich in diesen Anstalten verpflichtet. (Stadtv.-Beschl. vom 12. 12. 1907 — Protokoll 16 — Gem.-Bl. S. 515.) An denjenigen dieser Anstalten, an denen eine Turnhalle vorhanden ist, wird einem der Turnlehrer als Turnwart die Verwaltung der Halle übertragen; da, wo eine Halle zu mehreren Anstalten gehört, hat die Verwaltung der Halle einer der an den zugehörigen Anstalten angestellten Turnlehrer.

b) Die Turnhallen der Realschulen sind vom 1. April 1910 ab unter die Verwaltung der ältesten festangestellten Turnlehrer dieser Anstalten als Turnwarte gestellt.

c) Die Verwaltung der Turnhallen der höheren Mädchenschulen haben wie bisher die Direktoren dieser Lehranstalten.

d) Für die Verwaltung der Turnhallen der Gymnasien, Realgymnasien und Oberrealschulen wird eine widerrufliche, nicht ruhegehaltsfähige Entschädigung von je 600 M. gewährt. Der Verwalter der Turnhalle in der Prinzenstraße erhält eine solche von 900 M. Die unter Nr. 17 der angehängten Nachweisung aufgeführte Halle verwaltet ein Oberlehrer. Für die Verwaltung einer Turnhalle einer Realschule wird eine widerrufliche nicht ruhegehaltsfähige Entschädigung in Höhe von 400 M. gewährt.

e) Die Turnlehrer dürfen über ihre Pflichtstunden hinaus Überstunden nur mit Genehmigung des Magistrats erteilen.

Stadt-Archiv.

1. Zirkular-Reskript des Ministeriums des Innern an sämtliche Oberpräsidenten vom 3. März 1832, die sichere Aufbewahrung städtischer Akten und Urkunden betreffend. Kamptz Annalen XVI. 666.

„Es ist eine unzweifelhafte Pflicht der Kommunalbehörden, über die Erhaltung des städtischen Eigentums zu wachen, und da Akten und Urkunden ein sehr wichtiger Teil dieses Eigentums sein können, so muß von den vorgesetzten Behörden darüber Aufsicht geführt werden, daß sie (sc. die Kommunalbehörden!) dieser Pflicht auch in Hinsicht der städtischen Archive nachkommen."

Daher werden die Oberpräsidenten aufgefordert, durch die Regierungen Aufsicht darüber führen zu lassen, daß die für die Stadt wichtigen Akten und Urkunden nicht an feuergefährlichen oder feuchten Orten aufbewahrt werden, auch daß gehörige Repertorien vorhanden seien und keine Verschleppung von Akten stattfinde.

Die Verordnung wird dann nochmals in Erinnerung gebracht durch Zirkularverfügung dreier Minister vom 5. November 1854 (Ministerialblatt 1855 S. 3) und Zirkularerlaß des Ministers des Innern vom 17. Februar 1859 (Ministerialblatt S. 89).

Das Reskript vom 3. 3. 1832 und der Erlaß vom 17. 2. 1859 sind neu gedruckt in den „Mitteilungen der kgl. preußischen Archivverwaltung", Heft 10, S. 30 f. u. 31 f.

---

2. Verfügung des Magistrats von 30. 12. 1873 betr. Kassation von Akten.

„Um zu vermeiden, daß Akten kassiert oder eingestampft werden, welche für die Verwaltung im allgemeinen wichtig sind oder historisches Interesse haben, bestimmen wir, daß Akten, welche ganz oder teilweise aus der Zeit vor dem Jahre 1820 herstammen, nur mit unserer Genehmigung kassiert und eingestampft werden."

2a. Verfügung des Magistrats vom 3. 2. 1880.

Akten, deren Beseitigung im Einverständnis mit dem betreffenden Abteilungs- bzw. Deputationsvorsitzenden oder Dezernenten beabsichtigt wird, sind durch die betreffenden Bureaus dem Magistrat näher zu bezeichnen.

2b. Verfügung des Magistrats vom 16. Mai 1884 betr. die Kassation von Akten. 1232 G. B. 84.

Um zu verhüten, daß Akten, deren Inhalt von besonderem, namentlich von historischem Interesse ist, der Vernichtung anheimfallen, wird hierdurch bestimmt, daß jedesmal, wenn die Kassation und der Verkauf von Akten beabsichtigt wird, hiervon vorher dem Archivar behufs der Prüfung, ob sich die Konservierung eines Teils dieser Akten empfiehlt, Nachricht zu geben ist.

2c. Schreiben des Magistrats vom 15. 6. 1896 an das Bürgermeisteramt zu Bonn betr. die Grundsätze für Aussonderung und Kassation von Akten als Antwort auf das Schreiben vom 3. 6. 1896.

Es wird im allgemeinen nach den für die Staatsverwaltung gültigen Bestimmungen, wie sie unter 1—9 in dem Zirkular des Herrn Direktors der Staatsarchive vom 10. 11. 1876 (Ministerialblatt f. d. innere Verw. vom 30. 11. 1876 Nr. 10, S. 254) zusammengestellt sind, verfahren.

Im besonderen gilt hier als Regel, daß Akten, welche wichtige generelle Bestimmungen enthalten, überhaupt nicht kassiert werden, und daß Spezialakten, insbesondere die der Armen-, Schul- und Steuerverwaltung, erst dann zur Kassation bestimmt werden, wenn sie seit 10 Jahren nicht kurrent gewesen sind..... Um übrigens zu verhüten, daß Akten, deren Inhalt von besonderem, namentlich historischem Interesse ist, der Vernichtung anheimfallen, haben wir bestimmt, daß jedesmal, wenn die Kassation und der Verkauf von Akten stattfinden soll, hiervon vorher unserm Archivar behufs der Prüfung, ob sich die Konservierung des einen oder anderen Aktenstücks empfiehlt, Nachricht zu geben ist. Außerdem hat sich der Magistrat die endgültige Entscheidung über jeden Aktenverkauf selbst vorbehalten.

---

3. Erlaß des Ministers des Innern vom 6. 3. 1900 betr. die Errichtung oder die Erneuerung städtischer Archivbauten. (Gedr. „Mitteilungen" usw., H. 10, S. 32 f.)

Macht aus Anlaß eines Einzelfalles es den Kommunalaufsichtsbehörden zur Pflicht, sich bei Archivneubauten oder wesentlichen Änderungen der bestehenden Bauten die Entwürfe vorlegen zu lassen, um sie im Einvernehmen mit der zuständigen staatlichen Archivverwaltung auf Zweckmäßigkeit und Zulänglichkeit zu prüfen.

---

4. Entscheidung des OVG. vom 27. 6. 1899 betr. städtische Urkunden und Akten. (Gedr. im Auszug a. a. O. S. 33.)

„Die Aufbewahrung städtischer Urkunden und Akten" ist „keine Angelegenheit der Gemeindeverwaltung, sondern liegt dem Magistrat als Obrigkeit ob. Die Geschäfte aber, die der Magistrat als Ortsobrigkeit wahrzunehmen hat, sind der Mitwirkung der Stadtverordnetenversammlung entzogen, unbeschadet ihrer Befugnis, ... auch in solchen Angelegenheiten bei den Aufsichtsbehörden .... Beschwerde zu führen. Ist also der Magistrat, vorbehaltlich des Rechts der Aufsichtsbehörden zum Einschreiten, allein für berechtigt und verpflichtet zu erachten, für die Aufbewahrung der Akten Sorge zu tragen, so muß er auch, da Gegenteiliges aus dem Gesetze nicht erhellt, als berechtigt gelten, über die Art der Aufbewahrung nach pflichtmäßigem Ermessen zu befinden...."

---

5. Aus der Dienstanweisung für das Archiv und die Magistrats-Bibliothek vom 3. September 1909. 1559 G. B. I. 06.

§ 5.

(Archiv.)

Zur Ausgabe von Schriftstücken des Archivs an ein Bureau der städtischen Verwaltung oder zur Beifügung solcher zu den Akten ist die Verfügung des Dezernenten notwendig, der die Sache, zu der das Schriftstück verlangt wird, bearbeitet. Die Ausleihung von Archivalien an private Benutzer außerhalb des Rathauses geschieht nur mit Genehmigung des Dezernenten für die Archivverwaltung.

§ 6.

Die Einsicht von Archivalien im Bibliotheksaal steht täglich während der Dienststunden sowohl Beamten als auch anderen Personen frei. Über die Zulassung der letzteren entscheidet der Archivar.

Magistrats-Bibliothek.

J.-Nr. 45. Mag.-Bibl. 07.

Verfügung des Magistrats vom 21. März 1907 wegen des von den Buchhändlern zu gewährenden Rabatts.

Infolge von Vereinbarung mit der Vertretung des hiesigen Buchhandels gelten für die Anschaffung von Büchern zum Bedarfe der städtischen Verwaltung in Zukunft betreffs des von den Buchhändlern zu gewährenden Rabatts folgende Bestimmungen:

1. Bei Anschaffung neuer Bücher ist ein Rabatt von wenigstens 7½ % in Abzug zu bringen.
2. Bei Schulbüchern, Karten und Lehrmitteln ist dieser Rabatt nur zu fordern, wenn wenigstens 6 Exemplare des Buches, der Karte oder des Lehrmittelgegenstandes im Laufe eines Semesters von dem Buchhändler bezogen werden.
3. Für alle Zeitschriften ohne Ausnahme gilt ein Rabattsatz von 5 %.

Es bleibt den einzelnen Verwaltungen indessen überlassen, wenn sie bei dem Ankauf von Büchern, die als antiquarische anzusehen sind, oder bei Bedarf einer größeren Anzahl von Exemplaren oder bei besonderen Anerbietungen günstigere Bedingungen erlangen können, von den obigen Rabattsätzen abzuweichen.

Nach diesen Bestimmungen ist vom 1. April 1907 ab zunächst bis zum 1. April 1920 zu verfahren.

An
sämtliche städtische Verwaltungen,
Bureaus und Kassen.

J.-Nr. 220. Mag.-Bibl. 09.

Verfügung des Magistrats vom 26. Oktober 1907 betr. Abgabe der als Geschenke bei den einzelnen Verwaltungsstellen eingegangenen Drucksachen.

Vielfach erhalten städtische Verwaltungsstellen von Behörden oder Privaten geschenkweise Drucksachen, die für diese Stellen ohne

Interesse und für die weitere Aufbewahrung nicht geeignet sind, die aber an anderen Stellen nutzbar gemacht werden könnten.

Die einzelnen Verwaltungen veranlassen wir daher, etwa eingehende Drucksachen, von denen sie selbst keinen Gebrauch machen wollen, zur weiteren Behandlung der Magistratsbibliothek zu übersenden.

Verfügung des Magistrats vom 20. April 1909, (307 G. B. I. 09,) wegen Einreichung von Drucksachen, die von städtischen Verwaltungen veranlaßt sind.

Von allen innerhalb der städtischen Verwaltung ergehenden Statuten, Verordnungen, Instruktionen usw. soll ein Exemplar der Handsammlung des Herrn Oberbürgermeisters, eins der Bibliothek des Magistratssitzungssaales eingereicht und eins zu den Akten des Generalbureaus genommen werden. Außerdem sollen drei Exemplare die Magistratsbibliothek und zwei Exemplare die Zentralstelle des Deutschen Städtetages erhalten. Sämtliche Verwaltungsstellen werden daher angewiesen, fortan von allen neu ergehenden Statuten, Verordnungen usw. acht Exemplare an das Generalbureau einzusenden.

J.-Nr. 1559 G. B. I. 06.

Aus der Dienstanweisung für die Magistratsbibliothek vom 3. September 1909.

§ 9.

Die Benutzung der Bücher im Bibliotheksaal steht jedermann ohne weiteres frei. Zur Entleihung von Büchern gegen Quittung sind berechtigt die Mitglieder des Magistrats, die Stadtverordneten, sämtliche besoldete und unbesoldete Gemeindebeamten, die Beamten der städtischen Anstalten und die Lehrer der städtischen Schulen. Ausnahmsweise darf der Bibliothekar auch an andere Personen — ebenfalls gegen Quittung — Bücher ausleihen, wenn der Entleiher sich über seine Person genügend ausweist und für die Zurücklieferung oder den Ersatz des Buches zuverlässig erscheint. Geldsicherheit wird nicht gefordert.

§ 10.

Die Bücher werden der Regel nach auf vier Wochen ausgeliehen. Nichtbeamten ist dabei die Pflicht aufzuerlegen, daß sie das Buch sofort zurückzuliefern haben, sobald es ihnen für den Gebrauch der städtischen Verwaltung abgefordert wird.

§ 11.

Nach Ablauf von sechs Wochen ist der Entleiher durch einen Mahnzettel an die Zurückgabe des Buches zu erinnern. Personen, die wiederholt die Mahnungen unbeachtet lassen, kann die fernere Benutzung der Bibliothek versagt werden.

§ 12.

Zeitungen, Wörterbücher und Werke, die zum Nachschlagen dienen, besonders wertvolle Bücher und solche, die in der städtischen Verwaltung sehr häufig gebraucht werden, insbesondere Werke juristischen Inhalts, sind der Regel nach von der Verleihung auszuschließen.

§ 13.

Für die Neuanschaffungen ist in erster Linie maßgebend das Bedürfnis der städtischen Verwaltung an literarischen Hilfsmitteln, in zweiter Linie sind Landeskunde und Geschichte der Mark Brandenburg mit besonderer Rücksicht auf die Stadt Berlin zu pflegen.

Stadtbibliothek, Volksbibliotheken und Lesehallen.

Ausführungsbestimmungen für die Berliner Stadtbibliothek, genehmigt vom Magistrat am 25. August 1905.

§ 1.

Die Berliner Stadtbibliothek hat die Bestimmung, dem Bedürfnis der gesamten Bürgerschaft nach Erweiterung der Bildung und des Wissens zu dienen. Ihrem Inhalt und Umfang nach soll sie wesentlich über das Durchschnittsmaß der städtischen Volksbibliotheken und Lesehallen hinausgehen; ihr Bücherbestand soll den der Volksbibliotheken und Lesehallen ergänzen und erweitern. Sie hat aber nicht die Aufgabe, gelehrten Studien zu dienen.

§ 2.

Die Stadtbibliothek umfaßt Werke aus denjenigen Gebieten der Wissenschaft und Literatur, an denen das Interesse ein nicht nur vereinzeltes ist. Den Maßstab für die Anschaffungen gibt neben dem Bedürfnis des Leserkreises der literarische Wert des Werks. Politische, soziale oder religiöse Tendenzen dürfen bei den Anschaffungen keinen Einfluß ausüben.

§ 3.

In den Abteilungen Staatswissenschaften (Staatsrecht, Staatsverwaltung, Volkswirtschaft), Gemeindewesen, preußisch-brandenburgische und berlinische Geschichte soll die Stadtbibliothek bei ihren Anschaffungen nicht mit den gleichen reich ausgestatteten und sich in Zukunft noch weiter entwickelnden Abteilungen der Magistratsbibliothek wetteifern, noch sonst bestehenden städtischen Fachbibliotheken, wie denen des Schulmuseums, des Statistischen Amts, der Bauverwaltung, des Märkischen Museums usw., gleichzukommen suchen.

§ 4.

Um die Stadtbibliothek möglichst bald nutzbar zu machen, sind Kataloge der einzelnen Abteilungen unmittelbar nach deren vorläufigem Abschluß zu drucken.

§ 5.

Die Stadtbibliothek verleiht Bücher unmittelbar oder durch Vermittlung der städtischen Volksbibliotheken. Sie ist zugleich die Hauptstelle, von der aus die städtischen Volksbibliotheken und Lesehallen geleitet und mit Büchern und Zeitschriften versehen werden.

Der Erlaß einer Benutzungsordnung wird vorbehalten.

§ 6.

Die unmittelbare Aufsicht über den Bestand, die Verwaltung und Benutzung der Stadtbibliothek übt das Kuratorium aus, das nach Gemeindebeschluß aus fünf Mitgliedern des Magistrats und zehn Stadtverordneten besteht.

Berlin, den 25. August 1905.

Magistrat hiesiger Königl. Haupt- und Residenzstadt.

J. V.:

gez. Dr. Reicke. Friedel.

Benutzungsordnung für die Berliner Stadtbibliothek, genehmigt vom Magistrat am 2. August 1907, abgeändert am 9. Dezember 1909.

§ 1.

Die Berliner Stadtbibliothek hat die Bestimmung, der Berliner Bürgerschaft zur Erweiterung der Bildung und zur Erwerbung nützlicher Kenntnisse zu dienen.

Sie besteht aus einer Ausleihbibliothek und einem Lesesaal. Die Benutzung beider Anstalten ist unentgeltlich.

§ 2.

Die Ausleihbibliothek ist an jedem Wochentage von 10 Uhr morgens bis 10 Uhr abends geöffnet. Geschlossen ist sie an den Sonntagen, den staatlich anerkannten Feiertagen, den Sonnabenden vor Ostern und Pfingsten und am 24. Dezember. Die Verwaltung hat außerdem das Recht, die Bibliothek in jedem Jahre zu Ordnungsarbeiten bis zu einer Woche zu schließen.

§ 3.

Die Benutzung der Ausleihbibliothek ist jedem Berliner Einwohner gestattet, der mindestens 16 Jahr alt ist und der Verwaltung die Gewähr bietet, daß er die sich aus der Benutzung der Bücher ergebenden Pflichten erfüllen wird. Die Verwaltung ist berechtigt, von den ihr unbekannten Personen, die die Bibliothek zu benutzen wünschen, die Vorlegung von Ausweispapieren oder von Empfehlungsscheinen ihr bekannter oder zuverlässig erscheinender Personen zu fordern. Schüler städtischer Schulen haben einen Empfehlungsschein ihres Klassenordinarius vorzuweisen.

§ 4.

Die Stadtbibliothek verleiht Bücher unmittelbar und durch Vermittlung der städtischen Volksbibliotheken.

Wer die Stadtbibliothek unmittelbar benutzen will, hat sich, nachdem er den Bestimmungen des § 3 entsprochen, durch Namensunterschrift zu verpflichten, die Benutzungsordnung zu befolgen. Er erhält hierauf eine mit seinem Namen und mit dem Stempel der Stadtbibliothek versehene Leihkarte, die bei jeder Entleihung vorzuzeigen ist.

Wer die Stadtbibliothek durch Vermittlung einer Volksbibliothek benutzen will, hat den im § 3 und im zweiten Absatz des § 4 enthaltenen Bestimmungen gegenüber dem Verwalter der Volksbibliothek zu genügen.

§ 5.

Eine Vorausbestellung der Bücher ist zulässig, aber nicht erforderlich.

Verliehen werden die Bücher gegen Ausstellung eines Empfangsscheins, der von dem Entleiher eigenhändig zu unterzeichnen ist, und auf dem außer dem Namen, dem Beruf und der Wohnung des Entleihers der Titel des Werkes und die Zahl der Bände anzugeben sind. Auf jedem Empfangsschein darf nur immer ein Werk verzeichnet sein.

Einen Wohnungswechsel hat der Entleiher der Bibliothekverwaltung sofort anzuzeigen.

Die Formulare der Empfangsscheine werden 10 Stück zu 5 Pf. verkauft.

Auf Wunsch werden die Bücher den der Bibliothekverwaltung bekannten Benutzern auf deren Gefahr innerhalb des Stadtkreises Berlin durch die Berliner Paketfahrtgesellschaft ins Haus geschickt, gegen Zahlung des tarifmäßigen Portos und gegen eine Verpackungsgebühr von 10 Pf. für das Paket.

§ 6.

In der Regel soll der Entleiher gleichzeitig nicht mehr als drei Bände in Händen haben. Der Bibliothekverwaltung steht aber frei, unter Berücksichtigung vorliegender Umstände auch mehr Bände zu verabfolgen.

Der Entleiher darf die von ihm entliehenen Bücher nicht an andere weitergeben. Zur Mitnahme von Büchern auf Reisen ist die schriftliche Genehmigung der Verwaltung erforderlich.

§ 7.

Die Leihfrist beträgt einen Monat. Sie kann auf Antrag verlängert werden, wenn das entliehene Buch nicht inzwischen von anderer Seite bestellt worden ist. Der Antrag gilt als genehmigt, falls das Buch nicht innerhalb zwei Tagen nach Eingang des Antrages ausdrücklich zurückverlangt wird. Wer das entliehene Buch am letzten Tage der Leihfrist nicht zurückgegeben hat, wird schriftlich aufgefordert, es binnen drei Tagen zurückzugeben. Bei der Rückgabe sind 25 Pf. für die Mahnung zu zahlen. Wird die erste Aufforderung nicht berücksichtigt, so wird dem Entleiher ein Bote mit der zweiten Aufforderung, das Buch nunmehr umgehend zurückzugeben, ins Haus gesandt. Hierfür hat der Entleiher dem Boten ein Mahngeld von 50 Pf. zu zahlen. Ist der Entleiher nicht zu Hause angetroffen worden, so hinterläßt der Bote die zweite Mahnung schriftlich in der Wohnung des Entleihers, und der Entleiher hat das Mahngeld nachträglich der Stadtbibliothek zu entrichten. Bleibt auch die zweite Mahnung unberücksichtigt, so kann dem Entleiher vorbehaltlich aller weiteren Maßnahmen die Benutzung der Bibliothek entzogen werden.

§ 8.

Die dem Entleiher anvertrauten Bücher der Stadtbibliothek sind von ihm sorgfältig und schonend zu behandeln. Untersagt ist namentlich das Beschreiben, Anstreichen und Umbiegen der Blätter. Für die Beschädigung oder den Verlust eines Buches hat der Benutzer vollen Ersatz nach Bestimmung der Bibliothekverwaltung zu leisten. Deshalb hat der Entleiher etwaige in dem entliehenen Buche vorgefundene und nicht bereits kenntlich gemachte Schäden sofort anzuzeigen.

§ 9.

Leser, in deren Wohnung eine ansteckende Krankheit herrscht, dürfen die Stadtbibliothek und den Lesesaal in der Zeit der Ansteckungsgefahr nicht benutzen.

§ 10.

Über den Bücherbestand der Stadtbibliothek geben der handschriftliche alphabetische Zettelkatalog und die gedruckten systematischen Kataloge Auskunft. Aus dem alphabetischen Zettelkatalog geben die Beamten auf Verlangen Auskunft. Die gedruckten Kataloge liegen aus und sind verkäuflich.

§ 11.

Der Lesesaal ist an jedem Wochentage von 10 Uhr morgens bis 10 Uhr abends geöffnet. Geschlossen ist er an denselben Tagen wie die Bibliothek (§ 2).

§ 12.

Der Zutritt zum Lesesaal steht jeder Person, die das 16. Lebensjahr überschritten hat, ohne jede Förmlichkeit frei. Mit Erlaubnis der Verwaltung dürfen auch jüngere Personen den Lesesaal benutzen.

§ 13.

Im Lesesaal stehen zur Benutzung an Ort und Stelle zur Verfügung:

1. Zeitschriften;
2. Tageszeitungen;
3. Nachschlagewerke;
4. die gedruckten Kataloge der Stadtbibliothek.

Die Zeitschriften und Zeitungen hat der Leser selbst aus den Fächern zu nehmen und nach Gebrauch an den richtigen Platz zurückzustellen. Von den Zeitschriften liegen nur immer die letzterschienenen Hefte aus und von den Zeitungen die Tagesnummern. Die früheren Hefte des laufenden Jahrgangs der Zeitschriften werden aber auch, soweit sie nicht schon eingebunden sind, auf Wunsch vorgelegt, ebenso die Zeitungsnummern des laufenden Monats.

Untersagt ist, gleichzeitig mehr als eine Zeitung oder Zeitschrift zu belegen.

Im Lesesaal kann sich ein jeder Besucher die Bücher der Stadtbibliothek, soweit sie nicht verliehen sind, gegen ausliegende Bestellscheine vorlegen lassen; auf Wunsch werden sie seiner Benutzung auf eine Woche vorbehalten, auch wenn sie inzwischen in der Ausleihbibliothek verlangt worden sind.

Unter besonderem Verschluß stehende Bücher und Sammlungen (große Seltenheiten, Prachtwerke, die Literatur über Werthers Leiden u. a.) sind nur nach Anmeldung bei der Bibliothekverwaltung zu benutzen.

§ 14.

Die Besucher des Lesesaals sind verpflichtet, ihre Überzieher abzulegen und mitgebrachte Bücher und Pakete dem aufsichtführenden Beamten zu übergeben.

In den für die Zeitungslektüre bestimmten Raum dürfen keine Zeitschriften und Nachschlagewerke gebracht werden.

Die Nachschlagewerke, Zeitschriften und Zeitungen des Lesesaals werden nicht nach Hause verliehen.

§ 15.

Wer sich in der Ausleihbibliothek oder im Lesesaal ungehörig benimmt, kann von den Beamten hinausgewiesen, auch kann ihm der Zutritt oder die Benutzung zeitweilig oder dauernd entzogen werden. Beschwerden über Anordnungen der Bibliothekverwaltung sind bei dem Kuratorium der Stadtbibliothek, der städtischen Volksbibliotheken und Lesehallen anzubringen.

Berlin, den 2. August 1907.

Magistrat hiesiger Königl. Haupt- und Residenzstadt.
Reicke.

Dienstanweisung für das Personal der Berliner Volksbibliotheken und Lesehallen, genehmigt vom Magistrat am 25. August 1905.

§ 1.

Für den Dienst werden angenommen: in jeder Volksbibliothek und in jeder Lesehalle je ein Verwalter, ferner Hilfskräfte der Bibliothekverwalter und Diener nach Bedarf.

Als Verwalter und Hilfskräfte der Volksbibliotheken sind Berliner Gemeindeschullehrer oder zu diesem Berufe vorgebildete weibliche Kräfte, als Verwalter der Lesehallen in der Regel städtische Bureaubeamte, geeignetenfalls aber auch weibliche Kräfte zu bestellen.

Die Verwalter und Hilfskräfte werden mit vierwöchentlicher, die Diener mit zweiwöchentlicher Kündigung angenommen. Bei Unregelmäßigkeiten im Dienst kann sofortige Dienstentlassung eintreten.

§ 2.

Das Personal der Volksbibliotheken und Lesehallen hat die für dieselben festgesetzten Dienststunden einzuhalten. Von jeder Behinderung in Krankheits- oder anderen dringenden Fällen ist der Hauptstelle sofort Anzeige zu machen.

Die Verwalter und Hilfskräfte erhalten auf ihren Antrag einen Sommerurlaub von 14, die Diener einen solchen von 8 Tagen. Die Verwalter, Hilfskräfte und Diener haben einen Vertreter vorzuschlagen, über dessen Annahme das Kuratorium entscheidet. Die Verwalter sind für den Bestand und die Erhaltung des Inventars verantwortlich.

§ 3.

Den Verwaltern der Volksbibliotheken liegt die unmittelbare Leitung des Geschäftsbetriebs in der Volksbibliothek nach den Anweisungen des Kuratoriums der Stadtbibliothek, der städtischen Volksbibliotheken usw. ob. Sie haben:

1. die Erlaubnisscheine für das Publikum zur Benutzung der Bibliothek auszufertigen;
2. die Bücher an das Publikum zu verleihen und die Rückgabe der Bücher zu überwachen;
3. die zerlesenen und aus anderen Gründen ausgeschiedenen Bücher der Hauptstelle zu übersenden;
4. die Bücherverzeichnisse zu vervollständigen, die Druckvorlagen bei neuen Auflagen nach Anweisung der Hauptstelle vorzubereiten;
5. die Benutzungsstatistik zu führen und darüber jährlich zum 15. April zu berichten;
6. die Bücherverzeichnisse und Quittungsformulare zu verkaufen und den Erlös vierteljährlich zur Stadthauptkasse abzuführen;
7. die Wünsche der Leser der Hauptstelle zu übermitteln;
8. die Buchbinderrechnungen nach dem Tarif zu prüfen;
9. die Diener in ihren Arbeiten zu unterweisen und zu beaufsichtigen;

10. den Verwaltern steht außer der ihnen aus der Stadthauptkasse gezahlten Entschädigung keine andere Nebeneinnahme aus dieser Beschäftigung zu.

§ 4.

Die Verwalter der Lesehallen haben:

1. den Betrieb in der Lesehalle zu beaufsichtigen;
2. die Besuchsstatistik zu führen und darüber wie über den Bestand der Nachschlagewerke jährlich zum 15. April zu berichten;
3. über die einlaufenden Zeitschriften Buch zu führen, sie in die Mappen und nach geschehener Benutzung in die Schränke einzuordnen, die zur Aufbewahrung in der Volksbibliothek bestimmten Zeitschriften deren Verwaltern zu übergeben, die anderen an die Hauptstelle mit einem Verzeichnis der Nummern zu schicken;
4. die aufgesammelten Zeitungen dem Zentralbureau des Magistrats auszuliefern;
5. die Rechnungen über die Zeitungen und Zeitschriften zu prüfen.

§ 5.

Geschenke für die Volksbibliotheken und Lesehallen dürfen die Verwalter nur mit Genehmigung des Kuratoriums annehmen.

§ 6.

Die Hilfskräfte haben die Verwalter bei ihren Obliegenheiten zu unterstützen.

§ 7.

Die Diener haben die Aufsicht, Heizung, Beleuchtung und Reinigung aller zu den Volksbibliotheken und Lesehallen gehörenden Räume einschließlich der Fenster- und nötigenfalls auch der Hofreinigung zu besorgen. Sie haben die von den Lesern verlangten Bücher herauszusuchen und die zurückgebrachten Bücher entgegenzunehmen und in die Regale zu stellen, die Quittungen zurückzugeben und kleine Buchbinderarbeiten (Etikettieren, Einkleben loser Blätter usw.) auszuführen. Auch sind sie verpflichtet, auf Anordnung der Verwalter dienstliche Botengänge zu machen sowie jede sonstige ihnen aufgetragene Arbeit für Volksbibliothek und Lesehalle zu verrichten.

Für jeden Botengang zu einem säumigen Leser steht den Dienern außer dem Fahrgelde bis zum Höchstbetrage von 20 Pf. eine von dem Säumigen zu zahlende Vergütung von 25 Pf. zu.

Berlin, den 25. August 1905.

Magistrat hiesiger Königl. Haupt- und Residenzstadt.

J. V.:

gez. Dr. Reicke. Friedel.

Benutzungsordnung für die Volksbibliotheken und Lesehallen der Stadt Berlin, genehmigt vom Magistrat am 27. Oktober 1913.

§ 1.

Die Volksbibliotheken und Lesehallen haben die Bestimmung, die Berliner Bürgerschaft zu bilden und zu unterhalten. Die Benutzung beider Anstalten ist unentgeltlich.

§ 2.

Die Volksbibliotheken sind an folgenden Tagen geöffnet

An jedem Wochentage von 3—9 Uhr abends und an den Sonntagen von 10—12 Uhr vormittags:

die 9. Volksbibliothek S, Wilmsstraße 10,
„ 20. „ N, Ravenéstraße 12.

An jedem Wochentage von 6—9 Uhr abends und an den Sonntagen von 10—12 Uhr vormittags:

die 1. Volksbibliothek W, Mohrenstraße 41,
„ 4. „ S, Stallschreiberstraße 54a,
„ 7. „ O, Straßmannstraße 6/8,
„ 8. „ W, Derfflingerstraße 18a,
„ 10. „ N, Pankstraße 41,
„ 12. „ NW, Turmstraße 86 (vom 1. 4. 1914 ab),
„ 13. „ SO, Waldemarstraße 77,
„ 14. „ SW, Baruther Straße 20,
„ 15. „ O, Rigaer Straße 81/82,
„ 16. „ N, Wattstraße 16,
„ 17. „ NO, Esmarchstraße 18,

die 18. Volksbibliothek W, Kurfürstenstraße 160,
„ 19. „ N, Sonnenburger Straße 21,
„ 21. „ N, Dunckerstraße 65/66,
„ 24. „ SO, Glogauer Straße 12/13,
„ 26. „ O, Ehrenbergstraße 24,
„ 28. „ NW, Rostocker Straße 32/33.

Dreimal wöchentlich:

die 2. Volksbibliothek NO, Georgenkirchplatz 18, Mittwochs und Sonnabends 12—2, Sonntags 11—1 Uhr,
„ 3. „ C, Gipsstraße 23a, Dienstags und Freitags von 7—9, Sonntags von 11—1 Uhr,
„ 5. „ SW, Wilhelmstraße 117, Dienstags und Freitags 5—7, Sonntags 11—1 Uhr,
„ 6. „ N, Ruppiner Straße 48, Dienstags und Freitags 5—7, Sonntags 10—12 Uhr,
„ 11. „ N, Scharnhorststraße 12, Dienstags und Freitags 5—7, Sonntags 11—1 Uhr,
„ 22. „ S, Dieffenbachstraße 60/61, Mittwochs und Sonnabends 12—2, Sonntags 10—12 Uhr,
„ 23. „ NO, Olivaer Straße 19, Dienstags und Freitags 6—8, Sonntags 10—12 Uhr,
„ 25. „ O, Fruchtstraße 38, Mittwochs und Freitags 6—8, Sonntags 10—12 Uhr,
„ 27. „ NO, Prenzlauer Allee 227/228, Dienstags und Freitags 5—7, Sonntags 11—1 Uhr.

Die Volksbibliotheken 2, 3, 5, 6, 11, 22, 23, 25, 27, sind in den Schulferien nur zweimal in der Woche geöffnet.

Geschlossen sind die Volksbibliotheken an den staatlich anerkannten Feiertagen, an Kaisers Geburtstag, an den Sonnabenden vor Ostern und Pfingsten und am 24. und 31. Dezember. Die Verwaltung hat außerdem das Recht, sie aus anderen Gründen zeitweilig zu schließen.

§ 3.

Die Bücher der Volksbibliotheken werden nach Hause jedem verliehen, der als zuverlässig der Bibliothekverwaltung bekannt ist oder sich durch einen Empfehlungsschein einer ihr bekannten oder zuverlässig erscheinenden Person oder durch Vorlegung von Papieren ausweist, aus denen sich seine Wohnung ergibt.

§ 4.

Der Entleiher verpflichtet sich durch seine Namensunterschrift, die Benutzungsordnung zu befolgen. Er erhält hierauf eine mit seinem Namen und mit dem Stempel der Volksbibliothek versehene Leihkarte, die bei jeder Entleihung vorzuzeigen ist. Verlust der Leihkarte sowie Wohnungswechsel hat der Entleiher sofort anzuzeigen.

§ 5.

In der Regel werden zwei Bände oder von einer Zeitschrift ein Jahrgang auf 14 Tage verliehen; die Verwaltung hat aber auch das Recht, mehr als zwei Bände zu gleicher Zeit zu verleihen. Auf Wunsch kann die Leihfrist verlängert werden, wofern das entliehene Buch nicht inzwischen von anderer Seite vorbestellt worden ist. Sind die Bücher nach Ablauf von 14 Tagen nicht zurückgebracht worden, so wird der Entleiher schriftlich aufgefordert, sie binnen drei Tagen zurückzugeben. Hat diese Mahnung keinen Erfolg, so werden die Bücher durch einen Boten abgeholt, dem der Entleiher 25 Pf. und das Fahrgeld zu zahlen hat. Bleibt auch die zweite Mahnung unberücksichtigt, so kann dem Entleiher vorbehaltlich aller weiteren Maßnahmen die Benutzung der Volksbibliothek entzogen werden.

§ 6.

Bücher können auch durch Postkarte vorausbestellt werden. Die vorgemerkten Bücher werden für den Leser auf drei Tage zurückgestellt.

§ 7.

Bücher, die jemand aus einer Volksbibliothek geliehen hat, darf er an andere nicht verleihen. Der Eigentümer der Leihkarte haftet stets für das Buch, das er auf die Karte entliehen hat.

§ 8.

Die entliehenen Bücher sind mit Schonung zu behandeln. Wer Bücher beschädigt, Blätter beschreibt, anstreicht oder umknickt, hat Schadenersatz nach Bestimmung der Bibliothekverwaltung zu leisten.

§ 9.

Leser, in deren Wohnung eine ansteckende Krankheit herrscht (Scharlach, Masern, Diphtheritis, Typhus), dürfen die Volksbibliothek in der Zeit der Ansteckungsgefahr weder betreten noch benutzen. Sie haben der Bibliothekverwaltung sofort nach dem Ausbruch der Krankheit Anzeige zu machen, damit die entliehenen Bücher abgeholt und desinfiziert werden können.

§ 10.

Jeder Leser der Volksbibliotheken ist berechtigt, durch deren Vermittlung Bücher aus der Stadtbibliothek zu entleihen.

§ 11.

Die gedruckten Bücherverzeichnisse der Volksbibliotheken werden zum Preise von 30 Pf., die Quittungsformulare für die nach Hause entliehenen Bücher zu 5 Pf. das Dutzend verkauft.

§ 12.

Lesehallen sind mit den Volksbibliotheken 1, 7, 9, 13, 15—21, 24, 28 verbunden (§ 2). Sie sind geöffnet: an den Wochentagen von 6—9 Uhr abends und an den Sonntagvormittagen von 10 bis 12 Uhr. Geschlossen sind sie an denselben Tagen wie die Volksbibliotheken (§ 2). Der Zutritt steht ohne jede Förmlichkeit jeder Person frei, die mindestens 14 Jahre alt ist.

§ 13.

In den Lesehallen stehen für die Benutzung an Ort und Stelle zur Verfügung:

1. die Bibliothek der Nachschlagewerke;
2. Zeitschriften und Zeitungen;
3. die Bücher der Volksbibliothek, soweit sie nicht verliehen sind.

Gedruckte Verzeichnisse der Nachschlagewerke und Zeitschriften werden unentgeltlich verteilt. Gedruckte Bücherverzeichnisse der Volksbibliotheken und der Stadtbibliothek liegen in den Lesehallen aus.

§ 14.

Wer die in den Lesehallen zur Verfügung stehenden Nachschlagewerke, Zeitschriften und Zeitungen benutzen will, hat die Bücher und Zeitschriften selbst aus den Fächern zu nehmen und sie nach Gebrauch an ihren Platz zurückzustellen. Niemand darf mehr als eine Zeitschrift oder Zeitung gleichzeitig an sich nehmen.

§ 15.

Wird ein Buch aus der Volksbibliothek zur Benutzung in der Lesehalle gewünscht, so ist ein Bestellzettel nach ausliegendem Formular auszufüllen und dem aufsichtführenden Beamten zu übergeben, der das Buch durch den Diener holen läßt und den Zettel nach Rückgabe des Buches aushändigt. Die gewünschten Bücher können auf Verlangen in der Lesehalle eine Woche lang der Benutzung des ersten Bewerbers vorbehalten werden.

§ 16.

Das Rauchen, laute Sprechen und Essen ist untersagt.

Nachrichtenamt.

Das Nachrichtenamt des Magistrats, das am 1. Oktober 1909 errichtet wurde, hat die Aufgabe, nach Wunsch der einzelnen Verwaltungsstellen die Presse über wichtige Vorgänge innerhalb der städtischen Verwaltung in einer den amtlichen Ursprung erkennbar machenden Form zu unterrichten.

In der Verfügung, durch welche der Magistrat die Einrichtung dieses Amtes bekannt gab[1]), wurde sämtlichen ihm unterstehenden städtischen Verwaltungsstellen aufgegeben, bei allen erwünscht scheinenden Mitteilungen an die Presse sich der Vermittelung des Nachrichtenamtes (Abkürzung N.-A.) zu bedienen, insbesondere

a) rechtzeitig dem Amte alle Mitteilungen über solche Angelegenheiten und Vorgänge zugehen zu lassen, von denen eine Bekanntgabe an die Bürgerschaft durch die Presse erwünscht erscheint,

b) geeignetenfalls dem Leiter des Amtes zu Sitzungen, in denen über solche Angelegenheiten verhandelt werden soll, behufs Einziehung von Information nach näherer Bestimmung des Vorsitzenden Zutritt zu gestatten,

c) dem Leiter des Amtes über Angelegenheiten, welche sich nach dortigem Ermessen zu Mitteilungen in der Presse eignen, auf sein Ersuchen Auskunft zu erteilen,

d) von allen Druckveröffentlichungen ein Stück dem Nachrichtenamt einzureichen,

e) wenn in den jährlichen Verwaltungsberichten Angelegenheiten erörtert werden, die einen größeren Kreis interessieren, einen Auszug aus dem Bericht oder mehrere Artikel, welche nach dortigem Ermessen sich zur Veröffentlichung eignen, dem Nachrichtenamt zu übersenden, sobald der Verwaltungsbericht eingereicht wird.

---

[1]) J.-N. 23 V. B. VII/08.

Ferner wurden die Bureauvorsteher und -leiter angewiesen, dafür zu sorgen, daß bei Versendung der Tagesordnungen aller anberaumten Sitzungen gleichzeitig ein Stück dem Nachrichtenamt auf kürzestem Wege zugeht.

Zugleich wurde die Verfügung des Magistrats vom 3. Dezember 1899 — 3281 G. B. I. 99 — nachdrücklichst in Erinnerung gebracht. Danach ist es allen in den dem Magistrat unterstellten Kassen und Bureaus angestellten und beschäftigten Personen untersagt, ohne besondere Genehmigung des zuständigen Dezernenten Tatsachen und Schriftstücke irgendwelcher Art, welche durch ihr Amt oder durch ihre Beschäftigung zu ihrer Kenntnis gekommen sind, mittelbar oder unmittelbar der Tagespresse mitzuteilen, und ist ferner der Zutritt zu den Bureaus und Kassen und das Verweilen in denselben nur denjenigen Personen gestattet, welche amtliche Angelegenheiten daselbst zu besorgen haben. Wie alle andern Personen sind daher von dem Verkehr in den Bureaus und Kassenräumen auch alle diejenigen ausgeschlossen, welche dort Mitteilungen über andere als über ihre eigenen Angelegenheiten, insbesondere zum Zwecke der Veröffentlichung in der Presse, erlangen wollen. Alle diese Personen sind an das Nachrichtenamt zu verweisen.

Die die Verwaltung betreffenden Ausschnitte aus den Berliner Zeitungen gehen dem Vorsitzenden der beteiligten Verwaltung unmittelbar vom Nachrichtenamt zu. Er trifft die Entscheidung, ob er sie vernichten oder in den Geschäftsgang seiner Verwaltung geben und eine Antwort veranlassen will.

Falls eine Mitteilung an die Presse von dem zuständigen Dezernenten genehmigt wird, ist sie durch das Nachrichtenamt zu bewirken.

Durch Beschluß der Gemeindebehörden vom 18. Oktober 1911 wurden die etatsmäßigen Stellen für das Nachrichtenamt bewilligt und gleichzeitig die weitere Ausbildung des Amtes als erwünscht bezeichnet.

Der Dienst des Nachrichtenamtes ist seit Ende April 1911 außer den üblichen Bureaustunden auf die Abendstunden von 6—8 Uhr ausgedehnt.

Gemeindeblatt.

Das Gemeindeblatt erscheint auf Grund gemeinsamer Beschlüsse des Magistrats und der Stadtverordneten seit dem 1. Juli 1860.

Es dient fast ausschließlich der Veröffentlichung rein amtlicher Angelegenheiten, die nur für den Kreis der städtischen Verwaltung und aller mit ihr im Zusammenhang stehenden Organe bestimmt sind. Die Auflage beträgt zurzeit ca. 15 000 Exemplare, deren überwiegend größter Teil an die einzelnen Verwaltungen sowie an die unbesoldeten Ehrenbeamten durch 74 eigene Boten kostenlos geliefert wird. Im übrigen kann das Blatt einzeln für 25 Pf. von der Geschäftsstelle oder im Abonnement durch die Post für 2 M. vierteljährlich bezogen werden.

Berlin, den 13. Oktober 1913.

Schriftleitung des Gemeindeblattes.

Schriftleitung des Berliner Gemeinderechts.

Die Bearbeitung des Berliner Gemeinderechts ist, infolge der fortgesetzten Entwicklung des Gemeinwesens und der dadurch bedingten Änderungen des Verfassungs- und Verwaltungsrechts, eine laufende Aufgabe der Verwaltung geworden, die im Dezernatswege erledigt wird. Über die Grundsätze bei der Herausgabe des Gemeinderechts geben die drei nachstehend abgedruckten Verfügungen Aufschluß. Die für die Sammlung des Gemeinderechts zunächst in Aussicht genommene Bezeichnung „Bürgerbuch" ist fallen gelassen und durch die Bezeichnung Gemeinderecht ersetzt worden.

Der Ober-Bürgermeister. Berlin, den 1. Januar 1900.
J. N. 3280 G. B. I. 99.

Eine von dem unterzeichneten Ober-Bürgermeister berufene Magistratskommission hat die Inangriffnahme eines Berliner Bürgerbuches, das später periodisch fortzusetzen sein wird, in Aussicht genommen. Gegenstand der Veröffentlichung sollen alle Normen sein, welche für die städtische Verwaltung von allgemeiner Bedeutung sind. Dem zugrunde gelegten Plane nach sind in Betracht zu ziehen:

1. Spezialgesetze bzw. nach früherem Verfassungsrechte mit Gesetzeskraft publizierte Verordnungen und Sonderrechte nebst staatlichen Ausführungsbestimmungen sowie andere allgemeine Erlasse der Aufsichtsbehörden und Polizeiverordnungen, soweit dieselben mit städtischen Angelegenheiten in Verbindung stehen;

2. Ortsstatute, Gemeindebeschlüsse einschließlich der durch Gemeindebeschluß festgestellten Instruktionen, Regulative, Statuten sowie Magistratsbeschlüsse einschließlich der Instruktionen des Magistrats, Beschlüsse und Instruktionen der einzelnen Verwaltungs-Deputationen, Tarife, soweit sie nicht bereits zu den vorigen Klassen gehören;

3. Verträge und wichtige gerichtliche Entscheidungen aller Art. Sämtliche Verwaltungsstellen werden ersucht, das einschlägige Material vorzubereiten. Damit baldigst eine Übersicht über den gesamten Stoff gewonnen werden kann, wäre es sehr erwünscht, wenn die einzelnen Stellen vor der Bereitstellung des druckfertigen Materials eine Übersicht der in Betracht kommenden Normen aufstellen und einreichen wollten. Es ist mit Recht von einem Kommissionsmitgliede darauf hingewiesen worden, daß das Inkrafttreten des Bürgerlichen Gesetzbuches und seiner Nebengesetze eine Revision der geltenden Normen einschließlich des Ortsgebrauches und der Verwaltungsgrundsätze erforderlich macht. Unter diesem und ähnlichen Gesichtspunkten werden möglicherweise einzelne Verwaltungszweige darlegen können, welche Teile des bei ihnen vorhandenen Stoffes heute schon zur Publikation geeignet sind, bzw. welche anderen noch einer Umbearbeitung bedürfen. Auch läßt es sich denken, daß die Publikationen einzelner Stellen, weil mehr in sich geschlossen und weniger umfangreich, sich besonders dazu eignen, in den ersten oder die ersten Bände des Bürgerbuches aufgenommen zu werden. Beispielsweise gehören vielleicht dahin die Wahlangelegenheiten, die Verwaltungsgrundsätze der Grundeigentums-Deputation, die Angelegenheiten der Feuerwehr, der Schiedsmänner und Standesbeamten. Da vieles des in Betracht Kommenden in General- und Spezialakten zerstreut und manchmal schwer auffindbar sein wird, so sei noch darauf hingewiesen, daß in allen Angelegenheiten, welche mit der Stadtverordneten-Versammlung zusammenhängen, auch das Bureau der Stadtverordneten-Versammlung um Auskunft ersucht werden kann, da dieses die einzige Verwaltungsstelle ist, in welcher noch eine Zentralregistratur besteht. Es versteht sich von selbst, daß, wo von einzelnen Verwaltungen besondere Anstalten und Einrichtungen ressortieren — wie z. B. von der Verwaltung des Arbeitshauses und Obdachs die Desinfektionsanstalt und die Station für Geschlechtskranke, von der Waisenverwaltung die Erziehungshäuser für verwahrloste Knaben und Mädchen, von der Bauabteilung II die Plankammer und das Vermessungsamt —, auch diese Institute berücksichtigt werden. Diejenigen Verwaltungsstellen, welche es wünschen, können noch einige Exemplare dieses Rundschreibens erhalten.

gez. Kirschner.

Der Oberbürgermeister. Berlin, den 30. Januar 1911.
J. Nr. 90 G. B. 1/11.

Es ist eine Neuausgabe des „Berliner Gemeinderechts" erforderlich geworden, da große Teile der ersten Ausgabe veraltet sind. Bei der Neuausgabe soll der bisherige Plan, wie er sich aus meiner Verfügung vom 1. Januar 1900 — J. Nr. 3280 G. B. I 99 — und aus den Inhaltsübersichten der bisher erschienenen Bände ergibt, im allgemeinen beibehalten werden, doch erscheint es geboten, in den nachfolgenden Punkten Abweichungen und Ergänzungen vorzunehmen:

1. Unwichtigere Instruktionen, Tarife und Verfügungen sollen möglichst nicht mit vollständigem Text abgedruckt werden, sondern es wird genügen, wenn derartige Bestimmungen unter kurzer Angabe des Inhalts mit vollständiger Überschrift, Datum, Aktenzeichen und Angabe der Stelle, wo die amtliche Publikation erfolgt ist, lediglich angezogen werden.
2. Gleichlautende Partien sind möglichst nur *einmal* unter Verweisung auf den erstmaligen Abdruck wiederzugeben. Unter Umständen wird hier eine geeignete Gruppierung, z. B. tabellarische Gegenüberstellung, angebracht sein.

   Zu prüfen wird sein, ob nicht einige Zusammenstellungen mehr privater Natur wegzulassen und eventuell durch den Abdruck der in Betracht kommenden amtlichen Entscheidungen oder Verfügungen zu ersetzen sein möchten.
4. Obwohl die Mitteilung historischer Daten an sich nicht unerwünscht ist, so bedarf es doch nicht eines *wiederholten* Abdruckes so ausführlicher geschichtlicher Darlegungen wie in Band 4. Ein Hinweis auf den erstmaligen Abdruck dürfte genügen.

Diesen im Interesse der möglichsten Beschränkung des Umfangs des ohnehin bändereichen Werks empfehlenswerten Einschränkungen gegenüber erscheinen andererseits einige Ergänzungen des ersten Abdruckes geboten oder doch wünschenswert:

1. Es erscheint wünschenswert, daß alle Verwaltungsstellen am Anfang des von ihnen mitgeteilten Materials eine *ganz knapp gehaltene* Darstellung ihrer Entstehung geben. Dabei sind die in Betracht kommenden Beschlüsse und Verfügungen auszuführen, besonders soweit daraus die Zu-

ständigkeit der betreffenden Deputation, Kommission und ihre Zusammensetzung zu ersehen ist. Derartige historische Mitteilungen haben bereits die Armendirektion, die örtliche Straßenbaupolizei I, die Verkehrs-, Schul- und Steuerdeputation, auch die Grundeigentumsdeputation in dem von ihr herausgegebenen Sonderwerk geliefert. Diese Darstellungen könnten als Muster dienen.

2. Während der Abdruck von Spezialgesetzen in vermehrter Zahl, als bisher schon geschehen, im allgemeinen nicht beabsichtigt, ist, erscheint es im Interesse des Verständnisses des mitgeteilten Stoffes, namentlich für den die Sammlung benutzenden Nichtjuristen, notwendig, die Gesetze, Verordnungen und Ministerialverfügungen u. ä., auf Grund deren die mitgeteilte Bestimmung der Kommunalverwaltung ergangen ist, wenigstens in einer Anmerkung mitzuteilen.

Ebenso sind minder wichtige Beschlüsse, Instruktionen, Verfügungen und dgl. mit Überschrift, Datum, Ort des Abdrucks (Gemeindeblatt, Amtsblatt, Verwaltungsbericht, Drucksachen der Stadtverordneten) und Aktenzeichen nach Prüfung der noch bestehenden Gültigkeit in Anmerkungen anzuführen. Das gilt auch von höchstrichterlichen Entscheidungen.

Ferner ist auf verwandte Bestimmungen unter Mitteilung des Aktenzeichens und der Stelle des ersten Abdrucks (Gemeindeblatt usw.), zutreffenden Falles auch unter Angabe der Stelle, wo die verwandte Bestimmung in der ersten Ausgabe des Gemeinderechts abgedruckt ist, hinzuweisen.

Hier und da dürfte sich eine übersichtliche Zusammenstellung der verwandten Bestimmungen empfehlen, z. B. beim Beamtenrecht die Zusammenstellung der für die Beamten von Spezialverwaltungen ergangenen Bestimmungen.

Mit diesen Ergänzungen ersuche ich die Verwaltungsstellen, das Material für den Neuabdruck zu liefern, und zwar besonders, soweit bisher druckfertiges Material überhaupt noch nicht geliefert ist, z. B. auf den Gebieten der Bau-, Waisen-, Park-, Arbeitshaus-, Kirchen-, Museen-, Bibliothek-, Archiv-, Finanzverwaltung, des statistischen Amtes und der Feuerversicherungssozietät.

Bei der Mitteilung ist der erste Abdruck zu benutzen. Die veralteten Teile sind zu tilgen. Dabei ist aber auf ihren Abdruck in der ersten Ausgabe unter Angabe des Bandes und der Seitenzahl unter dem Text zu verweisen. Die neu erlassenen Bestimmungen sind an der entsprechenden Stelle einzufügen, ebenso ältere Bestimmungen, deren nachträglicher Abdruck wünschenswert erscheint.

Exemplare des ersten Abdrucks des Gemeinderechts sind noch vorhanden und können vom Vereinigten Bureau bezogen werden.

Der Text der ersten Publikation ist nochmals auf seine Richtigkeit zu prüfen. Alle mitgeteilten Bestimmungen sind mit richtiger Über- und Unterschrift, Datum, Aktenzeichen und Angabe der ersten amtlichen Veröffentlichung (Reichsgesetzblatt, Gesetzessammlung, Amtsblatt, Ministerialblätter, Gemeindeblatt) zu versehen. Bei übereinstimmenden Beschlüssen des Magistrats und der Stadtverordneten sind die Daten beider Beschlüsse anzugeben.

Zunächst soll mit der Neuausgabe des **Beamtenrechts** vorgegangen werden. Dieses soll in einem besonderen Bande, getrennt vom Verfassungsrecht der Gemeinde behandelt werden.

Die Zusammenstellung dieses Bandes soll im Generalbureau erfolgen. Die einzelnen Verwaltungen werden aber ersucht, mit tunlichster Beschleunigung alle erheblichen auf das Recht der Gemeindebeamten, sowohl der besoldeten wie der unbesoldeten und aller sonstigen Angestellten der Stadtgemeinde, der in einem Privatdienstverhältnisse zur Stadtgemeinde stehenden Personen, schließlich derjenigen Personen, welche ohne als Gemeindebeamte zu gelten, von der Gemeinde besoldet oder gewählt werden, z. B. des Lehrpersonals, bezüglichen Bestimmungen einzusenden.

Kirschner.

An
sämtliche städtischen Verwaltungsstellen
und die Herren Dezernenten.

Magistrat
der Königlichen Haupt- und Residenzstadt.
J. Nr. 1300 G. B. 1/13.

Berlin, den 21. August 1913.

Das Berliner Gemeinderecht, von dessen zweiter Auflage die ersten Bände den Verwaltungen zugegangen sind, soll künftig stets auf dem Laufenden erhalten werden. Es ist deshalb mit der Verlagsbuchhandlung die Nachlieferung der erforderlich werdenden Deck- und Ergänzungsblätter vereinbart worden.

Um die Schriftleitung des Gemeinderechts in die Lage zu setzen, die nötigen Ergänzungen und Deckblätter herauszugeben, werden alle städtischen Verwaltungen angewiesen,

alle Änderungen oder Ergänzungen der in der neuen Auflage des Gemeinderechts abgedruckten Bestimmungen, ferner alle neuen allgemeinen Bestimmungen, Beschlüsse, Ortsstatute, Reglements, Instruktionen, auch Gesetzesänderungen, die in den Bereich der betreffenden Verwaltung fallen,

mit tunlichster Beschleunigung der Schriftleitung des Gemeinderechts (Vereinigtes Bureau) mitzuteilen.

Soweit das Material im Druck vorliegt, soll die Mitteilung in drei Druckexemplaren erfolgen.

Bei der Mitteilung neuen Materials haben die Verwaltungen sich darüber zu äußern, ob die Aufnahme in das Gemeinderecht notwendig oder erwünscht erscheint.

Zugleich wird nochmals darauf hingewiesen, daß alle Bestimmungen mit vollständiger Über- und Unterschrift, mit dem Datum des Erlasses, Aktenzeichen und Angabe der Stelle zu versehen sind, an der sie zum ersten Male veröffentlicht wurden (Reichsanzeiger, Gemeindeblatt), besonders soweit die Veröffentlichung in einem amtlichen Blatte für die Rechtsgültigkeit erheblich ist. Genehmigungsvermerke, z. B. der Staatsaufsichtsbehörden, müssen vollständig und wörtlich mitgeteilt werden.

Wermuth.

An
sämtliche städtischen Verwaltungen.

Das Statistische Amt der Stadt Berlin.

(Aus den Akten des Generalbureaus: Statistik Nr. 1.)

Die Armendirektion stellte unterm 9. Oktober 1856 der Erwägung des Magistrats anheim: „ob nicht auf die Bildung eines eigenen, unter Leitung eines Magistratsmitgliedes zu stellenden städtischen statistischen Bureaus Bedacht zu nehmen sein dürfte".

Der Magistrat verfügte darauf unterm 30. Dezember 1856 — J.-Nr. 281 Okt. 56 —: „Der außerordentliche Wert und Nutzen statistischer Zusammenstellungen für alle Zweige der Verwaltung hat sich je länger je mehr auch für unsere städtische Verwaltung geltend gemacht. Wir haben deshalb beschlossen, ein statistisches Bureau einzurichten und dasselbe zunächst versuchsweise mit der Magistrats-Kalkulatur in Verbindung zu setzen. Dieselbe wird nach den ihr deshalb zugehenden speziellen Verfügungen die nötigen Berechnungen anlegen und die Sammlung glaubwürdiger Notizen bewirken."

Diese Einrichtung hatte sich jedoch nicht bewährt. Der Magistrat beantragte daher unterm 5. Januar 1861 — J.-Nr. 483 Nov. 60 — bei der Stadtverordneten-Versammlung die Niedersetzung einer gemischten Deputation zur Beratung über die Errichtung eines statistischen Bureaus. Auf Vorschlag dieser Deputation wurde durch Beschluß $\frac{\text{des Magistrats v. 4. 4. 61}}{\text{der Stadtv.-Versammlung v. 18. 4. 61}}$ — 392 Jan. 61 — der Diätenfonds vorläufig auf zwei Jahre um 600 Thlr. jährlich erhöht, damit diejenigen Kräfte gewonnen und honoriert werden können, welche zur Beschaffung des erforderlichen statistischen Materials notwendig erscheinen.

Durch Verfügung vom 10. Februar 1862 — J.-Nr. 290 Febr. 62 — überwies der Magistrat für das statistische Bureau einen Beamten und beauftragte unterm 28. März 1862 — J.-Nr. 562 März 62 — den Statistiker Dr. Schwabe, für die städtische Statistik tätig zu sein und die Resultate dieser Arbeiten von Zeit zu Zeit dem Magistrat einzusenden.

Auf Antrag des Magistrats vom 11. Januar 1865 stellte die Stadtverordneten-Versammlung am 16. Februar 1865 (Prot. Nr. 35) die Summe von 800 Thlr. jährlich zur Errichtung eines statistischen Bureaus vorläufig auf zwei Jahre zur Disposition.

Beschluß

des Magistrats v. 19. 12. 68. — J.-Nr. 33 Dez. 68
der Stadtv.-Versammlung v. 7. 1. 69. — Prot. Nr. 21. :

Die Versammlung erklärt sich damit einverstanden, daß zur Oberleitung des statistischen Bureaus unter der Benennung: „(Städtische) Deputation für Statistik" eine aus dem Oberbürgermeister als Vorsitzenden, zwei Magistratsmitgliedern und vier Stadtverordneten bestehende ständige Verwaltungsdeputation kreiert werde.

Beschluß

des Magistr. v. 30. 9. 72 — J.-Nr. 278 Aug. 72 III
der Stadtv.-Versammlung v. 17. 10. 72. — Prot. Nr. VI. :

Die Versammlung erklärt sich einverstanden damit, daß das statistische Bureau nunmehr als eine dauernde Einrichtung in die städtische Verwaltung eingefügt werde. Sie willigt in die Gründung der Stellen eines Direktors und eines zweiten Beamten für dieses Bureau und bewilligt die beantragten, auf den Etat zu bringenden Gehälter von 1600 Thlr. jährlich für den Direktor und 1200 Thlr. jährlich für den zweiten Beamten, jedoch nicht vom 1. Januar d. Js., sondern vom 1. Januar 1873 ab. Hierbei ersucht die Versammlung den Magistrat, ihr die dem statistischen Bureau zu erteilende Instruktion zur Äußerung zukommen zu lassen.

Die Instruktion für das städtische statistische Bureau wurde vom Magistrat unterm 16. März 1874 genehmigt.

Beschluß

der Stadtv.-Versammlung. v. 9. 4. 1874 — Prot. Nr. 24.

Die Versammlung hat Kenntnis genommen von der vom Magistrat erlassenen Instruktion für das statistische Bureau. Sie ersucht den Magistrat, vom Jahre 1875 ab durch die Deputation für Statistik einen Spezialetat für das statistische Bureau entwerfen und ihr denselben zur Feststellung bei der Beratung über den Hauptetat zukommen zu lassen.

Die neu aufgestellte Instruktion für das städtische statistische Bureau genehmigte der Magistrat am 27. August 1878.

Beschluß
des Magistrats v. 19. Mai 1882 — J.-Nr. 408 G. B. 82.

Der Magistrat genehmigt, daß das statistische Bureau fortan die Bezeichnung: „Statistisches Amt der Stadt Berlin" führt.

Die Geschäftsanweisung
für das Statistische Amt der Stadt Berlin, vom Magistrat unterm 12. November 1890 genehmigt, wurde unterm 3. Dezember 1899 (J.-Nr. 3126 G. B. I. 99) abgeändert und unterm 15. November 1907 erneuert (siehe Anlage).

Im Etat für das Rechnungsjahr 1893/94 sind die bis dahin auf die verschiedensten Titel der Spez.-Verwltg. 33, 38 und 39 des Stadthaushaltsetats verteilten Einnahmen und Ausgaben für das Statistische Amt unter Titel III der Einnahme und Titel IX der Ausgabe des Spezialetats 45 besonders etatisiert worden. Vom Rechnungsjahre 1894/95 ab erschienen sie dann als Anhang II zum Spezialetat 45 und vom Rechnungsjahre 1903 ab als besonderer Spezialetat Nr. 46.

Beschluß
$\frac{\text{des Magistr. v. 11. 11. 1904 — J.-Nr. 1379 G. B. I. 04}}{\text{der Stadtv.-Versammlung v. 2. 3. 05 — Prot. Nr. 31. II. 2.}}$:

Die länger als 10 Jahre beschäftigten Hilfsarbeiterinnen des Statistischen Amts können als Gemeindebeamtinnen gemäß § 2 Nr. 2 des Ortsstatuts, betreffend die Anstellung der Kommunalbeamten vom $\frac{\text{28. April}}{\text{3. Mai}}$ 1902, auf dreimonatliche Kündigung mit der Maßgabe angestellt werden, daß Verheiratung das Ausscheiden aus dem Amte zur Folge hat.

Vrfg. des Magistrats
vom 18. 5. 06. — J.-Nr. 1959 G. B. I. 05.

Die wissenschaftlichen Hilfsarbeiter bei dem Statistischen Amt erhalten die Amtsbezeichnung: „Wissenschaftliche Assistenten am Statistischen Amt."

Vrfg. des Magistrats
vom 9. 4. 07. — J.-Nr. 30 G. B. Ia/07.

Dem wissenschaftlichen Assistenten am Statistischen Amt, Dr. Meinerich, ist die Amtsbezeichnung „Direktorialassistent" beigelegt.

Beschluß des Magistrats
vom 22. 2. 07. — J.-Nr. 142 G. B. I. 07.

Die Beschäftigung des Dr. med. Rudolf Lennhoff im Statistischen Amt als sachverständiger Beirat in allen medizinal-statistischen Angelegenheiten wird vom 1. Mai 1907 ab gegen eine jährliche Vergütung von 1000 M. bei vierteljährlicher Kündigung genehmigt.

Beschluß der Personalkommission
vom 22. 1. 13. — J.-Nr. 908 G. B. 2/12.

Eine Anstellung von Damen in Beamteneigenschaft soll nicht erfolgen. Nur diejenigen ständigen Hilfsarbeiterinnen des Statistischen Amts, welche auf Grund des Etats (XI. 2. 20e und XI. 4.) der Annahme sein konnten, daß ihre Anstellung nach 10 Jahren erfolgen würde, sollen auch in Zukunft noch angestellt werden.

Beschluß der Stadtv.-Versammlung.
vom 4. 2. 1875.

Die Versammlung hat außer den bisherigen vier Mitgliedern noch den Stadtverordnetenvorsteher Dr. Straßmann zum Mitgliede der Deputation für Statistik gewählt. Sie ersucht den Magistrat, der hierdurch entstehenden Überschreitung der seitherigen Mitgliederzahl der Deputation zuzustimmen.

Märkisches Museum.

Das Märkische Museum, über dessen Entstehungsgeschichte und Entwickelung im ersten Vierteljahrhundert eine im Jahre 1901 erschienene Festschrift im einzelnen berichtet, wurde im Jahre 1874 begründet.

Bis zum 1. November 1875 waren die im Besitze der Stadt befindlichen Altertumsgegenstände von geschichtlichem und künstlerischem Wert in der Rotunde und dem angrenzenden Korridor des Rathauses untergebracht. Von da an bis zum Sommer 1880 befand sich das Museum in dem ehemaligen Podewilsschen Palais, Klosterstraße 68. In dieser Zeit wurde ihm das 1. Stockwerk des Köllnischen Rathauses, Breite Straße 20a zugewiesen. Im Herbst 1899 mußte es, da von den städtischen Behörden der Abbruch dieses Gebäudes beschlossen wurde, bis zur Vollendung des damals schon im Bau begriffenen eigenen Hauses noch einmal ein Provisorium auf sich nehmen und Zimmerstraße 94 Räume beziehen. Seine endgültige selbständige Unterkunft fand das Museum, als das Gebäude in der Wallstraße am 11. Juni 1908 eröffnet wurde.

Einteilungsplan.

A. Naturgeschichte der Mark.

Abteilung I.

Mineralogie der Mark.

(Oryktognosie, Geognosie, Geologie, Paläontologie.)

Abteilung II.

Botanik der Mark.

Kryptogamen — Phanerogamen.

Abteilung III.

Zoologie der Mark.

(Wirbellose Tiere — Wirbeltiere (der Mensch).)

Abteilung IV.

Beiträge zur vergleichenden Naturgeschichte.

B. Kulturgeschichte der Mark.

Abteilung I.

Vorgeschichtliche (heidnische) Epoche der Mark.

(Vom ersten Auftreten des Menschen in der Mark bis zur vollen geschichtlichen Zeit.)

(Diluvium — jüngst vergangene Erdbildung.)

a) Paläolithisches Zeitalter
(Alluvium — neueste, noch währende Erdbildung);
b) Neolithisches Zeitalter;
c) Bronze-Zeitalter;
d) Eisen-Zeitalter.

Abteilung II.

Geschichtliche (christliche) Epoche der Mark.

(Mittelalter und Neuzeit.)

e) Die Mark unter den Markgrafen;
f) Die Mark unter den Kurfürsten;
g) Die Mark unter den Königen.

Abteilung III.

Beiträge zur vergleichenden Kulturgeschichte.

Besuchsordnung für das Märkische Provinzialmuseum der Stadtgemeinde Berlin.*)

1. Das Märkische Museum ist bis auf weiteres Montags und Donnerstags von 12 bis 2 Uhr für das Publikum geöffnet. Durchreisende Fremde sowie solche Personen, welche die Sammlungen zum Studieren oder zu ähnlichen bestimmten Zwecken benutzen wollen, erhalten auf Meldung werktäglich zwischen 12 und 2 Uhr Zutritt.

2. Der Besuch ist unentgeltlich, den Aufsehern die Annahme von Geschenken verboten.

3. Die Besucher haben den Anordnungen der Aufseher Folge zu leisten.

4. Kinder werden nur in Begleitung Erwachsener, Kinder unter 10 Jahren überhaupt nicht zugelassen.

5. Nur reinlich gekleidete Personen haben Zutritt.

---

*) Seit der Eröffnung des eigenen Gebäudes am 11. Juni 1908 ist das Museum täglich außer Sonnabends von 10—3 Uhr zu besichtigen.

6. Das Rauchen und das Mitbringen von Hunden ist verboten.

7. Die im Museum aufgestellten Gegenstände dürfen nicht berührt werden.

Berlin, den 18. Dezember 1875.

Direktion des Märkischen Provinzialmuseums.
Friedel. Virchow. Pflug. Hermes.

Vorlage zur Beschlußfassung über Plazierung und Verwaltung der Städtischen Sammlungen.

Die von altersher im Besitz der Stadtgemeinde Berlin befindlich gewesenen auf die Geschichte Berlins und der Mark bezüglichen Sammlungen haben sich, wie dies bereits in dem letzten Verwaltungsbericht pro 1873 hervorgehoben, dank der allgemeinen Teilname in Stadt und Land, fortdauernd nach Umfang und Inhalt, Wert und Bedeutung derartig vermehrt, daß sie sich allmählich zu einem Märkischen Provinzialmuseum zu erweitern und sonach einem längst gefühlten vaterländischen Bedürfnis Rechnung zu tragen versprechen.

Auf die Bedeutung eines solchen Instituts gerade in Berlin, wo in den nach ganz anderen, universellen Richtungen strebenden großen Staats- und Reichsmuseen die Kunde und Kenntnis unserer Stadt und Provinz spezieller weder gepflegt werden kann noch soll, in längerer Motivierung hinzuweisen, glauben wir uns, nachdem sich die öffentliche Meinung immer mehr dafür erwärmt hat, auch die ersten Autoritäten an der Förderung, Ordnung und Erweiterung der Städtischen Sammlungen mit dem größten Eifer mitarbeiten, und auch die Königlichen Staatsbehörden dieselben durch wertvolle Geschenke zu bereichern angefangen haben, ersparen zu dürfen.

Bereits gegenwärtig sind diese Städtischen Sammlungen so angewachsen, daß, um dieselben unterzubringen und dem Publikum in gemeinnütziger Weise zugänglich zu machen, auf geeignete Lokalien Bedacht genommen werden muß.

Über diese Lokalien- wie überhaupt über die Verwaltungsfrage sind durch ein aus Magistratsmitgliedern, Stadtverordneten und Sachverständigen gebildetes Komitee Beratungen gepflogen worden, deren Vorschläge in dem anliegenden zweiten Verwaltungsbericht (pro 1874), vom 18. v. Mts. niedergelegt sind, und welche der Magistrat unter Anerkennung der beigefügten Motive einstimmig für zutreffend befunden hat.

Der Magistrat schlägt hiernach ebenfalls vor, die Stadtverordnetenversammlung wolle beschließen:

a) die Lokalien der halben Beletage rechts von der Straße in dem vormals Podewilsschen Palais, Klosterstraße Nr. 68, welche vom 1. Oktober d. Js. ab mietsfrei werden und auf dem anliegenden Kapselplan speziell nachgewiesen sind, den Städtischen Sammlungen zur Aufstellung zu überweisen;
b) zur Verwaltung der Städtischen Sammlungen eine Verwaltungsdeputation, deren Vermehrung in Zukunft vorbehalten bleibt, und welche vorläufig aus einem Magistratsmitgliede und drei Stadtverordneten besteht, einzusetzen.

Ad a bemerken wir, daß, da das Podewilssche Palais für Rechnung der Sparkasse erworben ist, an dieselbe der von der Servisdeputation zu ermittelnde Mietswert für die Räumlichkeiten abzuführen sein wird.

Wegen der etwa notwendig werdenden Einrichtungskosten würden wir uns erforderlichenfalls einen besonderen Bewilligungsantrag vorbehalten.

Berlin, den 6. April 1875.

Magistrat hiesiger Königl. Haupt- und Residenzstadt.
gez. Hobrecht.

Zentral-Bureau — ad Nr. 395. 75. C. B.
Pr. 23. 4. 75. C. B.

An
den Magistrat.

Beschluß (Protokoll Nr. 15).

Die Versammlung erklärt sich einverstanden damit,

a) daß die Lokalien der halben Beletage rechts von der Straße in dem für Rechnung der Sparkasse erworbenen vormals Podewilsschen Palais, Klosterstraße Nr. 68, welche vom 1. Oktober cr. ab mietefrei werden und auf dem beigefügten Plan speziell nachgewiesen sind, zur Aufstellung der auf die Geschichte Berlins und der Mark bezüglichen städtischen Sammlungen überwiesen werden;

b) daß zur Verwaltung dieser Sammlungen eine Deputation, deren Vermehrung in Zukunft vorbehalten bleibt, und welche vorläufig aus einem Magistratsmitgliede und drei Stadtverordneten besteht, eingesetzt werde*).

Die Wahl der drei diesseitigen Mitglieder für die Verwaltungsdeputation wird dem Vorstande der Versammlung und den Beisitzern anheimgegeben.

Berlin, den 22. April 1875.

Stadtverordnete zu Berlin.
(gez.) Dr. Straßmann.

783. C. B. 75.
mit 818. G. B. 75.

Beschluß (Protokoll Nr. 1).

Der Vorsteher teilte mit, daß vom Vorstande der Versammlung und den Beisitzern zu Mitgliedern der Verwaltungsdeputation für die Städtischen Sammlungen (s. Nr. 15 des Protokolls über die heutige öffentliche Sitzung) die Stadtverordneten Dr. Virchow, Dr. Hermes und Dr. Pflug gewählt worden sind.

Berlin, den 22. April 1875.

Stadtverordnete zu Berlin.
(gez.) Dr. Straßmann.

Einteilungsplan für die Schausammlung der naturgeschichtlichen Abteilung.

A. Lage der Provinz
und deren Bedeutung für die allgemeinen Naturverhältnisse.

I. Die Sonne als maßgebender klimatischer Faktor.
Sekundäre Klimaelemente.
Witterungskarten.

II. Feststellung der Lage auf der Erde.
Astronomische Geographie
(Sternenhimmel, Globus).

---

*) Die Deputation besteht gegenwärtig aus drei Mitgliedern des Magistrats, sechs Stadtverordneten und drei Bürgerdeputierten.

Kartographie:
Alte Atlanten (Göritz).
Moderne Triangulation.
Relief der Provinz im natürlichen Wölbungsverhältnis.

B. Geschichte des Bodens der Provinz.

I. Aufbau:
1. Einleitende Übersicht über die Stufen der erdgeschichtlichen Entwickelung.
2. Ältere Formationen der Provinz.
(In chronologischer Reihenfolge werden die Fundpunkte — Koschenberg, Sperenberg, Rüdersdorf usw. — vorgeführt, meist in Modellen, an ihnen zugleich die allgemeingeologischen Entstehungsverhältnisse der betreffenden Gesteine erläutert.)
2. Tertiär.
a) Schichtenfolge des Tertiärs:
Paleocän (Lichterfelde).
Oligocän (Spandauer Bohrloch).
Miocän (Freienwalde).
b) Märkische Braunkohlenformation:
Erläuterung der Lagerungsverhältnisse (Modell von Rauen).
Entstehung der Kohlenlager (Senftenberg).
4. Quartär.
a) Schichtenfolge des Diluviums:
Glaziale, interglaziale Bildungen, Spezialsammlungen der Geschiebe und der diluvialen Tierreste.
b) Wichtigste Bildungen der Jetztzeit:
1. Verwitterung und Bodenbildung einschließlich menschlicher Einwirkung.
2. Sedimente mechanischer, chemischer, organischer Natur.
3. Auffallende Naturformen und ihre Entstehung: u. a. Blitzröhren, Trockenrisse, Osteokollen, Toneisensteine usw.

II. Das heutige Landschaftsbild der Provinz und seine Entstehung.
1. Die Hauptformen der Oberfläche.

a) Höhenverhältnisse, tektonische Linien, Haupttäler, hierzu Karte der Provinz 1 : 100 000.

b) Der Eisrückzug: Erläuterung der dabei entstandenen Oberflächenformen am Modell der Freienwalder Gegend.

c) Die Steppenperiode: Dünenbildungen usw.

d) Spätere Wirkung von Hebungen und Senkungen.

e) Heutige Einflüsse der Sedimentierung und menschlicher Arbeit.

2. Die heutigen Wasserverhältnisse der Provinz:

Flüsse: Ihre Wasserstandsbewegungen im Jahre. Niederschlag und Abfluß. Flußgebiete und Wasserscheiden. Kanäle.

Quellen und Grundwasser. Soolquellen, Bestandteile des Grundwassers.

C. Das organische Leben der Provinz Brandenburg.

I. Allgemeine Beziehungen zwischen Organismus und Standort:

1. Klimatische Einflüsse.

a) Pflanzen: Klimatische Baumgrenzen, Überwinterung und Frostschäden, Schutz gegen sommerliche Austrocknung, Windschäden, Windblütler.

b) Tiere: Überwinterung, Winterkleid, Winterschlaf, Saisondimorphismus, Vogelzug.

Spezialsammlung der Durchzugsvögel und Wintergäste.

2. Beziehungen der Pflanze zum Boden:

Bodenbezeichnende Pflanzen, feuchte und trockene Standorte, Regen und Grundwasser. Bildung natürlicher Pflanzengemeinschaften. Parasitäre und saprophytische Pflanzen.

3. Beziehungen der Pflanze zur Tierwelt:

Tiere als Zerstörer,
Tiere als Verbreiter,
Tiere als Nahrung der Pflanzen.

4. Beziehungen der Tierwelt zum Boden und seinem Pflanzenkleide:

Einfluß der Ernährung auf Lebensweise und Aufenthaltsort,

Parasitäre und raubende Lebensweise,
Einfluß der Wohnstätte, die Pflanze als Schutz des Tieres,
Mimikry.

II. Die Pflanze als Teil der Landschaft.

Wichtigste Pflanzenformationen.

1. natürliche,	2. künstliche.
Wasserflora (durch Spiritusaquarien erläutert).	
a) Moor und Sümpfe: Röhricht, Wiesenmoor, Bruchwald, Hochmoor.	a) Wiesen: feuchte, trockene.
b) Wälder und Forsten: Auenwälder, Buchenwälder, Eichen- Birken- und Kiefernwälder.	b) Waldblößen.
c) Pontische Hügel und Sandfelder.	c) Felder.
	d) Gärten und Umgebung menschlicher Siedelungen.

III. Das Tier als Teil der Landschaft.

1. Naturlandschaften.	2. Kulturlandschaften.
Wasser (Niedere Wasserfauna zusammen mit der Flora in den Aquarien).	
Spezialsammlungen der Weichtiere, Fische und Krebse.	
Ufer,	Sumpfwiese,
Röhricht,	Trockene Wiese,
Sumpfwald,	Waldblöße,
Laub- und Nadelwald,	Feld und Feldgehölze,
Trockene Sandgebiete.	Haus und Garten.

IV. Tier und Pflanze in besonderen Beziehungen zum Menschen:

1. Einführung und Ausrottung von Tieren und Pflanzen.
2. Offizinelle Pflanzen und Tiere.

3. Giftige Pflanzen und Tiere.
4. Eßbare Pflanzen, Wildarten.
5. Raubzeug: Fischfeinde, Feinde der Singvögel, Räuber in Haus und Hof.

Berlin, Oktober 1905.

Dienstordnung für die Beamten und Funktionäre des Märkischen Provinzialmuseums der Stadtgemeinde Berlin.

A. Allgemeine Vorschriften.

Zur Verwaltung des Museums und seiner Sammlungen ist eine Amtsstelle unter der Bezeichnung:

„Direktion des Märkischen Provinzialmuseums“

vorhanden, welche an die allgemeinen städtischen Verwaltungsgrundsätze sowie die besonderen für das Museum ergangenen Gemeinde-Beschlüsse und Anordnungen des Magistrats gebunden ist.

B. Obliegenheiten des Museumskustos.

1. Nach den unter A gedachten Vorschriften in Verbindung mit den Beschlüssen der Direktion und den Anordnungen des Vorsitzenden derselben wird der Museumsdienstbetrieb vom Kustos verantwortlich geführt.

2. Der Kustos verteilt die dienstlichen Arbeiten an die wissenschaftlichen Assistenten und das sonstige Hilfspersonal.

3. Der Kustos überwacht die Ausführung der dienstlichen Arbeiten, er ist für die Sicherheit des Museums und die Erhaltung der Sammlungen sowie des Inventars in erster Linie verantwortlich. Im Falle einer Verhinderung des Vorsitzenden, insbesondere wo Gefahr im Verzuge, vertritt er denselben, dem er ungesäumt von dem in einem solchen Falle Veranlaßten Anzeige zu machen verpflichtet ist.

4. Bei Meinungsverschiedenheiten in technischen oder fachwissenschaftlichen Fragen zwischen dem Kustos und den Assistenten oder wissenschaftlichen Hilfsarbeitern berichtet der Kustos dem Vorsitzenden, welcher geeignetenfalls ein Gutachten des betreffenden wissenschaftlichen Beirats (vgl. C. 7) einholen oder die Sache anderweitig zur Regelung bringen wird.

5. Der Kustos ist zu gelegentlichen Führungen im Museum im Sinne der betreffenden Bestimmungen bei C. 1 Absatz 3 verbunden.

C. Obliegenheiten der Museumsassistenten und wissenschaftlichen Hilfsarbeiter.

1. Die Assistenten und Hilfsarbeiter haben ihre Obliegenheiten pünktlich und mit wissenschaftlicher Zuverlässigkeit zu erfüllen, sie haben sich deshalb mit allen wissenschaftlichen und technischen, in ihre Abteilung einschlagenden Hilfsmitteln vertraut zu machen und auf dem Laufenden zu erhalten. Sie dürfen während der Dienststunden keine Privatarbeiten vornehmen, wissenschaftliche Arbeiten nur dann, wenn dazu vom Vorsitzenden besonderer Auftrag oder Zustimmung gegeben ist.

Den Assistenten und wissenschaftlichen Hilfsarbeitern werden größere Abteilungen des Museums zur Bearbeitung, Bestimmung, Eintragung, Aufstellung und Pflege übertragen. Sie können sich unter Aufsicht des Kustos hierbei des technischen Personals und der Diener bedienen. Die Assistenten und wissenschaftlichen Hilfsarbeiter sind hinsichtlich ihrer gesamten dienstgeschäftlichen Tätigkeit zunächst dem Kustos und durch diesen dem Vorsitzenden bzw. der Direktion verantwortlich. In Kollisionsfällen untereinander sowie mit dem technischen Personal und den Museumsdienern entscheidet zunächst der Kustos, im Beschwerdefalle der Vorsitzende bzw. die Direktion.

Die Assistenten und wissenschaftlichen Hilfsarbeiter sind zu gelegentlichen Führungen des Publikums, von Gesellschaften und Vereinen und zur Erklärung der ausgestellten Gegenstände, soweit dies der Vorsitzende bestimmt, verpflichtet.

2. In vorübergehenden Behinderungsfällen des Kustos vertritt ihn der dienstälteste Assistent. Bei längerer Beurlaubung regelt der Vorsitzende die Vertretung.

3. In Beurlaubungsfällen der Assistenten oder des übrigen Personals regelt der Kustos die Vertretung und berichtet darüber an den Vorsitzenden.

4. Der schriftliche Verkehr geht der Regel nach unter Zeichnung des Vorsitzenden. Die Reinschriften werden vom Kustos vorgeprüft und vom Vorsitzenden gezeichnet. Vorverhandlungen und die Entscheidung vorbereitende Verhandlungen gehen unter der Bezeichnung „Märkisches Provinzialmuseum“ und werden von dem Kustos unterschrieben. Auch hier aber hat in zweifelhaften oder besonders wichtigen Fällen der Kustos vorgängig dem Vorsitzenden Anzeige zu machen.

5. Sämtliche Beamte und anderweitig Beschäftigte dürfen für sich oder andere Personen keine Sammlungen anlegen oder etwa beim Eintritt in den Museumsdienst schon vorhandene Sammlungen vermehren, soweit das Museum dergleichen Gegenstände selbst sammelt. Die genannten beamteten oder beschäftigten Personen sind verpflichtet, von allen Vorkommnissen, die von Interesse für das Museum sein können, dem Vorsitzenden durch Vermittelung des Kustos Bericht abzustatten.

6 Der Kustos ist verpflichtet, den Assistenten und wissenschaftlichen Hilfsarbeitern, wofern sie gegen allgemeine Dienstvorschriften verstoßen oder ihre Dienstpflichten anderweitig vernachlässigen, Vorhaltungen zu machen. Wenn letztere fruchtlos bleiben, ist dem Vorsitzenden zu berichten.

7. Zur Unterstützung der wissenschaftlichen Arbeiten des Museums ist ein „Wissenschaftlicher Beirat" vorhanden. Über die Heranziehung desselben in einzelnen Fragen vergleiche B. 4.

D. Obliegenheiten der Museumstechniker.

1. Die Techniker haben den Kustos, die wissenschaftlichen Beamten und Hilfskräfte zu unterstützen und nach deren Anweisungen zu arbeiten. In Kollisionsfällen entscheidet der Kustos, nötigenfalls der Vorsitzende der Direktion.

2. Beim Aufsichtsdienst sowohl in der Woche wie Sonntags haben die Funktionäre zu D. ebenfalls mitzuwirken. Jeder dritte Sonntag ist dienstfrei.

Berlin, den 22. Mai 1903.

Direktion des Märkischen Provinzialmuseums.

gez. Friedel.

Dienstanweisung für die Aufseher.

1. Jedem Aufseher werden mehrere Ausstellungsräume zur Beaufsichtigung zugewiesen.

2. Der Aufsichtsbezirk ist dauernd zu überwachen. Zu dem Zweck muß der Aufseher das Publikum möglichst im Auge behalten. Es wird ihm die geeignetste Zentralstelle zum hauptsächlichsten Aufenthalt angewiesen werden, von wo aus er nach Bedarf öfter die Räume seines Bezirks zu begehen hat.

3. Der Bezirk darf nicht verlassen werden. Wenn während der fünf Stunden ein Bedürfnis zum Verlassen vorkommt, so ist der revidierende Oberaufseher um Vertretung zu bitten.

4. Jede Unterhaltung der Aufseher unter sich wie auch mit dem Publikum ist verboten.

5. Auf Fragen seitens des Publikums ist kurz, bescheiden und höflich zu antworten. Beziehen sich die Fragen auf die ausgestellten Gegenstände, so haben sich die Aufseher auf nähere Erläuterungen nicht einzulassen, vielmehr auf den gedruckten Führer hinzuweisen und wenn dieser über die Frage nichts enthält, dem Fragenden höflich anheimzustellen, daß er sich an den Kustos oder dessen Stellvertreter wendet, der in der Vorhalle zu erkunden ist.

6. Braucht der Aufseher zum Schutz seines Reviers oder zur Feststellung von Besuchern, die sich Übergriffe zuschulden kommen ließen, Hilfe, so hat er den ihm nahe liegenden Telephonhörer zum Alarmklingeln abzuhängen eventl. den benachbarten Aufseher dazu anzurufen.

7. Während der Zeit, in der kein Besucher in seinen Räumen ist, hat jeder Aufseher die Glasflächen und einzelnen Gegenstände mittels eines ihm gelieferten Wischtuchs staubfrei zu halten.

8. Die Aufseher müssen sich eines höflichen Benehmens gegen die Besucher befleißigen und alles vermeiden, was dem Publikum Anlaß zu Ärgernis geben kann, z. B. in Gegenwart von Besuchern frühstücken oder trinken usw.

9. Damit das Publikum die Aufseher als solche erkennt, wird ihnen ein Abzeichen gegeben werden.

Berlin, den 5. März 1909.

Die Direktion.

Deputation für Kunstzwecke.

Anhang. Dotierung und Einrichtung einer Kunst-Deputation.

1. Kunstdeputation.

Beschluß. (Protokoll Nr. 24.)

Die Versammlung stellt aus dem Fonds für unvorhergesehene Ausgaben, Spezialverwaltung Nr. 45, Ausgabe, Extraordinarium, Position 1, den Betrag von 100 000 M. zur Verausgabung für Kunstzwecke pro 1. April 1893/94 zur Verfügung und genehmigt bis auf weiteres die Einstellung eines gleichen Betrages für diese Zwecke in die zukünftigen Stadthaushaltetats. Die endgültige Entscheidung über die Verwendung der Gelder wird einer neu zu bildenden gemischten Deputation von 15 Mitgliedern, und zwar 10 Stadtverordneten und 5 Magistratsmitgliedern übertragen, welche in jedem Jahre — Januar — neu gewählt oder von neuem bestätigt werden.

Die Versammlung beauftragt die Abteilungen, die aus ihrer Mitte in die gemischte Deputation zu entsendenden 10 Mitglieder am Beginn der nächsten Sitzung zu wählen.

Berlin, den 8. Juni 1893.

Stadtverordnete zu Berlin.

Langerhans.

Beschluß. (Protokoll Nr. 8.)

1. Die Versammlung betrachtet den Beschluß des Magistrats vom 14. Januar 1898:

> Die Befugnis der durch Gemeindebeschluß eingesetzten Kunstkommission ist beschränkt auf die Verwendung der bewilligten Gelder ausschließlich für Gegenstände, deren Herstellung lediglich Kunstzwecken dienen solle. Dagegen muß die Mitwirkung der sonst verfassungsmäßig zuständigen Verwaltungsstellen und erforderlichenfalls der Stadtverord-

netenversammlung eintreten, sobald der herzustellende Gegenstand noch einem anderen Zwecke, z. B. der bildnerischen Verkörperung bestimmter Personen dienen soll, oder außer den der Kunstkommission überwiesenen Geldmitteln andere Geldmittel oder städtischer Besitz für bestimmte Verwendungszwecke oder die Tätigkeit anderer Verwaltungen für die Ausführung in Anspruch genommen werden,

als maßgebend für die Zuständigkeit der Kunstdeputation und beläßt es mit dieser Maßgabe bei der bisherigen Organisation der Kunstdeputation.

2. Die Versammlung lehnt den Antrag des Stadtverordneten Friedrich Goldschmidt II und Genossen, betreffend die Vermehrung der Zahl der Mitglieder der Kunstdeputation um zwei Bürgerdeputierte, ab.

3. Die Versammlung ersucht, dem Antrage des Stadtverordneten Ladewig und Genossen entsprechend, den Magistrat, ihr eine Vorlage dahin zu machen, daß bei Zuwendungen von Kunstwerken an die Stadt Berlin vor der Annahme die Deputation zur Entscheidung über die Verwendung der für Kunstzwecke bewilligten Gelder gehört werde.

Berlin, den 29. Dezember 1898.

Stadtverordnete zu Berlin.
Langerhans.

Beschluß. (Protokoll Nr. 12.)

Die Versammlung hat Kenntnis genommen von der Mitteilung des Magistrats, daß er ihrem Beschlusse vom 29. Dezember 1898 — Protokoll Nr. 8 —, daß bei Zuwendungen von Kunstwerken an die Stadt Berlin vor der Annahme die Deputation zur Entscheidung über die Verwendung der für Kunstzwecke bewilligten Gelder gehört werde, beigetreten sei.

Berlin, den 20. April 1899.

Stadtverordnete zu Berlin.
Langerhans.

J.-Nr. 480 St. V. I. 99.

Beschluß. (Protokoll Nr. 27.)

Die Versammlung ermächtigt den Magistrat und die zum selbständigen Abschluß von Verträgen berechtigten Deputationen, beim Abschluß von Verträgen über die Ausführung künstlerischer Werke dem beauftragten Künstler einen Vorschuß bis zum Höchstbetrage von $^1/_5$ der Kontraktsumme zu zahlen und Abschlagzahlungen in einem solchen Betrage zu gewähren, wie es für den Fortgang des Werkes erforderlich ist, jedoch innerhalb solcher Grenzen, daß die Stadt allmählich auch volle finanzielle Sicherheit erlangt und stets ein größerer Restbetrag bis zur vollständigen Vollendung und Ablieferung des Werkes innebehalten wird.

Berlin, den 4. Juni 1896.

Stadtverordnete zu Berlin.
Langerhans.

J.-Nr. 701 Park. 98. Berlin, den 8. Juni 1898.

Zum Schreiben vom 3. d. Mts.
(J.-N. 369 V. B. I. 98.)

Die Reinigung und Reinhaltung der städtischen Kunstdenkmäler ist der Baudeputation II übertragen worden. Um nun eine unnötige Korrespondenz usw. zwischen der Baudeputation II und uns zu vermeiden, dürfte es sich empfehlen, auch dieser Deputation die Verwaltung der Denkmäler selbst zu übertragen. Eventuell wäre dann vom 1. April 1899 ab die betreffende Etatsposition bei Spezialverwaltung Nr. 34 auszuscheiden und in den Etat der Baudeputation II zu übernehmen.

Wir bitten, hierüber Bestimmung treffen zu wollen.

Städtische Parkdeputation.
Kochhann.

An
den Magistrat, hier.

Der Magistrat beschließt, der Baudeputation II auch die Verwaltung der städtischen Kunstdenkmäler zu übertragen.

Berlin, den 8. Juli 1898.

Zelle. Hoffmann.

An
den Magistrat.

Beschluß. (Protokoll Nr. 19.)

Von dem Stadtverordneten Kyllmann und Genossen ist nachstehender Antrag (Drucksache 341) eingebracht worden:

Die Stadtverordnetenversammlung wolle beschließen, den Magistrat zu ersuchen, die städtische Kunstdeputation durch zwei Bürgerdeputierte — Künstler von Beruf — zu verstärken.

In der Beratung über denselben hat der Antragsteller den Antrag dahin geändert, daß die Worte „Künstler von Beruf" fortfallen.

Diesen geänderten Antrag hat sodann die Versammlung angenommen.

Berlin, den 26. März 1908.

Stadtverordnete zu Berlin.
gez. Michelet.

J.-Nr. 561 St. V. I. 08.

An
die Stadtverordnetenversammlung
hier.

Vorlage zur Vornahme der Wahl.

Durch Beschluß der Stadtverordnetenversammlung vom 26. März 1908 — Protokoll Nr. 19 — soll die städtische Kunstdeputation durch zwei Bürgerdeputierte verstärkt werden.

Wir sind dem Beschluß beigetreten und ersuchen, das Weitere wegen Vornahme der Wahl zu veranlassen.

Berlin, den 25 Juni 1908.

Magistrat.
gez. Kirschner.

J.-Nr. 1066 V. B. I. 08.

An
den Magistrat.

Beschluß. (Protokoll Nr. 13.)

Der Stadtverordnete Kyllmann und Genossen haben folgenden Antrag (Drucksache 1057) gestellt:

Die Versammlung wolle beschließen, die Zahl der Bürgerdeputierten bei der städtischen Kunstdeputation von zwei auf drei zu erhöhen und den Magistrat zu ersuchen, diesem Beschlusse beizutreten.

Nach stattgefundener Verhandlung über denselben hat die Versammlung dem Antrag gemäß beschlossen.

Berlin, den 10. November 1910.

Stadtverordnete zu Berlin.
gez. Michelet.

J.-Nr. 1457 St. V. I. 11.

An
die Stadtverordnetenversammlung
hier.

Vorlage zur Vornahme der Wahl eines Bürgerdeputierten für die städtische Kunstdeputation.

Durch Beschluß der Stadtverordnetenversammlung vom 10. November 1910 — Protokoll Nr. 13 — soll die Zahl der Bürgerdeputierten bei der städtischen Kunstdeputation von zwei auf drei erhöht werden.

Wir sind dem Beschlusse beigetreten und ersuchen, das Weitere wegen der Vornahme der Wahl zu veranlassen.

Berlin, den 17. Dezember 1910.

Magistrat.
gez. Kirschner.

3983 V. B. I. 10.

Deputation für die innere Ausschmückung des Rathauses.

Durch Vorlage an die Stadtverordnetenversammlung vom 2. Februar 1863 beantragte der Magistrat,

„die Vorschläge einer gemischten Deputation darüber zu hören, welche Ausschmückungen für die größeren Repräsentationsräume des neuen Rathauses durch Malerei und Skulpturen größeren Umfangs etwa in Aussicht zu nehmen sein werden".

Die Stadtverordnetenversammlung stimmte diesem Antrage durch Beschluß vom 5. Februar 1863 zu und ernannte 14 Stadtverordnete zu Mitgliedern dieser Deputation, in die der Magistrat 4 Stadträte wählte (Rath.-Verw. Nr. 16, Bd. I, S. 4c).

Bis zum Jahre 1882 wurde die Tätigkeit der Deputation nur in größeren zeitlichen Zwischenräumen in Anspruch genommen, weil zunächst die äußere Ausschmückung des Rathauses die Gemeindebehörden beschäftigte. Nach Vollendung des Rathausbaues indes wurden die Sitzungen häufiger, und es erscheinen als weitere Mitglieder der Deputation der Oberbürgermeister, der Bürgermeister, der Stadtkämmerer und der Stadtbaurat. Von nun an trat auch die Tätigkeit der allmählich ständig gewordenen „Subkommission" hervor, die sich aus 4 Magistratsmitgliedern und 5 Stadtverordneten zusammensetzte, und deren Aufgabe es ist, die einzelnen Gegenstände der Tagesordnung, soweit nötig, behufs Berichterstattung in den Deputationssitzungen vorzuberaten (vgl. Rath.-Verw. Nr. 16 A, Bd. III, S. 95).

Das auf Beschluß vom 5. Januar 1882 — Protokoll Nr. 17 — von der Stadtverordnetenversammlung an den Magistrat gerichtete Ersuchen um Ausschreibung einer „Konkurrenz für deutsche Künstler" behufs Erlangung von Entwürfen zur bildlichen Ausschmückung der Wandflächen, insbesondere in den oberen Räumen des Treppenhauses und in der Vorhalle des Magistratssitzungssaales, gelangte durch die Deputation für die innere Ausschmückung des Rathauses zur Ausführung (vgl. Rath.-Verw. Nr. 16 A, Bd. I, S. 75). Die endgültige Entscheidung über die Auswahl und die Ausführung der Bilder übertrug dann die Stadtverordnetenversammlung durch Beschluß vom 9. Februar 1883 — Protokoll Nr. 23 — der Deputation. Sie verstärkte diese zugleich durch weitere 3 Stadtverordnete, so daß seitdem der Deputation 17 Stadtverordnete angehören. Die Stadtverordnetenversammlung stellte ihr ferner

zur Vollendung der inneren Ausschmückung des Rathauses die disponiblen Bestände

der Anleihe von 1870 mit	165 000 M.
der Anleihe von 1878 mit	257 900 „
zusammen	422 900 M.

zur Verfügung (Rath.-Verw. Nr. 16 A, Bd. I, S. 230).

Diese Summe hat die Bezeichnung „Fonds für die innere Ausschmückung des Rathauses" erhalten. Sie wird von der Hauptstiftungskasse verwaltet und ist hauptsächlich in Berliner Stadtanleihescheinen angelegt.

Eine Verstärkung erhielt dieser Fonds durch die Überweisung des „Turmbesteigungsfonds".

Auf Grund des Beschlusses der städtischen Behörden vom 9./25. Juni 1870 sollten die Überschüsse, die aus dem anfangs erheblichen Erlös für die Besteigung des Rathausturmes erzielt wurden, angesammelt werden. Sie betrugen bald nahezu 15 000 M. Nachdem der Besuch des Turmes indes nachgelassen hatte, so daß die Einnahmen die Ausgaben nicht mehr deckten, wurde bei Festsetzung des Etats für 1884/1885 beschlossen, daß der Erlös aus der Turmbesteigung fortan an die Spezialverwaltung 1 der Stadthauptkasse abzuliefern sei. Auf Antrag des Magistrats erklärte dann die Stadtverordnetenversammlung in der Sitzung vom 4. September 1890 — Protokoll Nr. 29 — sich damit einverstanden,

„daß zum Zwecke der Verwendung sämtlicher Mittel des Turmbesteigungsfonds für die Repräsentation der städtischen Behörden — insbesondere für die weitere Beschaffung von Ausschmückungsgegenständen für die Festräume des berlinischen Rathauses — der Deputation für die innere Ausschmückung des Rathauses Vollmacht dahin erteilt werde, die von ihr für zweckmäßig gehaltenen Anschaffungen selbständig zu bewirken". (Rath.-Verw. Nr. 19, Bd. II, S. 232.)

Nachdem dieser Fonds infolge bestimmungsgemäßer Ankäufe bis auf rund 1200 M. zusammengeschmolzen war, hat der Magistrat durch Order vom 23. Mai 1912 die Übertragung dieses Restes auf das Konto des Fonds für die innere Ausschmückung des Rathauses verfügt (Rath.-Verw. Nr. 19, Bd. V, S. 15).

Die Angelegenheiten der Deputation für die innere Ausschmückung des Rathauses werden im Bureau der Rathauskommission bearbeitet.

gez. Reicke.

Rathauskommission.

Die Belegung der fertigen Teile des neuen Rathauses, mit der am 23. Juni 1865 begonnen wurde, geschah unter Leitung eines Stadtrates, der „das Verwaltungsdezernat in allen rathauslichen Angelegenheiten" auch schon im alten Rathause innegehabt hatte, durch den Kastellan und einen neuernannten Techniker, der die Heizanlagen und die Heizer zu beaufsichtigen hatte und als Schlosser und Beleuchter selbst tätig war. Durch Magistratsverfügung vom 4. Oktober/6. November 1865 wurde dem ersten Kalkulator im Finanzbureau unter dem Titel eines „interimistischen Hausinspektors" die Beaufsichtigung des Rathauses hinsichtlich der Bewachung, Reinigung und Heizung sowie die Kontrolle über die Beschaffung aller Haus- und Bureaubedürfnisse übertragen.

Auf Grund der Magistratsverfügung vom 4. Oktober 1873 wurde dann diese Verwaltung mit der damit verbundenen Inventarienführung von den Obliegenheiten des Finanzbureaus ausgeschieden und mit den Geschäften der Schreibmaterialien-Deputation zu einem besonderen Bureau unter einem besonderen Bureauvorsteher vereinigt.

Die Benutzung und Aufbewahrung der Schlüssel für die städtischen Bureaus und Kassen ist durch die Magistratsverfügungen vom 23. Juni 1874, 8. August 1879, 12. Februar 1880, 10. Mai 1881 und 26. März 1885 geregelt. Über die Aufbewahrung der Doppelschlüssel aller Wertgelasse, Geldspinden usw. unter dreifachem Verschlusse in der Stadthauptkasse sind in der Verfügung vom 15. Juni 1912 (733 Fin. 10) nähere Bestimmungen getroffen.

Zufolge Beschlusses des Magistrats vom 1. November 1895 wurde an Stelle der Rathausverwaltung eine neue Verwaltungsabteilung unter der Benennung

Rathauskommission

bestehend aus 3 Magistratsmitgliedern gebildet.

Als Geschäftsordnung gilt für die Rathauskommission die für alle Verwaltungsdeputationen gegebene vom 20. Februar 1876 (vgl. Fol. 3 der Akten Rath.-Verw. 44).

Die Geschäfte, welche die Rathauskommission besorgt, sind folgende:

I. Unter der Firma „Rathauskommission“:

Verwaltung des Rathauses, des Stadthauses und der drei Bureaudienstgebäude Poststraße 16, Molkenmarkt 1 und Dammmühlengebäude. Vermietung der in diesen Gebäuden zur Vermietung frei gegebenen Räume.

Beschaffung von Bureauräumen außerhalb der obigen vier Gebäude:

a) In anderen städtischen Gebäuden.
b) In Mietshäusern für diejenigen Bureaus, welche die Mittel zu ihrer Unterhaltung aus Spezialverwaltung 39 A erhalten,

Beschaffung der Inventarien, Beleuchtungsvorrichtungen, eventuell auch Heizvorrichtungen für diese Bureaus.

Annahme, Einstellung und Besoldung des für die Reinigung, Heizung und Bewachung aller zuständigen Bureaus erforderlichen Personals, der Hausdiener, Fahrstuhlwärter und Haustischler.

Feuerversicherung der vorbezeichneten vier Gebäude, der Inventarien und Kunstschätze der zuständigen Bureaus.

Vergebung des Bürgersaales und der Sitzungszimmer im Rathause.

Besichtigung des Rathauses und Besteigung des Rathausturmes.

II. Unter der Firma des Magistrats:

Die städtischen Fernsprecheinrichtungen,

Vergebung des Festsaales im Rathause,

Die Kaisergeburtstagsfeier im Rathause,

Die Musikaufführungen vom Rathausturm am Neujahrstage,

Die Beleuchtung des Rathauses bei festlichen Gelegenheiten,

Einstellung des Rathauskastellans und des Personals für das städtische Fernsprechamt,

Die Vorlagen an die Stadtverordnetenversammlung und dergleichen Schreiben nach den generellen Bestimmungen des Magistrats.

Durch Verfügung des Oberbürgermeisters Kirschner vom 3. November 1911 ist für die Rathauskommission und die Ratswagenverwaltung ein juristischer Dezernent ernannt worden.

Sachregister.

(Die angegebenen Zahlen bedeuten die Seitenzahlen.)

Universitäts-Buchdruckerei von Gustav Schade (Otto Francke),
Berlin und Bernau.

GPSR Compliance

The European Union's (EU) General Product Safety Regulation (GPSR) is a set of rules that requires consumer products to be safe and our obligations to ensure this.

If you have any concerns about our products, you can contact us on ProductSafety@springernature.com

In case Publisher is established outside the EU, the EU authorized representative is:

Springer Nature Customer Service Center GmbH
Europaplatz 3
69115 Heidelberg, Germany

Batch number: 10844623

Printed by Printforce, the Netherlands